그런 세대는 없다

불평등 시대의 세대와 정치 이야기

그런 세대는 없다

불평등 시대의 세대와 정치 이야기

신진욱 지음

개마고원

머리말

"꿀 빨아 먹다." 몇 년 전 어느 여름날 나는 이 문장을 처음 접했다. 기성세대가 고도성장기에 쉽게 좋은 자리를 다 차지하고 사다리를 걷어차서 청년세대가 미래를 박탈당했다는 말. 그 경멸과 조롱의 뉘앙스 때문에 나는 한동안 창밖만 멍하니 바라보고 있을 수밖에 없었다. 많은 이름과 얼굴과 장면이 찌르듯 스쳐갔다. 실상이 도대체 무엇인지 알고 싶어졌다. 돌아보면, 우리 사회에서 각 세대들이 처한 현실과 세대담론에 대한 나의 연구는 그날 시작되었던 것 같다.

그날은 마침 태안화력발전소에서 산업재해로 스물네 살 생을 마친 고故 김용균씨의 특별조사위원회가 조사 결과를 발표하던 날이었다. 김용균씨는 너무나도 위험한 작업환경에서 비정규직 노동자로 일하다 사고를 당했다. 그런데 기성세대인 그의 어머니 역시 노동자다. 이렇게 위험한 일터인 줄 알았더라면, 이렇게 무책임한 회사, 이렇게 끔찍한 세상인 줄 알았더라면 아이를 절대 그곳에 가게 하지 않았을 거라는 회한으로 수없이 절규한 어머니는 결국 이 나라의 "남은 청년들을 구하는"데 생을 바치기로 결심하기에 이른다. 아, 그런데… '꿀'이라니…. 도대체 그 '꿀'의 정체는 무엇인 걸까.

지금 한국사회는 과거 어느 때보다 '세대'에 관해 많은 말을 하고, 많은 감정과 지식을 생산하고 있다. 사람들을 세대의 틀로 분류하고, 분열시키고, 또 결집하고, 대립시키는 일이 끊임없이 일어난다. '청년'은 정치인과 기업과 언론이 표와 돈과 관심을 끌어모을 최고의 신상품이 되었고, '기성세대'는 사회의 누적된 분노를 쏟아 붓기에 맞춤한 대상이 된 듯하다. 언론과 광고는 수많은 'MZ세대'의 이미지를 쏟아내고, 정치인들은 대선을 앞두고 국민들을 연령별로 나누어 작전을 펼쳤다. 이제 '세대'는 그저 필요에 따라 이렇게도 저렇게도 이용할 수 있는 만만한 소재처럼 보인다. 그러다보니 세상을 기성세대와 청년세대로 나누고, 기득권 세대와 희생자 세대로 갈라서 세대갈등이 이 나라 불평등 구조의 본질인 것처럼 말하기도 하는데, 과연 그런 걸까? 수많은 일하는 사람들의 노동과 불안, 모멸을 먹고 자란 한국 자본주의가 어떤 세대에는 축복을, 다른 세대에는 저주를 내렸을까?

'꿀'에서 시작된 이런 고민과 연구가 진행되는 동안에 '세대'는 우리 사회에서 점점 더 뜨거운 이슈가 되어갔다. 특히 이번 대통령선거에서 '청년' '이대남' '2030' 'MZ세대'는 정치권과 많은 국민의 최대 관심사였다. 실제로 20대와 30대 유권자는 어느 진영에도 충성하지 않는 유동적 표심으로 전체 판세를 좌우하는 캐스팅보터의 위력을 발휘했다. 후보들은 저마다 청년을 대변한다고 자처했고 앞다투어 기성세대 때리기에 나서기도 했다. 그런데 한국정치에서 유권자들은 항상 세대에 따라 갈라졌을까? 소득, 계층의식, 자산규모 같은 경제적 위치에 따라 이해관계와 정치적 선호가 달랐던 면은 없을까? 정당들이 유권자를 연령별로 나누어 작전을 펼치는 것은 유권자들의 진짜 절박한 관심사에 상응하는 것일까? 최근 여러 선거는 세대와 정치의 관계에 대해 이렇게 많은 흥미진진한 질문을 우리 앞에 펼쳐놓았다.

이 책은 그 같은 여러 질문들을 붙들고 동시대 한국사회를 함께 살아가고 있는 여러 세대의 생애궤적들을 하나씩 들여다보면서, 오늘날 만연한 '납작한' 세대담론에 담기지 못한 다양한 사회현실에 대해 독자들과 이야기 해보려 한다. 그럼으로써 나는 최근 세대담론들이 말하는 '기득권 기성세대' '운 좋은 586세대' '능력주의 20대' '희생자 청년세대' '안티페미 이대남' 같은 말들의 이면과 실체를 보여주고자 했다. 거기서 우리는 학력과 직업, 소득, 재산, 인식과 가치를 달리 하는 다양한 사회집단들이 공존하고 갈등하며 변화하고 꿈틀거리는 세대들의 광경을 보게 될 것이라 믿는다.

그런 의미에서 이 책의 의도는 결코 '세대'는 허구라는 주장으로 우리의 이야기를 종결지으려는 것이 아니다. 그와 반대로, 나는 우리 사회가 여러 세대들의 현실을 다양한 생애사와 계층 · 젠더 · 지역의 경험들로 '두텁게' 채울 수 있길 바란다. 그럴 수 있을 때에 청년과 노년의 세대 이야기는 동시에 노동자와 구직자의 이야기, 내 집 장만과 월세살이 이야기, 여성과 남성의 이야기, 지역과 농촌의 이야기가 될 수 있을 것이다. 그런 이야기들을 통해 우리는 정치인과 언론이 만들어낸 세대담론의 소비자가 아니라, 우리 삶을 말하는 생산자가 될 수 있을 것이다. 이 책이 바로 그런 변화의 노력에 동참하는 또 하나의 작은 신호이길 기대한다.

2022년 2월

저자 씀

차례

현실 직시의 방해물들

이 책은 세대에 관한 것이면서, 또한 불평등과 담론, 계급과 정치에 관한 것이다. 여기서 나는 우리 사회의 불평등 현실을 '기득권 기성세대'와 '희생자 청년세대' 간의 대립으로 해석하는 세대 불평등 담론과 비판적으로 대화하면서 각 세대의 계층격차 현실과 더불어 한국사회 불평등 구조의 세대 구성을 조명했다. 또한 세대라는 담론과 인식틀이 최근 몇 년 사이에 한국사회에서 급격히 확산된 것을 하나의 사회학적 현상으로 보고 그 유래와 특성을 추적했으며, '기성세대' '586' '청년' 'MZ' '2030' '이대남' '이대녀'와 같은 세대담론과 정체성들이 어떻게 정치화 · 상업화 되는지를 분석했다.

세대는 중요한 화두다. 세대 차이는 유사 이래 언제나 있었지만 '세대문제'가 중요한 사회적 관심사가 된 것은 현대의 현상이다. 시장경제와 자본주의 발전, 민주주의와 현대문화의 역동성에 의해 사회변화의 속도는 오랜 인류 역사의 어느 때와도 비교할 수 없을 만큼 빨라졌다. 전혀 다른 시대환경에서 태어나 자란 인구집단들이 같은 사회에 공존하면서 영향을 주고받으며 사회를 만들어가게 되었다.

더구나 한국처럼 현대성의 속도를 그 극단까지 밀어붙여 압축적 근대화를 이룬 사회에서 각기 다른 세대의 구성원들이 나서 자란 세상은 매우 다를 수밖에 없다. 그러므로 다양한 세대 구성원들의 시대환경과 생애, 물질적 조건과 내면세계를 이해하는 것은 우리 사회의 역사와 현실을 구체적으로 알기 위해 매우 중요하다.

이처럼 동시대를 사는 사람들의 비동시대적인 경험, 또는 거꾸로 말해, 비동시대적인 생애사를 가진 사람들의 동시대적 공존이라는 상황은 20세기 초반 이래로 빌헬름 딜타이, 칼 만하임, 에른스트 블로흐, 발터 베냐민 등 인문학과 사회과학의 거장들이 천착해온 주제였다. 동시대성과 비동시대성의 이러한 이중성은 지난 100년 동안 세대문제에 관한 모든 지적 성찰에서 가장 본질적이면서도 난해한 화두였다.

이 문제가 난해한 이유는, 한편으로 각기 다른 세대들이 각기 다른 시대상황에서 청년-중년-노년의 생애단계를 겪어가지만, 다른 한편으로 그들은 또한 같은 사회에서 같은 시대를 살며 같은 구조적 환경과 영향을 주고받는 동료 시민들이기도 하기 때문이다. 자본주의 체제의 변화 속에서 각기 다른 세대는 다른 양상으로 불평등을 겪지만, 그들은 모두 같은 사회의 불평등 구조 안에서 계층화된다.

그러므로 세대 차이나 세대적 독특성이라는 것은 실재하지 않으며 허구에 불과하다는 주장도 타당하지 않지만, 그와 반대로 같은 세대의 구성원들이 계급·교육·성별·지역·인종 등에 따른 차이와 불평등을 뛰어넘는 동질성을 갖고 있으리라고 가정하는 것 역시 타당하지 않다. 격차와 차별과 갈등으로 찢어진 사회에서 한 세대의 구성원들이 동일한 위치성을 갖는다는 것은 상상할 수 없는 일이다.

그렇기 때문에 세대란, 어떤 경우에도 간단히 정의할 수 있는 사회집단의 단위였던 적이 없다. 세대는 다양한 개인과 집단들로 구성된 '관계'이며, 우리는 그 관계의 구조와 역동성을 이해하는 만큼 그 세대를 이해할 수 있다. 세대는 시대의 질문들에 대한 손쉬운 대답이 아니라, 시대를 이해하기 위한 어려운 질문이다.

*

하지만 최근에 한국에서 세대가 다뤄지는 방식은 그처럼 중요하고도 간단치 않은 세대문제를 진지하게 이해하려는 노력과는 반대 방향으로 가고 있는 것 같다. 세대담론이 수년 전부터 범람하는 가운데 각 세대 구성원들의 다양한 생애사와 삶의 현실을 풍부히 드러내려는 관심은 오히려 사라지고, 마치 세대가 단순한 하나의 집합체인 듯이 추상화되고 사물화되는 경향이 그 자리를 대신하고 있다.

기성세대, 청년세대, 586세대, MZ세대, 2030세대 등 범람하는 명칭들은 각자의 목적에 따라 아무 의미나 갖다붙일 수 있는 피상적인 클리셰, 그래서 실은 아무것도 의미하지 않는 공허한 기호가 되어버린 것 같다. 사회적 실체로서 세대는 더욱 더 알 수 없게 된 반면, 정치적이고 상업적인 목적을 위한 수단으로서 세대담론의 효용은 무한히 커졌다. 우리는 이제 세대에 관해 생각하는 것을 넘어서, 세대에 관한 우리의 생각을 성찰해야 한다.

세대에 대한 생각에서 가장 흔한 오류는 같은 세대라면 당연히 경험과 문화와 감성이 비슷할 것이라는 가정이다. 현실에서 세대는, 다양하며 종종 갈등하는 계층, 학력, 젠더, 지역, 가치, 이념 집단들로 구성된다. 모든 세대는 서로 다른 계급들, 정규직과 비정규직, 고학력과 저학력, 자가보유자와 임대생활자, 부자와 빈민, 여성과 남성, 서울 거주자와 지방 거주자, 진보파와 보수파, 페미니스트와 안티페미니스트 등 다중적인 격차와 균열로 구성된다. 어떤 세대가 어떤 시점에, 어떤 면에서, 어떤 특성이 유난히 강하다고 말할 수는 있지만, 어떤 경우에도 우리는 세대들을 구성하는 구체적 인간들이 만들어내는 그 근원적 다양성과 차이가 지워지게 해선 안 된다.

이 사실은 칼 만하임 이후 지난 한 세기 동안 모든 의미 있는 세대연구의 출발점이었다. 이 근본 사실을 망각하고 세대를 동질적 사회집단처럼 명명하는 순간, 우리는 마치 특정 집단이 세대 전체를 대표하는 것처럼 허위일반화하고 다른 집단을 배제함으로써 그 세대의 진정한 실태를 오인誤認하게 된다. 그리고 그러한 오인은 종종 사회의 불평등과 차별을 정당화하거나, 은폐하거나, 재생산하는 결과를 낳는다. 우리는 이렇게 범람하는 세대담론에 둘러싸여 우리 사회의 중대한 문제들인 계층·젠더·지역 격차와 이념갈등을 말할 언어들을 잃어버리고 있는지 모른다. 그리고 그것은 우리가 진정으로 알아야 할 각 세대의 현실과 세대 간 차이를 알지 못하게 만든다.

이 책에서 한국사회 세대 현실에 대한 나의 주장의 핵심은, 이 불평등의 시대에 세대는 더욱 더 계급계층으로 갈라지고 있으며 그만큼 더 동질적인 집단으로 간주될 수 없다는 것이다. 그런 의미에서 어떤 세대가 불평등의 시대를 '함께 겪는다'는 공동체주의적 수사는, 격차사회의 현실을 모호하게 만듦으로써 우리가 진실로 함께 사는 사회로 가기 위해 무엇을 해야 할지를 사유하지 못하게 만들 수 있다. 계급계층으로 갈라진 세대의 현실을 직시한다는 것은, 세대마다 다른, 그러나 세대 차이를 가로질러 작동하는, 혹은 세대와 세대를 이어 세습되는 불평등 구조를 본다는 뜻이다.

일찍이 칼 마르크스가『헤겔 법철학 비판』서설에서 했던 말이 여기서 변형될 수 있을 것이다. "세대의 비참은 어떤 면에서 현실의 비참의 표현이며 그에 대한 저항이다. 그러나 천상의 비판은

지상의 비판으로 바뀌어야 한다." 세대론의 '기성세대'에 대한 분노는 지배권력에 대한 억압된 분노의 전도된 표현일 뿐이다. 비난받고 조롱당할 대상으로 형상화된 그 '기성세대'의 실체는 위선적인 국회의원, 집이 세 채라는 장관님, 퇴직금 떼먹은 고용주, 착취하는 회사, 권위주의적 직장 상사, 함부로 대하는 진상 손님, 그리고 또 무슨무슨 회장님, 사장님, 원장님, 대표님들이다. 그러나 이들에 대한 분노를 '기성세대'라는 만들어진 악惡에 투사하는 것은 진짜 현실에 대한 비판을 대신할 수 없다.

*

우리 사회 다양한 세대들의 삶을 더 깊이 이해하게 해주긴커녕 오히려 특정 세대에 대한 오해, 낙인, 분노, 갈등을 부추기는 이 많은 세대담론들은 대체 언제, 왜, 누구에 의해 만들어지고 어떻게 확산된 것일까? 정부수립 이후 한국사회는 정치사회적 격변을 끊임없이 겪었고, 세대 간에 시대환경의 차이는 언제나 깊었다. 그러나 세대담론이 폭발적으로 늘어난 것은 불과 몇 년 전부터다. 특히 세대가 정치권의 도구이자 편 가르기의 프레임이 된 것은 더욱 최근이다.

무슨 일이 일어난 걸까? 언제부터 이렇게 많은 사람이 세대의 관점에서 생각하고, 느끼고, 말하고, 행동하고, '우리'와 '그들'을 나누고, '동지'와 '적'을 가르는 데 익숙해졌는가? 언제부터 세대가 우리 사회에서 이렇게 대단한 문제로 간주되었나? 언제부터 사람들은 학력, 직업, 소득, 재산, 성별의 격차를 불문하고 '2030세대' 'MZ세대' '586세대'를 묶어서 부르기 시작했는가? 언제부터 우리는 권력의 오만, 특권과 특혜, 경제적 격차와 불안 같은 많은 사회문제를 '세대문제'라는 틀로 보기 시작했을까? 그리고 누가, 왜?

여기서 근본적인 문제의식은 일찍이 철학자 프리드리히 니체가 『인간적인, 너무나 인간적인』에서 말했던 바와 같다. "도덕의 유래에 대한 망각이 없다면 그 도덕들은 지금보다 얼마나 덜 신성해 보일 것인가!" 다시 말해, 지금 우리가 자명한 진리, 신성한 도덕으로 믿는 것들이 언제, 누구에 의해, 어떤 이유와 의도로 탄생해 확산된 것인지 그 역사와 계보를 알게 된다면, 우리는 모든 절대적인 믿음의 억압에서 해방되어 '다른 사유'를 할 수 있는 가능성을 얻게 된다는 것이다.

세대문제도 마찬가지다. 우리가 도처에 넘치는 말과 글의 틀 안에서 사고할 때는, 그것이 당연하게도 객관적 현실을 말해주는 거라고 믿기 쉽다. 하지만 그런 관점, 그런 담론과 인식의 틀이 구체적으로 어떤 특정한 시점부터, 특정한 맥락에서, 특정한 집단들에 의해 대량생산되고 확산되었다는 것을 알게 되면, 세상을 그런 틀로 보는 것이 정말로 타당한지 여부에 대해 보다 비판적이고 주체적으로 사유할 수 있게 된다.

그러한 비판적 담론 분석을 통해서 내가 보여주고자 하는 것은

'청년' 'MZ세대' '기성세대' '586세대'와 같은 세대담론들이 어떤 실체적 집단을 가리키는 것이 아니라, 개인들을 어떤 세대적 집단으로 구성해가는 정체성 정치의 산물이라는 것이다. 그와 같은 담론의 정치는 어떤 단일한 행위자의 계획과 전략에 따라 실현되는 것이 아니라, 상이한 이념과 이해관계를 가진 행위자들 간의 각축으로 전개된다.

*

책의 구성을 간단히 소개하려 한다. 1장에서는 오늘날 한국사회에서 세대담론과 세대 정치의 문제점이 무엇인지 서술한 뒤에, 이 책에서 세대문제를 풀어가는 핵심적인 인문학적 자원들을 소개할 것이다.

이어서 2장에서는 20~30대 청년세대를, 3장에서는 '586세대' 또는 '베이비부머'로 불리는 1950~60년대 출생 세대를 대상으로 하여 학력, 직업, 고용, 소득, 주거, 부동산 자산 등 사회 핵심 자원의 분배구조를 살펴본다. 여기서 우리는 세대별로 이러한 사회관계들과 그 역사가 다르다는 점과 더불어, 세대의 차이를 관통하는 더 큰 불평등 현실의 구조를 함께 보게 될 것이다.

4장에서는 청년부터 노년까지 모든 세대를 두루 포함하여 한국사회 불평등 구조에서 각 계층의 세대 구성을 분석했다. 여기서의 주된 관심사는 직업과 계급, 고용, 자가보유, 부동산 자산 등의 측면에서 한국사회 중심부가 정말로 '기성세대'에 의해 독점되어 있는가, 아니면 30~40대 젊은 상류층과 중산층이 이미 상당한 지분을 점하고 있는가라는 질문이다.

5장과 6장에서는 각각 '청년세대' 담론과 '586세대' 또는 '기성세대' 담론에 초점을 맞추어 2010년대 이후 한국사회에서 세대담론이 폭증한 정치사회적 맥락을 추적한다. 'MZ세대' 'Z세대' '2030세대' 'X세대' '신세대' 담론의 변화와 특성도 여기서 함께 다뤄진다. 이러한 비판적 담론 분석은 2015년 박근혜 정부의 노동정책, 2019년 '조국 사태', 2021년 서울시장 보궐선거, 2022년 대통령선거 등 정치적 사건들을 계기로 한국사회 세대담론의 지배적 특성이 변화해왔음을 규명하게 될 것이다.

마지막으로 7장에서는 한국정치에서 세대 균열의 특성과 변화를 살펴본 뒤에 최근의 '청년정치' '이대남' '세대포위론' 등 세대정치를 논한다. 여기서 나는 청년·이대남·이대녀 등 세대 범주의 의미는 객관적으로 주어지거나 고정된 것이 아니라 구성되는 것이며, 상이한 이념과 이해관계를 갖는 집단들 간 각축의 결과로서 그 세대의 주류와 지배적 정체성이 형성된다고 주장할 것이다.

*

이 책의 내용은 저자가 최근 국내외 학술지에 발표한 연구결과를 일부 포함하고 있지만 대부분은 완전히 새롭게 분석하고 서술한 것들이다. 하지만 이 책의 독창성과 새로운 기여는 과장될 수 없다. 여기 인용된 많은 저서와 논문, 연구보고서들은 이 책이 다른 연구자들의 노고에 얼마나 크게 빚지고 있는지를 보여주는 증거들이다.

그동안 이 책의 주제들에 관해 함께 연구하고 토론하면서 도움을 주신 많은 분께 감사의 마음을 표하고 싶다. 무엇보다 중앙대 사회학과의 동료 교수님들은 나의 학문적 성장에 가장 소중한 공동체였다. 언제나 큰 스승으로서 가르침을 주시는 신광영, 이병훈 교수님, 공동연구와 학과 공부모임을 통해 많은 유익한 조언을 주신 주은우, 김경희, 백승욱, 이나영, 이민아, 서찬석, 최율 교수님께 감사의 마음을 전한다. 사회복지학과의 이승윤 교수님은 청년 · 노동 · 복지 연구와 그 밖의 여러 면에서 특별한 힘이 되어 주셨다.

자본주의와 복지국가에 관한 공부를 오랫동안 함께 하며 다방면의 지식과 혜안을 나눠주신 이태수 보건사회연구원장님, 이창곤 한겨레신문 선임기자님, 윤홍식, 김진석, 남기철 교수님, 남종석 경남연구원 연구위원님, 그리고 노동과 세대와 정치에 관해 의견을 교류해온 장덕진, 권현지, 김석호, 서복경, 정상호 교수님께도 빚을 졌다.

특히 '거버넌스의 다양성' SSK연구단의 박종민 단장님, 김정, 박선경, 배진석, 김희강 교수님, 길정아, 오현진 박사님께 애정과 감사의 마음을 전한다. 이 책은 상기한 SSK연구단의 협력연구의 일환으로 2018년 대한민국 교육부와 한국연구재단의 지원을 받아서 수행되었다(NRF-2018S1A3A2075609). 끝으로 무엇보다 이 책의 출간을 제안해주시고 큰 인내로 기다려주신 도서출판 개마고원에 송구한 마음과 함께 깊은 감사의 뜻을 표한다.

기술적인 면에 관해 짧막한 설명을 덧붙이려 한다. 이 책은 대중서로 기획되었기 때문에 독자들이 최대한 편안하게 글을 읽어나갈 수 있도록 인용문헌과 통계자료에 관한 상세 정보를 후주後註로 처리했다. 그래프와 표는 이해를 돕는 데 필수적이며 직관적으로 이해될 수 있는 것에 국한했다. 책에 담지 못한 많은 분석 결과를 가지고 향후 학계, 시민사회, 정책부문에서 심화된 토론을 할 수 있길 희망한다.

이 책에서 나는 때로는 우리 사회의 불평등과 차별의 현실을 왜곡하는 담론들에 날카롭게 날을 세웠지만, 그보다 훨씬 많은 부분에서 바로 그 불평등과 차별의 질서 안에서 실존의 모순을 안은 채 살아가는 한 개인으로서 무거운 심정으로 이 책을 썼다. 올바른 앎과 실천을 모색하는 연구자의 길을 동행하고 있는 나의 사랑하는 제자들에게 세대의 경계를 넘는 연대를 소망하며 이 책을 바친다.

제1장

세대, 무엇이 문제인가?

제1절
'세대'에 관한 의문

판잣집 한모퉁이 그 한귀퉁이 방에 청운의 꿈을 품고 시골서 올라와 세들어사는 安道란 놈이 있었겠다. 소같이 일 잘하고 쥐같이 겁이 많고 양같이 온순하여 가위 법이 없어도 능히 살놈이어든 그 무슨 전생의 악연인지 그 무슨 몹쓸 살이 팔짜에 끼었는지 만사가 되는 일없이 모두 잘 안 돼 … 장가는커녕 연애도 안돼 집장만은커녕 방세장만도 제때에 안돼 밥벌이도 제대로 안돼 취직도 된다 된다 차일피일하다가는 흐지부지 그만 안돼 빽 없다고 안돼 학벌 없다고 안돼 보증금 없다고 안돼 … 三不이닷, 五無닷! 삼오십오 천오백이닷! 아이구 난 삼시 세 때를 오일간이나 못먹었오 안돼! … 지치고 처지고 주리고 병들고 미쳐서 어느날 노을진 저녁때 두발을 땅에다 털퍼덕 딛고서 눈깔이 뒤집혀 한다는 소리가 에잇 개같은 세상!

청년 안도는 누구보다도 성실하고 바르게 살아왔음에도 불구하고 결혼도, 연애도, 집 장만도 상상할 수 없었고 월세와 생활비는 물론 취직조차 되지 않아 3無, 4無, N無가 겹겹이 쌓였다. 부모 찬스로 기댈 만한 '빽'도 없고, 내놓을 만한 학벌도 없으며, 가진 목돈도 없으니 사회자본·교육자본·경제자본이 전무하여 이 상황에서 벗어날 희망이 보이지 않는다. 三不伍無라는 또 하나의 청년세대 신조어가 생겼는지, 하루 3끼를 5일 동안 제대로 갖춰서 먹을 수 없을 지경이 되었으니 세계사에 유례 없는 경제적 성공으로 빛난다고 하는 한국사회에 이런 현실에 놓인 청년들이 도처에 있다는 것은 참으로 충격적이고 부끄러운 일이 아닐 수 없다.

그런데 안도와 같은 청년들이 살고 있는 이 '개 같은 세상'에 부끄러움을 느껴야 하는 것은 누구일까? 꿈 많은 청년 안도를 미래 없는 노동의 현실에 가둔 자들은 누구인가? 아마도 이 이야기가 실화였다면 오늘자 신문 지면은 청년세대의 아픈 현실을 고발하면서 운 좋게 고속성장의 시대에 태어나 이제는 기득권층이 된 기성세대의 반성과 양보를 촉구하는 이야기로 가득했을 것이다. 그러나 이 이야기는 1972년에 가톨릭 매거진 『창조』에 실린 김지하 시인의 담시譚詩 「비어蜚語」에 나오는 한 대목이다. 바로 오늘자 기사에서 읽었다 해도 어색하지 않았을 이 이야기가 지금 '기성세대'의 다수를 이루는 노동자·영세상인 들의 청년시절인 것이다. 그렇다면 21세기의 청년 안도의 불행에 책임을 물어야 할 '기성세대'는 대체 누구인가? 한국사회 불평등 문제가 세대문제인가?

'세대' 이야기가 온 나라에 가득하다. 청년세대, 2030세대, MZ세대, Z세대, 밀레니얼 세대, 82년생, 90년생, 이대남, 이대녀, 586세대, 민주화 세대, 꼰대 세대, 기득권 세대, 신세대, X세대, 긴 세대 등 수많은 명칭으로 세대를 말하는 이야기들이 미디어와 정치권에서 쏟아진다. 올해 3월 대통령선거를 앞두고 유권자 여론조사는 매일같이 20대, 30대, 40대, 50대, 60대 이상으로 연령대를 나눈 민심의 지도를 그려준다. 국내 총 19개 전국 일간지와 경제지에 '세대갈등'에 관한 기사 건수가 1990년 한 해 동안 241건에 불과했는데 2020년엔 무려 3724건이다. 이런 담론 환경에서 우리는 점점 모든 것을 '세대'라는 분류 방식으로 해석하고, 사유하고, 말하게 된다. 그런데 그것은 혹 우리 사회를, 각 세대의 진짜 현실을 보지 못하게 만들고 있는 것은 아닐까?

최근 세대 열풍은 말과 글에 국한되지 않는다. 세대론은 구체적인 행동이며, 돈이요, 권력이고, 또한 조직과 제도의 특정한 질서로 구현된다. 한국사회 현실과 개개인의 경험을 세대의 관점에서 해석하고, 세대를 기준으로 사람들을 묶고 나누며, 특정 세대를 한 마디로 규정하여 비난하거나 동정하고, 한국사회의 불평등 구조가 기득권 세대와 불쌍한 세대로 나뉘어 있다는 전제 위에서 정부정책을 만드는 등의 많은 행위가 이 프레임 안에서 행해진다. 이처럼 세대담론은 그냥 관념이나 언어가 아니라 우리 삶과 사회에 실제적 차이를 가져오는 행동이요 사물의 질서다. 그것이 다른 모든 것을 덮고 대체하면, 우리가 계급, 젠더, 지역, 생태 등의 다양한 틀로 사유하고 정책과 제도를 만들 수 있는 공간은 사라진다.

세대는 과연 실체가 있는 사회학적 집단 범주일까? 말하자면 특정 연령대의 사람들이 비슷한 삶의 조건과 이해관계, 공동의 경험과 인식을 갖고 있으리라는 가정은 신뢰할 만한 근거가 있는가? 어떤 세대를 동질적인 단위로 호명하고 규정하는 행위는 실은 그 세대 내 특정 집단의 특성을 세대 전체의 특성으로 허위일반화하는 위험이 있지 않는가? 나아가 그것은 논리적 오류에 그치지 않고, 그 세대에 속해 있는 다른 여러 계층·집단·개인 들이 마치 존재하지 않는 것처럼 만드는 권력행위 혹은 폭력이 되진 않는가?

같은 시기에 태어나서 자란 생물학적 세대를 마치 동질적인 사회집단처럼 간주하는 논리적 오류를 학문적으로는 세대주의 generationalism라고 부른다. 그래서 세대에 관련된 학문적 연구들은 직업, 소득, 재산, 학력, 성별, 지역 등 여러 사회학적 차원에서 세대 내의 차이와 추이를 매우 세심하게 다루며, 한 세대가 사회구조적으로 동일한 위치에 있다거나 유사한 인식구조를 갖고 있다는 식의 단순한 사고를 언제나 경계한다.

그런데 최근 한국에서는 세대에 관한 여러 자극적이고 과잉단순화된 담론들이 미디어와 출판물, 정치인들의 말을 통해 빠르게 확산되었다. 예를 들어 한국사회의 경제적 격차가 세대 간의 불평

등과 이해갈등으로 구성되어 있으며, 베이비붐 세대나 '586세대'
는 좋은 시절에 태어나 쉽게 취직하고 우리 사회 안정된 자리를
차지하고 있으면서 다음 세대가 올라올 사다리를 걷어찼다는 식
의 이야기가 언제부턴가 당연한 진실인 듯이 퍼져 있다. 이런 담
론들은 운 좋은 윗세대와 불행한 다음 세대를 대비시키는 형식을
통해 누구인지 알 수 없는 '기성세대'에 대한 막연한 분노와 더불
어 젊은 세대에 대한 시혜적이고 온정주의적인 정동情動을 자아
낸다.[1]

하지만 잘 알려져 있지 않은 실상은 이런 것이다. '586세대'나
'베이비붐 세대'는 대학만 나오면 대기업에 쉽게 취직했다는 풍문
과 달리, 1980년대에 학령인구 중 4년제 대학 취학자는 12%에 불
과했고 대졸자와 비대졸자의 임금격차는 지금과 비교할 수 없을
만큼 컸다. 한 줌도 안 되는 80년대 운동권 출신의 50대 엘리트층
이 이 세대를 대표할 수 있다고 생각한다면, 그것은 이 세대의 대
다수를 차지하는 노동자와 자영업자들을 '50대, 1960년대생'에서
지워버리는 일이 될 것이다. 이 세대의 기득권과 위선을 비난하
는 사람이나 반성하는 사람이나, 그것으로 비난받아야 할 사람은
이 세대 내에 소수에 불과하며 그들이 그 세대를 대표하게 하고
다수를 존재하지 않는 자로 만들 권리가 없음을 자각해야 할 것
이다.

담론의 힘은 종종 논리적 모순을 인지할 능력을 마비시킬 만큼
세다. 우리 사회는 '금수저 흙수저' '세습 자본주의' '더 이상 개천

에서 용 안 나는' 계급사회의 실상을 그토록 많이 이야기했음에도 불구하고, 그것은 '기성세대 대 청년세대'라는 세대 간 불평등의 관념이 빠르게 확산되는 데에 아무런 장애가 되지 않았다. 부모의 학력, 학벌, 직업, 소득수준, 부동산, 문화자본과 사회적 네트워크가 그 자식에게 이전되는 것이 문제라면, 어떻게 부모 세대가 기득권층이고 자녀 세대가 그 희생자가 될 수 있는가? '기성세대가 양보해야 한다'는 훈훈한 미담이 현실의 불평등을 해결하는 데에 전혀 구체적 대안이 되지 않는 이유가 여기에 있다. '기성세대'라는 모호한 대상을 공공의 적으로 만드는 식의 세대론은 실제 기득권 집단의 이익을 전혀 건드리지 않기 때문이다.

세대 간 관계에 대한 그러한 왜곡된 담론뿐 아니라 각 연령대에 대한 고정관념들도 각종 언론·출판물과 정치인들을 통해 확대재생산되고 있다. 90년대생은 취준생과 알바생 세대, 또는 능력주의 공정 세대, 80년대생은 내 집 마련에 몰두한 '영끌' 세대, 70년대생은 얼떨결에 패싱당한 낀세대, 60년대생은 갑질하는 꼰대 세대, 고령층은 집값 쌀 때 집 사서 나중에 부자 된 세대라는 식의 담론들이 그런 것이다.

그러나 현실은 이러하다. 지금 20대의 가장 주목할 점은 다 똑같은 취준생·알바생도 아니고, 능력주의 공정 관념 세대도 아니다. 이 세대의 핵심 문제는 직업, 교육, 소득, 재산 등 여러 면에서 세대 내 양극화가 지난 10여 년간 충격적으로 심화되었다는 사실에 있다. 누구는 알바노동자, 누구는 대기업 취준생, 누구는 정규직 고학력자들인 것이다. 마찬가지로 지금 30대를 특징짓는 건 '영끌'이 아니라 '영끌'을 포함한 계층화다. 30대의 부동산 자산 상위 30%가 그 연령대의 전체 자산액의 80% 이상을 갖고 있고, 최근 집값 폭등으로 자산 최상위층이 늘어난 건 중·노년층이 아니라 30~40대다. '부자 30대' '영끌 30대' '영끌도 할 수 없는 30대'로 세대 내 계층화가 빠르게 진행되고 있다. 50대는 종종 안정된 기득권층의 이미지와 연결되지만 50대의 10명 중 7명은 서비스판매직·생산직·단순노무직 종사자다. 고령층은 집부자가 제일 많은 연령대지만, 그와 동시에 비정규직 비율과 빈곤율 및 자살률이 가장 높은 연령대이기도 하다.

'안정된 기성세대'와 '불안정한 청년세대'를 대립시키는 흔한 담론과 상당히 다른 복잡한 세대관계가 현실인 것이다. 세대 간 불평등이라고 말하기 어려운 이런 큰 구조가 있음에도 불구하고, 노인세대와 청년세대 중에서 누가 조금이라도 더 많이 가졌고 더 고생하는지를 깨알같이 비교하는 것이 우리 사회에 어떤 이득을 줄 수 있을지 생각해볼 일이다. 많은 청년들이 지금 어려움을 겪고 있다는 것을 말하기 위해 많은 중년과 노년이 청년들과 함께 어려움을 겪고 있는 현실을 지우고 왜곡할 필요는 없다.

이처럼 지금 우리 사회에 만연한 세대의 고정관념들은 각 세대 구성원들의 구체적 삶의 현실을 왜곡할 뿐 아니라, 각 세대에 각기 다른 방식으로 형성되는 불평등 구조의 현황을 제대로 보지 못하게 만든다. 그러므로 어떤 세대의 삶을 안다는 것은 하나의 단일한 집단의 삶이 아니라, 다양한 계급계층의 세대 구성원들이 살아온 삶과 그들 간의 관계를 안다는 뜻이 되어야 한다. 20~30대의 절반인 사무전문직 종사자와 다른 절반인 생산·서비스직 노동자의 고충과 필요가 같을 수 없음을 깨닫는 것, 50대의 다수인 비정규 노동자와 영세 자영업자들이 성공한 엘리트 계층 못지않게 그 세대를 대표할 자격이 있음을 인식하는 것이 그 세대를 깊이 안다는 것의 의미다.

경제적인 면에서뿐 아니라 정치를 이해하는 데서도 과장된 세대론은 득보다 독이 많다. 2000년대 초반 이후 한국정치에서 유권자들의 연령에 따른 정치성향의 차이가 중요해진 것은 사실이다. 하지만 연령별 정치성향의 추이를 추적해온 대다수 연구자들은 특정 세대가 일관되게 진보나 보수로 기운 성향을 보인 것이 아니라는 데 대체로 동의한다. 한국 유권자들의 세대 균열이 어느 정도 뚜렷한지에 대해서는 이견이 있지만, 경험 있는 연구자라면 누구나 세대 특성을 무시하거나 과장하는 양극단을 경계할 것이다.

한국정치를 이해하는 데에서 단순화된 세대론이 낳는 더 큰 해악은, 그것이 한국사회의 다른 많은 중요한 의제들을 공론장에서 밀어낸다는 데 있다. 한국 유권자들의 정치성향에는 세대 변수뿐 아니라 지역·이념 변수가 복합적으로 작용해왔고, 특히 최근에는 의미심장하게도 소득수준, 주택 보유 여부, 자산 규모 등 계층 변수의 영향이 강해졌다. 예를 들어 보유자산 규모가 클수록 복지 확대에 반대하고 자산이 적은 중·하위 계층은 복지 확대를 지지하는 경향이 있으며, 선거에서 후보나 정당 선택에까지 다른 결과를 낳는다는 것이다. 그런데 정치권이 세대 정치에만 몰두해서 영혼 없이 청년을 예찬하고 기성세대를 비난하는 행태를 계속한다면, 많은 유권자는 자신들에게 정말 절실한 문제들이 정치에서 대변되고 있지 않다고 느끼게 될 것이다.

유권자들의 투표 선택이 소득수준, 주거상황, 자산규모 등에도 많은 영향을 받는다는 사실에 정치권이 주의를 기울여야 그에 상응하는 정책 대결에 더 관심을 기울일 것이다. 그런데 세대론의 과잉은 선거철에조차 이 모든 중대한 이슈가 부상하지 못하게 하고, 그 대신에 20대, 30대, 40대, 50대 등 각 연령대의 지지율 변동에 온통 관심이 쏠리게 만든다. 이렇게 되면 정치권은 자당에게 전략적으로 중요한 특정 세대를 공략하는 데 몰두하게 되니, 세대를 아우르는 경제·노동·복지·외교안보 정책의 의제들이 들어설 자리가 없다. 전 국민이 대통령선거를 앞두고 수개월 동안 매일 수많은 여론조사기관이 발표하는 연령별 지지율 변동만 쳐다보는 동안에 우리들의 진짜 문제는 구석에 방치된 채 버려져 있다.

그러므로 그처럼 세대론에 경도된 정치는 도대체 유권자의 어떤 이익을 대변한다는 것인지 알 수 없는 신기루와 같은 것이다. 지방 거주자는 지역격차 해소를 요구할 수 있고, 임대생활자는 주거안정 대책을 요구할 수 있으며, 빈곤층은 생계안정 대책을 요구할 수 있다. 하지만 20대의 이름으로 요구할 수 있는 정책은 없다.

20대 상류층을 위한 부동산 감세정책, 20대 중산층을 위한 주식시장 촉진책, 20대 노동자를 위한 최저임금 정책, 20대 페미니스트가 요구하는 성산업 대책, 20대 안티페미니스트가 요구하는 무고죄 강화 정책은 있지만 '20대 정책'은 없다는 것이다. 그러니 세대 정치는 사실은 각자의 진짜 정치적 목적을 달성하기 위한 틀과 같은 것이다. 그 안에 담으려는 내용물은 저마다 다르다.

그렇다면 세대의 관점은 그저 무용하거나 유해한 것인가? 그렇지 않다. 그와 반대로 우리가 잘못된 세대론의 문제점을 파헤쳐야 하는 이유는, 세대의 관점으로 사회와 역사를 바라봄으로써 기대할 수 있는 커다란 유익함을 놓치지 않기 위해서다. 세대 간의 차이에 민감해짐으로써, 우리는 각기 다른 시대 환경에서 태어나 살아온 세대 구성원들의 생애와 현황을 더 세밀하게 이해할 수 있다. 그런 접근은 어떤 세대를 동질적 집단으로 간주하는 것이 아니라, 각 세대의 다양한 직업별, 소득계층별, 자산계층별, 성별, 거주지역별 존재조건과 생애경험의 차이를 주시한다. 즉 사회학적으로 의미 있는 범주로서 세대는 하나의 '집단'이 아니라, '관계'를 뜻한다는 것이다. 20대 구성원들은 서로 같지 않지만 20대 내의 차이와 다양성, 갈등의 양상은 40대, 50대, 60대의 그것과 다르다.

세대 구성원들의 관계라는 관점에서 한국사회 역사와 사회구성원들의 생애를 이해하려 할 때 가장 먼저 보게 되는 것이 계급관계의 변화다. 예를 들어 1960년생이 태어났을 때 우리나라 계급구조에서 노동계급의 비중은 17.2%에 불과했고 아직 인구의 대다수는 농민이거나 자영업자였다. 하지만 2010년생이 태어난 해에 한국사회는 사무직 및 서비스·생산직 노동자가 53.1%에 이르고 전문·관리직 신중간계급이 23.7%나 되는 고도화된 자본주의 사회가 되어 있었다.[2] 이처럼 사회변동에 따라 상이한 계급구조 내의 특정한 위치에 세대 구성원들이 놓이게 된다. 각 세대에 속하는 사람들은 각자의 노력과 선택으로 자신의 삶을 어느 정도 결정할 수 있지만, 그러한 자유는 무한한 것이 아니라 개인이 선택할 수 없는 출생의 시간에 이미 존재하고 있던 사회구조의 조건 안에서 가능한 것이다.

그런 관점에서 지금 각 세대의 생애와 현재를 보면, 예를 들어 '민주화운동 출신 엘리트'를 허위일반화하는 586세대론이나 그 거울상으로 '불안정 청년'을 허위일반화하는 청년세대론 등과 질적으로 다른 수준에서 각 세대의 내적 구조를 이해할 수 있다. 지금 50~60대인 1960년대생의 다수는 대졸 전문직은 적었고, 노동계급은 증가하는 중이었으며, 자영업자 비중이 여전히 높았던 시대환경에서 청년기를 보냈다. 그에 반해 지금 30대는 사무전문직 화이트칼라의 비율이 56%에 달하면서, 다른 한편에는 광범위한 저숙련 서비스 노동자들이 있는 계급구성을 갖고 있다. 그래서 1960년대생은 고학력 사무전문직이 되기 어려웠지만 거기 속하는 소수는 안정된 삶을 누렸고, 다수는 전문대·고졸 혹은 그 이하 학력의 임금근로자나 자영업자로 살았다. 그와 달리 1980년대생은 사무전문직이 절반에 가깝지만 그 내부의 격차가 크고, 생산·서비스직 노동자들은 그 삶의 현실이 매우 열악하지만 이전 세대보다 자기 세대 내에서 더 소수여서 사회적으로 간과되기 쉽다.

우리는 또한 세대의 관점에서 각 연령대별 상이한 부富의 분배 구조를 더 정확히 인지할 수 있다. 예를 들어 2000년대 한국사회 전체의 소득지니계수와 자산집중도를 볼 수도 있지만, 각 세대별로 불평등의 정도와 특성, 불평등 기제가 어떻게 같거나 다른지를 알아볼 수 있다. 통계청 가계동향조사에 의하면, 지금 60세인 1961년생이 사회초년생 30세였던 1991년에 한국사회 도시 2인 이상 가구의 시장소득 불평등도인 지니계수는 0.259였지만, 1981년생이 30세가 된 2011년에는 0.313까지 치솟았고 이 과정에서 1961년생 내의 격차도 증가했다. 지금의 노년층은 중년의 나이에 불평등의 폭격을 맞았고, 지금 청년들은 사회에 처음 진출한 때부터 불평등의 지뢰밭을 걷기 시작한 것이다.

1980~90년대와 비교해서 더 불평등해진 오늘날 한국사회 현실은 청년세대에만 영향을 미칠까? 아니면 이 시대를 사는 모든 세대에 각기 다른 방식으로 영향을 미칠까? 임금근로자 내의 고용·소득·사회보장의 불평등을 낳는 중요한 축인 비정규직 비율을 연령대별로 보자. 20대의 비정규직 비율은 지난 10여 년간 대부분의 시기에 50대에 육박하거나 때론 그보다 높았지만, 30대는 모든 시기에 비정규직 비율이 가장 낮은 연령대였다. 말하자면 고용불안정은 노동시장에 진입하는 초기인 20대와 퇴직기인 50

대에 심하고, 퇴직 이후에는 더 심각한 수준에 빠지는 장기적 패턴이 있다.

이처럼 세대를 한 덩어리로 뭉뚱그리지 않고 세대 구성원들의 다양성과 관계 양상에 관심을 갖고 보면, 지금 널리 통용되는 세대담론들이 과연 우리 사회 현실을 올바로 이야기하고 있는지, 거기에 우리 사회에 도움이 되는 진단과 해법이 있는지 회의적이며 그에 따르는 여러 질문들이 생겨나게 된다.

지금 20~30대 세대에는 정말로 불평등 사회의 희생자가 대다수이고 그 수혜자, 기득권자, 불로소득자, 갑질하는 계급은 없는가? 불평등 시대에 나서 자란 세대라면 그들 내의 불평등이 오히려 그만큼 더 클 수도 있지 않나? 그렇다면 청년들의 삶의 조건, 경험, 생각, 필요가 단지 청년이라는 연령상의 공통점 때문에 서로 비슷하다고 할 수 있을까? 청년들의 능력주의적 공정성 관념이라고 알려져 있는 것은 청년층 전반의 특성인가, 아니면 능력주의 체제에서 승자가 된 계층의 특성인가? 'MZ세대'의 개성중시 소비문화라고 불리는 것들은 20~30대 전반의 특성인가, 아니면 높은 구매력을 갖고 있는 특정 계층 청년의 특성인가?

마찬가지로 우리는 그 청년들의 부모님이기도 한 '기성세대'의 내부를 잘 들여다봐야 한다. '586세대'라고 불리는 지금의 50대 1960년대생들은 정말 한국사회의 자원을 독점하고 청년들을 갈취하는 기득권 세대인가? 그런데 생애주직장 퇴직 연령은 40대로 당겨졌고, 50대의 다수는 비정규직 노동자, 영세 자영업자, 중소기업 사원이라면 이들이 어떻게 기득권층인가? 오늘날 한국사회 상층계급은 정말 50~60대에 의해 독점되어 있는가? 정치권, 기업 임원진, 언론사 임원, 사회단체 대표 등 사회 일부의 연령 특성이 한국사회 전체의 지배구조인 듯이 잘못 일반화된 것은 아닌가? 한국사회 부동산 부자들은 정말 고령층이 대다수인가? 30~40대 부자들이 두터운 상류층을 형성하고 있진 않은가? 이런 의문들을 우리는 앞으로 하나씩 짚어보게 될 것이다.

갈등사회 한국의 세대 갈등

이처럼 동일한 연령대의 세대를 유사한 경험과 인식을 가진 사회집단 범주로 간주할 수 있을지에 대해 많은 의문이 제기됨에도 불구하고, 최근 세대 관련 이야기들은 흔히 한국사회의 가장 심각한 갈등이 세대갈등이라거나 기성세대에 대한 청년들의 분노가 뜨겁다는 등의 주장을 포함하고 있다. 이런 이야기들은 객관적인 현실을 묘사하는 것이 아니라, 세대를 축으로 개인들의 정체성을 구성하는 담론 정치의 일환일 가능성이 있다. 정체성의 핵심은 적과 동지, 우리와 그들, 내부집단과 외부집단을 구분하는 데 있다. 그 균열선을 정의하고 증폭시키는 것은 정체성 정치의 가장 본질적 부분에 해당한다. 그러므로 세대갈등의 서사가 그런 정체성 정치의 한 수사적 기교인지, 아니면 우리 사회의 실제인지를 잘 살펴봐야 한다.

우선 분명히 해야 할 점은 '세대차이'와 '세대갈등'은 같은 뜻이 아니며, 그중에서도 힘을 가진 윗세대 계층에 대한 젊은 세대의 분노와 세대 간의 이해 부족에서 오는 쌍방적 갈등은 질적으로 다른 갈등이라는 사실이다. 한국처럼 지난 70여 년 동안 사회변화의 속도가 빨랐던 사회에서 세대 간의 인식과 문화 차이는 당연히 크다. 그렇기 때문에 직장·노조·정당·가족 등 모든 사회제도에서 세대 간의 이해와 소통, 존중의 노력이 그만큼 중요한 나라다. 그러나 최근 세대갈등 담론의 초점은 거기에 있지 않다. 그것의 특징은 바로 세대갈등에 지배와 저항, 기득권과 희생자의 대조라는 불의injustice의 의미론을 입힌다는 데 있다.

2000년대에 한국에서 세대론에 불을 붙인 선구적 저작은 2007년에 출간된 우석훈·박권일의 『88만원 세대』인데, 이미 이때부터 한국사회에 세대 간의 이익갈등과 감정적 적대가 만연해 있다는 서술이 거대담론으로 등장하고 있었다. 이 책은 1997년 금융위기 이후의 경쟁사회와 불평등 심화에 의해 많은 청년이 겪게 된 엄혹한 현실에 대하여 사회적 관심을 촉발시키는 데 기여했지만, 불행히도 그러한 자본주의 현실을 세대관계로 전치시켜 분노를 증폭시키고 정치화할 수 있다는 나쁜 교훈을 남겼다. 이 책의 출간에서 영감을 받은 뉴라이트와 보수언론들도 경쟁적으로 '밀레니얼 세대' '실크 세대' 등의 담론을 세련화하고 대학생 참여 프로그램들을 운영하면서 세대론을 정치적·이념적 병기로 만들었다. 이런 방향의 세대론 영향에 대해 『88만원 세대』의 저자 우석훈은 적극적 지지를 표명한 데 반해, 또 다른 저자 박권일은 강력한 비판과 자기비판을 한 바 있다.[3]

『88만원 세대』의 저자들은 당시 청년세대의 처지를 '386세대'와 극명히 대조시켰다. 이들은 '386세대'가 "학벌사회를 더욱 강화시키며 교육 엘리트주의를 강화시키는, 일종의 역사에 대한 배신을 행한 세대"가 되었으며, "386세대는 지금의 20대를 경멸하는 경향이 있고, 지금의 20대 역시 386세대를 혐오하거나 질시하는 관계가 형성되어 있다"고 단언했다. 그런데 여기서 20대를 경멸한다는 '386세대'가 구체적으로 누구인지 전혀 분명하지 않다. 60년대 출생 세대인가? 80년대 학번 대졸자인가? 열린우리당 정치인인가? 또한 젊은 비정규 노동자들이 실제 누구에게, 무엇에 분노하고 있는지를 알려주는 어떠한 실증적 근거도 이 책에서 찾을 수 없다.

놀라운 것은 이런 종류의 세대갈등론이 실체가 불분명하다는 것을 이미 저자들도 인지하고 있었다는 사실이다. 같은 책에서 저자들은 이렇게 말하고 있다. "세대에 관한 이야기들을 전개하다 보면 성급한 일반화의 오류에 빠지기 쉽고 또 연구자의 편견이 분석과정에 개입하게 된다는 비판에 직면할 위험성이 높다. 게다가 언제나 사이비 과학이 될 위험이 있다. … '세대'라는 용어는 이런 위험성을 다분히 내포하고 있다."[4] 그런데 그렇게 위험하다고 여긴 폭탄을 어떤 생각으로 그냥 세상을 향해 던져버린 걸까?

그런 위험한 폭발물이 약 20년 뒤인 2019년에 폭죽처럼 여러 세대론 출판물로 다시 터져 나왔다.

2019년 7월에 출간된 김정훈·심나리·김항기의『386 세대유감』이 그 대표적인 예다. 이 책은 많은 언론매체에서 주목받았을 뿐 아니라『88만원 세대』의 저자 우석훈이 쓴 '해제'가 함께 수록되어 있어서 세대갈등론의 담론사적 연속성이라는 면에서 주목된다. 여기서 저자들은 "사교육, 부동산, 노동문제, 기득권 문화가 노골화되는 데 386세대가 어떻게 적극적 가담 혹은 소극적 방관을 해왔는지"를 비판하면서 "정의, 평등, 자유를 외쳤던 386세대의 자기 배신과 헬조선이 된 우리 현실을 두고 386세대에게 '미필적 고의'에 대한 혐의를 묻는다"고 선언하고 있다. 나아가 저자들은 한국사회에서 '기득권 세대'와 '희생자 세대'의 갈등이 극한에 달했다고 말한다. "386세대를 향한 날 선 분노와 조롱이 온라인 공간을 뒤덮고 있다. 386세대는 꿀 빨아 먹고 헬조선 만든 세대, 사다리 걷어찬 세대, 무능한 꼰대 집단이라고 불린다."[5]

여기서 저자들은 한편에 문재인 정부와 민주당에 대한 비난, 다른 한편에 1960년대에 출생하여 80년대에 청년기를 보낸 지금의 50대 세대에 대한 비난을 뒤섞어서 20년 전에 우석훈이 말한 세대론의 '사이비 과학 같은 위험성'을 되풀이하고 있다. 그러나 이 둘은 완전히 다른 범주다. 80년대 운동권 출신 민주당 정치인들은 노무현 정권과 문재인 정권 하에서 불평등의 심화를 해결하지 못한 데 대해 책임이 많다. 그러나 고속성장과 3저 호황의 '꿀을 빨아먹은' 세대로서 '586'은 존재하지 않는다. '586세대'라고 불리는 60년대생의 다수가 비정규 노동자, 중소기업 사원, 1인 자영업자, 자산빈곤층, 단순노무직 종사자들일진대, 어떻게 이들을 모두 제외한 소수의 상위권 대학 졸업자, 사교육 중산층, 부동산 부자들에게 '세대'라는 명칭을 붙여줄 수 있는가? 그들을 세대라고 부르는 것이 타당한 유일한 맥락은, 동일 계급의 다른 세대와 비교할 때뿐이다.[6]

더욱이 진실로 실증적 확인이 필요한 질문은, 지금 청년들의 분노와 조롱이 정말로 고용주, 정치인, 갑질하는 고객, 수수료 뜯는 회사, 부동산 투기세력이 아니라 '기성세대'를 향해 있는가 하는 것이다. 청년들이 기성세대에 분노한다 할 때 그 '기성세대'의 실제 의미가 정말 세대적 대상인가, 아니면 그것은 과녁을 빗나간 언어인가? 오늘날 다수의 한국인, 특히 청년들은 한국사회에서 가장 시급히 해결해야 할 문제가 세대문제라고 느끼고 있는가? 한국정치가 해결해야 할 가장 중요한 문제라고 사람들이 생각하는 것 중에 세대갈등이 꼽히고 있는가?

일단 짚고 넘어가야 할 점은 어떤 인식조사에서든 "세대갈등이 심각하다고 생각하느냐?"라고 물으면 다수 응답자는 '그렇다'고 대답한다는 사실이다. 이는 젠더갈등·계층갈등·이념갈등·지역갈등 등 어떤 갈등을 물어봐도 크게 다르지 않다. 일례로 한국리서치가 2021년 1월에 수행한 세대인식 조사에서 '우리 사회의 세대갈등이 심각하다고 생각하느냐?'는 문항에 85%가 그렇다고 대답했다. 충격적 결과라는 기사가 나올 만하다.[7] 그런데 20년 전인 2004년에 『중앙일보』와 현대경제연구원이 수행한 조사에서도 '우리 사회에서 세대갈등이 어느 정도 심각한가?'를 물었더니 심각하다는 응답이 83.1%나 되었다.[8] 새삼스러운 결과가 아닌 것이다.

정치와 사회에서 진정 중요한 것은 그런게 아니다. 중요한 것은 어떤 갈등의 존재 여부가 아니라, 사회의 수많은 갈등 가운데 우선순위를 사람들이 어떻게 생각하며 무엇을 가장 중심에 두느냐다. 저명한 정치학자 샷슈나이더E. E. Schattschneider가 탁월하게 통찰한 것처럼, "현대사회라면 어디에서나 무수히 많은 갈등이 잠재되어 있지만, 오직 몇몇 갈등만이 중요한 의미를 갖게 된다."[9] 그래서 위와 같은 개별 문항만으로는 그 문제가 다수에게 얼마나 심각하게 인지되고 있는지를 알기 어렵다. 여러 갈등 이슈를 제시하고 그것들의 심각성이나 중요성, 긴급성의 위계를 매겨보라고 해야 사안의 경중이 보인다. 위의 『중앙일보』·현대경제연구원 인식조사에서도 세대갈등을 빈부갈등, 지역갈등, 이익갈등, 이념갈등과 함께 물은 문항에서는 세대갈등이 가장 심각하다는 응답이 5.2%에 불과했다.

지금은 어떠한가? 최근 몇 년 동안 큰 규모로 수행된 여러 인식조사 결과를 두루 검토했을 때, 대부분의 조사에서 압도적 다수의 응답자는 경제격차, 계층갈등, 이념갈등, 그리고 정치권의 문제가 가장 심각하다고 보고 있었고, 세대갈등이 심각하다는 응답은 청년층에서조차 미미한 비율이었다. 한겨레경제사회연구원이

2019년 9월에 실시한 「우리 사회의 지속가능성에 대한 국민의식 조사」에서, "우리 사회의 가장 심각한 갈등"을 묻는 질문에 대해 전체 응답자의 44%가 계층갈등, 29%가 이념갈등을 꼽았고, 세대 갈등이라고 답한 사람은 6%에 불과했다. 20~30대에서도 계층갈 등이나 이념갈등을 꼽은 응답자가 60~70%로 압도적으로 많았고, 세대갈등이 가장 심각하다는 응답자는 각각 8%, 7%에 그쳤다.[10]

문화체육관광부가 한국갤럽에 의뢰하여 5000명의 성인 남녀 를 대상으로 실시한 「2019년 한국인의 의식·가치관 조사」에서 도 한국인들은 계층갈등·이념갈등의 심각성을 세대갈등보다 훨 씬 크게 느끼고 있는 것으로 나타났다.[11] 전체 응답자 중에 92%가 진보-보수 갈등을, 85%가 정규직-비정규직 갈등을 심각하게 생 각했고, 그 다음으로 대기업-중소기업, 기업가-근로자, 부유층- 서민층 관계에 갈등이 크다고 답했지만 기성세대와 젊은세대 갈 등이 크다는 응답은 68%에 그쳤다. 19~29세 응답자만 봐도 91% 가 진보-보수 갈등, 85%가 정규직-비정규직 갈등이 크다고 응답 해서 다른 세대와 아무 차이가 없었고, 세대갈등이 크다는 응답 역시 69%로 전체 다른 연령대와 거의 같았다.

한편 '분노'라는 측면에서 감정 온도를 조사한 결과에서도 세 대 간 적대감은 다른 사회 이슈들보다 훨씬 약하게 나타난다. 지 속가능성과 세대·지역·기후 문제에 관한 이승윤·이유진·신 진욱 연구팀이 2021년 10월에 수행한 인식조사는 한국사회 제반 문제에 대해 응답자들이 어느 정도 "개인적인 분노를 느끼는지"

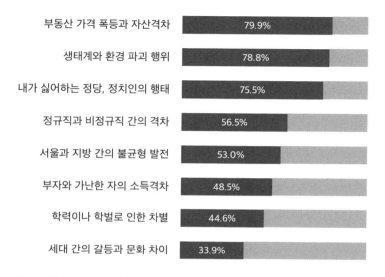

부동산 가격 폭등과 자산격차	79.9%
생태계와 환경 파괴 행위	78.8%
내가 싫어하는 정당, 정치인의 행태	75.5%
정규직과 비정규직 간의 격차	56.5%
서울과 지방 간의 불균형 발전	53.0%
부자와 가난한 자의 소득격차	48.5%
학력이나 학벌로 인한 차별	44.6%
세대 간의 갈등과 문화 차이	33.9%

<도표 1> 여러 사회문제에 대한 개인적 분노의 정도 (단위: %)

를 묻는 질문을 포함시켰는데, 그 결과는 〈도표 1〉과 같다.[12]

최근 부동산 가격 폭등과 자산격차의 심화 문제에 대해서 매우 또는 다소 분노한다는 응답의 합이 무려 80%에 달했고, 그 다음으로 '생태계와 환경 파괴 행위' '내가 싫어하는 정당·정치인의 행태'에 대해서도 분노를 느끼는 응답자가 75% 이상이었다. 그런데 이 조사에서 개인적인 분노를 표한 응답자가 가장 적은 것이 '세대 간의 갈등과 문화 차이'였다. 물론 응답자의 3분의 1이 세대 갈등으로 분노를 느낀다는 사실을 간과해선 안 되지만, 계층격차나 환경위기, 정치권에 대한 분노가 얼마나 큰지를 지금 우리 사회가 세대 열풍만큼 중시하고 있는지를 묻게 된다.

더구나 위의 조사결과를 연령대별로 보면, 세대 간 갈등과 문화 차이 때문에 개인적 분노를 느낀다는 응답의 비율이 18~29세 응답자 중에서 38%, 30~39세 응답자 중에서 24%인 데 반해, 오히려 60세 이상 노인층 응답자 중에서 절반에 가까운 48%에 달했다는 점이 눈에 띈다. 오늘날 한국사회 세대갈등이 심각하다는 담론들은 청년층의 윗세대에 대한 분노만 이야기하는데, 노년층 가운데 세대갈등으로 받는 심적 고통이 큰 사회적 약자들이 많을 수 있다는 점을 생각하게 만드는 조사결과다.

또한 청년들이 부모 세대에 대해 많은 공감을 갖고 있기도 하다. 이화여대 사회학과 최샛별 교수는 몇 년 전에 수행한 세대별 인식조사에서 각 세대가 가장 연민을 느끼는 다른 세대가 누구인지를 물었는데, 흥미롭게도 1980~92년생 '88만원 세대'는 현재 50대와 60대를, 1970~79년생 'X세대'는 현재 70대를 가장 많이 꼽아서 각각 대략 자신의 부모 세대에게 가장 연민을 갖고 있는 것으로 나타났다.[13] 이처럼 현실에서 대다수 사람에게 세대 간의 관계와 감정이라는 것은 '기성세대의 꼰대짓' '청년들의 분노' 같은 자극적인 묘사보다는 훨씬 복잡한 것이다.

이상 살펴본 바와 같이 오늘날 모든 연령대에서 다수의 시민은 경제적 격차, 계층갈등, 이념갈등 문제의 해결이 가장 긴급하다고 생각하고 있으며, 그에 비해 세대갈등은 청년층에서조차 한국사회 중심 문제로 인식되고 있진 않다. 뿐만 아니라 노년이든 청년이든 특정 세대만이 세대갈등 문제를 느끼고 있다고 볼 수 없고, 또한 노년이 청년들에게, 혹은 청년이 노인들에게 어떤 일반화된 세대적 적대감을 갖고 있다고 결론내릴 만한 증거도 찾을 수 없다.

이러한 최근 인식조사 결과들이 우리에게 알려주는 메시지는 세대에 따른 차이가 허상이라거나 세대갈등의 잠재성이 무시해도 좋을 정도라는 것이 아니다. 세대 차이와 갈등은 분명 있으되, 우리는 정확히 그 문제가 있는 지점에서 구체적으로 다뤄야 이를 해결할 수 있다는 점이다. 그런데 지금 문제가 되는 것은 세대갈등을 과장하고 특정 세대에 선악의 딱지를 붙여 네편 내편을 가르는 세대 선정주의다. 그런 가운데 정작 각 세대의 다수 구성원이 가장 심각하게 생각하고 있는 정치경제적 문제들은 논외로 밀려나게 되는 것이다. 그렇다면 이처럼 세대갈등을 증폭시키는 담론들은 언제부터 우리 사회에 범람하게 되었고, 누가 그랬으며, 왜 그랬던 것일까?

제3절
세대담론의 폭발이라는 '현상'

　민주화 이후 한국에서 세대담론은 한때 군사독재 종식 이후 한국사회의 모든 분야를 새롭게 건설하려는 의지를 담고 있었다. '386세대'는 민주화운동을 주도한 주체로서, 민주화 이후 한국 정치, 기업, 언론, 학문, 과학기술, 문화예술을 이끌어갈 새로운 리더를 상징했다. 그 뒤를 잇는 '신세대'는 민주화 이후에 20대에 접어든 첫번째 포스트민주화 세대로서, 군사정권과 민주화운동 간 대립의 시대를 끝내고 활달한 탈이념의 시대를 열어줄 것으로 기대되기도 했다.

　또한 세대담론은 한국사회의 불평등과 불안정 문제가 심해지면서 악화된 청년들의 생활조건과 미래 전망에 대한 사회적 관심을 불러일으키는 데 기여하기도 했다. 2010년대 초반에 청년유니온, 알바노조, 민달팽이유니온 등 청년세대의 사회운동들은 노동·주거·인권 등 보편적인 주제들을 사회 이슈로 부각시키는 데 큰 역할을 했다. 또한 서울시를 비롯한 여러 지자체에서 청년정책과 거버넌스라는 형식으로 혁신적인 복지정책과 시민참여 모델이 비약적으로 발전했다. 2010년대 중반부터 온라인 공간에서 빠르게 퍼져간 '헬조선' 'N포 세대' '수저계급' '이생망' 등의 유행어들, 그리고 그때 이후로 많은 신문 기사에서 보도된 청년들의 생생한 삶의 이야기들은 오늘날 자본주의 한국사회의 현실을 드러내는 하나의 창으로서 역할을 했다.

그러나 최근 몇 년 동안 세대담론의 지배적 경향은 이와 다른 성격을 띠고 있고, 이 새로운 역사적 국면을 우리는 주시하면서 대응해야 한다. '50대'를 기득권층이나 위선적 집단으로 묘사하여 청년들의 분노를 자극하거나, '20대'에 경쟁지상주의·능력지상주의·약자혐오와 같은 부정적 딱지를 붙여 비난하는 식의 공격적 세대론이 담론의 장에서 점점 더 큰 공간을 차지하고 있기 때문이다. 이처럼 사회적 담론의 공간이 극단적인 세대담론으로 가득 차게 되면 우리는 점점 '세대 바깥'에서 사유할 수 없게 되며, 세대의 내용을 채우는 실질적 의제들을 상실하게 된다. 사장님이 근로기준법을 어겨도, 정치인이 성추행을 해도, 온라인에 여혐 글이 퍼져도 이를 모두 '586세대' '이대남' 같은 세대의 창으로만 보고, 세대의 언어로만 말하게 된다. 계급의 언어, 젠더의 언어, 인권의 언어가 공론장에서 밀려나는 것이다.

그러한 세대주의 담론은 노동자들을 힘들게 만들고 있는 것이 소수 재벌이 지배하는 산업구조, 일자리 창출 없는 수출의존 축적 전략, 나쁜 일자리를 양산하는 원·하청 구조, 노동인권을 위협하는 변칙적 고용계약 행태들이라는 사실을 비껴간다. 이러한 산업·노동체제가 일하는 청년들뿐 아니라 그들의 어머니와 아버지, 할아버지와 할머니 세대의 노동자들과 자영업자들을 가난하고 병들게 만드는 주범이라는 사실을, 세대론은 말하지 않는다.

　이러한 종류의 세대론은 대중들의 즉흥적인 호응과 반응을 촉발시켜 정치적이고 상업적인 이익을 위해 이용될 위험이 있다. 마치 피부색이나 생물학적 성차에 기반하여 차별을 하는 인종주의나 성차별주의처럼, 세대주의 역시 나이라는 원초적 차이에 기초해서 편견을 조직하기 때문이다. 게다가 그것이 문제의 전부가 아니다. 왜냐하면 보다 깊은 차원에서 담론은 간단히 도구화될 수 없는 무엇이기 때문이다. 담론은 개인들이 어떤 목적을 위해 활용할 수 있는 외적 대상이라기보다는, 우리가 특정한 방식으로 세상을 해석하고 그에 반응하게끔 만들며 다른 해석과 반응의 가능성을 배제시키는 실천이다. 말하자면 우리는 언제나 사회적으로 형성된 담론의 장 안에서 생각하고 느끼며 욕망하고 있기 때문에, 순전히 어떤 목적을 위한 수단으로 담론을 만들어내고 이용할 수만은 없다. 바닷속의 물고기처럼, 우리는 그 담론 안에 있다.

　그런 담론들과 사고방식들은 역사 속의 특정한 시점에 생겨나서 확산되며, 그때부터 사람들은 과거와 전혀 다른 언어로 세상에 대해 말하고 전혀 다른 방식으로 사고하게 된다. 그래서 프랑스의 철학자 미셸 푸코Michel Foucault는 사람들이 어느 시점부터 "이제까지 생각해온 대로 생각하길 멈추고 다른 것을 생각하고 다르게 생각하기 시작"하며, "갑자기 사물들을 다른 방식으로 인지하고, 묘사하고, 말하고, 특징짓고, 분류하고, 보는 변화"가 일어난다는 사실을 강조한 바 있다.[14]

말하자면 우리가 지금 세상을 보고 있는 눈과 언어는 구체적인 역사의 산물이자 구체적인 인간 행동들의 산물이다. 그렇기 때문에 많은 사람이 갑자기 무엇인가에 열렬히 관심을 갖고, 그것에 관해 끊임없이 말하고, 글 쓰고, 영상을 제작하고, 행사를 열고, 기관과 단체를 설립하고, 정책을 만드는 등의 행동을 하고 있다면, 우리는 잠시 거리를 갖고 성찰할 필요가 있다. 지금 우리에게 익숙한 언어와 사고의 틀이 언제부터, 어떤 맥락에서, 어떤 동기로 생산되었는지 알게 된다면, 또는 과거에 사람들이 어떤 언어와 사고의 틀 안에서 살고 있었는지 알게 된다면, 우리는 지금 우리가 놓인 상황에서 거리를 갖고 더 넓은 역사적 지평 안에서 현실을 볼 수 있을 것이다.

담론과 사고의 역사성을 생각해볼 수 있는 하나의 예를 들어보려 한다. 1920년부터 1999년까지 국내 주요 신문의 기사를 제공하는 《네이버 뉴스》 라이브러리에서 '성폭력'이라는 키워드로 문헌 검색을 하면, 이 단어가 포함된 국내 보도가 최초로 등장한 것이 1984년 6월 19일에 '여성의전화' 1주년 기념식을 보도한 『경향신문』 기사임을 확인할 수 있다. 그리고 한국의 언론들이 성폭력을 성폭력이라고 부르는 것이 현재 수준으로 일반화되기 시작한 것은 1990년대 후반에 와서다. 담론과 언어의 변화는 저절로 일어난 것이 아니라 민주화 이후 사회운동이라는 구체적 행동을 통해 발생한 것이다.

그럼 그 전에는 동일한 사건, 동일한 현실이 무엇이라고 불렸을까? '강간'이라는 단어로 성폭력 문제를 형사상 범죄의 보도기사에 국한시키는 양상은 이미 1920년 신문에서부터 나타난다. 다른 많은 경우엔 '폭력' '폭행'과 같이 이 행위의 성적性的 차원을 은닉하는 암시적 언어가 사용되었다. 1981년 12월 9일자 「강도피해 여성과 얘기」라는 제목의 『조선일보』 기사에는 "강도와 폭행(레이프)의 희생자 여성들"이라는 표현이 등장하는데, 이것은 '폭행'이 실은 강간rape의 완곡어법임을 드러내면서도 '강간'을 발화하지 않기 위해 괄호 안에 '레이프'라는 영어 발음을 쓰고 있다. 독자는 그 단어의 뜻을 알지만 아무것도 못 본 척할 수 있으며, 그 단어의 모국어는 공론장에 등장하지 않은 채로 남는다.

이처럼 어떤 언어가 지워지고 다른 언어로 대체된다는 것은, 박탈당한 그 언어를 통해 우리가 생각하고, 표현하고, 소통하고, 느끼고, 행할 수 있는 많은 가능성을 없애버린다는 것을 의미한다. 무엇인가를 가능케 하고, 다른 것을 불가능케 하는 그 생성적 힘과 배제적 힘이 바로 담론 권력의 양면성이다. 그러므로 어떤 시대에 정치·경제·언론 등 사회의 강력한 힘들이 특정한 담론을 대량생산하고 있다면, 우리는 그 담론에 대해 비판적 거리를 갖고 그것이 과연 우리 삶에 대한 사유의 가능성 중 어떤 것을 삭제하고 배제하는지 관찰해야 한다.

그런 관점에서 '세대'를 하나의 담론 현상으로서 관찰해보자. 오늘날 많은 사람이 세대의 창으로 역사와 사회현실을 해석하고 분류하는 데에 익숙해져 있지만, 세대가 도대체 언제부터 우리 사회에서 이렇게까지 중요해진 것인지 질문해볼 필요가 있다. 과연 언제부터 우리는 모든 사회현상을 세대적인 현상으로 보고, 말하고, 그에 반응하기 시작한 것일까?

사장님이 근로기준법을 안 지키면 '갑질 하는 기성세대', 부장님이 야단치고 훈계하면 '꼰대 세대', 부동산 가격이 폭등하면 '미래를 빼앗긴 30대', 노동자가 일자리에서 과로로 사망하면 '쓰러지는 청년 세대'다. 그러나 갑질 사장한테 시달리는 건 중년 노동자도 마찬가지고, 부장님과 이사님은 50~60대의 극소수에 불과하며, 부동산 자산격차는 20~30대에서도 심화되고 있고, 사망재해자 수는 연령이 높을수록 가파르게 급증한다. 그런데 언제부터 우리 사회는 이 모든 것을 계급·노동·권력의 언어로 말하지 않고 세대의 언어로 말하며 '기성세대'라는 허깨비에 분노하기 시작한 걸까?

〈도표 2〉는 총 18개의 국내 전국 일간지와 경제지, 4개 방송사(KBS, MBC, SBS, YTN)에서 1990년부터 2020년까지 30년 동안 '세대'가 '불평등' 및 '불공정'과 함께 등장한 기사 건수를 각 연도

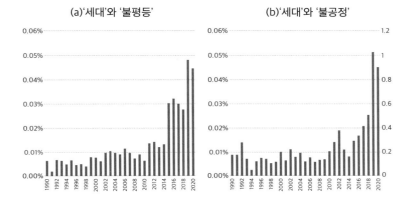

(a)'세대'와 '불평등'　　　　　(b)'세대'와 '불공정'

<도표 2> 세대문제를 다룬 기사 빈도 비율, 1990-2020[15]

의 모든 기사 건수로 나눈 비율을 연간 단위로 분석한 결과다. 우리 사회의 '불평등'이나 '불공정' 문제가 '세대' 프레임과 함께 이야기되는 담론이 정확히 2011~12년, 2015년, 2019년을 전환점으로 하여 계단형으로 팽창해왔음을 볼 수 있다. 전체 기사 수에서의 비율 대신에 기사 총 건수로 측정해도 거의 동일한 추이가 확인된다. 언론의 보도 태도뿐 아니라 우리가 언론에서 이 담론들을 접한 절대량이라는 면에서도 동일한 추이라는 것이다.

　우선 여기서 확인할 수 있는 사실은, 우리가 신문이나 방송에서 세대 간의 불평등이나 불공정에 관한 이야기를 이렇게 자주 보고 듣게 된 것이 불과 몇 년 되지 않은 최근 현상이라는 것이다. 흔히 세대문제가 왜 중요해졌는지를 설명할 때 현대사회의 빠른 변화속도, 기대수명의 연장, 한국의 압축적 근대화 등 구조적 요인을 말하지만 그것의 설명력은 제한적이다. 만약 그게 원인이라면 왜 전통적 신분사회가 해체된 한국전쟁기, 농촌공동체가 산업화로 붕괴된 1970년대, 고도성장이 진행된 1980년대, 민주화 · 세계화 · 정보화가 한꺼번에 일어난 1990년대, IMF 구제금융위기 직후인 2000년대가 아니라 하필이면 2012년, 2015년, 2019년에 세대담론이 폭증했는가?

위의 분석과 동일한 조건에서 다른 세대 용어들의 빈도 추이를 분석해보면, 예를 들어 '중년'에 관한 기사는 박근혜 정부 시기인 2012년부터 2015년까지 일시적으로 증가했다가 이후 하락하는 추이를 보이고, '노인'에 관한 기사의 빈도는 2000년대 후반에 빈도가 한 번 증가한 이후 대체로 일정하게 유지되고 있으며, '청소년'을 언급한 기사의 추이도 역시 그러하다. 그런데 유독 '세대'를 '불평등' '불공정'과 연계하는 담론이 지난 10년간 계단형의 양적 팽창을 해왔다는 사실은 뭔가 의미하는 바가 있는 것이다.

사회과학에서 구조적 · 역사적 거대서사는 종종 현실의 진정한 다이내믹을 놓치기 쉽다. 역사를 움직이는 진짜 힘은 흔히 정확한 날짜와 장소, 행위자를 지목할 수 있는 디테일에 있다. 그래서 〈도표 2〉에서 세대담론이 급증한 것으로 확인된 세 번의 시점인 2012년, 2015년, 2019년을 대상으로 월간, 주간, 일간 단위로 정밀히 분석하여 정확히 어떤 맥락에서 세대담론의 대량생산이 일어났는지를 추적해봤다. 먼저 2012년은 4월에 제19대 국회의원 총선거가, 12월에 제18대 대통령선거가 실시된 해다. 이 해에 '세대'가 큰 이야깃거리가 된 데 는 두 개의 주요 맥락이 있다. 그 하나는 청년정책, 노인정책, 생애주기별 맞춤형 정책 등 선거 공약과 정책 담론의 측면에서 두 번의 큰 선거를 전후하여 '세대'가 자주 거론됐다. 그보다 더 중요한 맥락은 세대별 투표성향의 차이다. 특히 2012년 대선은 세대에 따른 유권자 균열과 세대별 결집도가 대단히 강해서 20~40대의 문재인 후보 지지와 50대 이상의 박근혜 후보 지지가 명확히 갈렸던 선거였다.

한 해에 대선과 총선이라는 큰 선거가 두 번이나 있으면 세대 문제, 세대갈등이 언론에 크게 보도되는 게 당연해 보일 수도 있지만, 역사적인 관점에서 보면 그것은 당연하지 않다. 왜 하필 2012년에 세대가 특별히 더 크게 문제가 됐냐는 질문을 던진다면 세대담론이 특정한 시기에 확장되고 축소되는 데는 정치사회적인 이유가 있는 것이다. 뒤의 7장에서 자세히 다루겠지만, 한국 유권자들의 정치성향 분포에서 세대 균열이 중요하게 부상하기 시작한 것은 2002년 노무현 후보의 대통령 당선 때부터인데, 이후 2007년에는 이명박 후보의 경제정책 능력에 대한 기대, 노무현 정부의 실패에 대한 심판, 또 부동산 가격 폭등이라는 비非세대적 요인들이 작용했다가, 이명박 정부 5년을 겪은 후인 2012년 선거에서 다시금 유권자 균열에 세대 변수가 강력히 부상했다.

그런데 여기서 우리가 더 깊이 들여다볼 부분은 이처럼 명확한 정치적 맥락에서 폭발한 세대담론이, 선거 이후에 소멸되지 않고 변형된 세대담론으로 전파되면서 담론의 양적 추이가 계단형으로 상승했다는 사실이다. 그러므로 이후 2010년대에 세대갈등, 세대 간 불평등의 담론이 어떤 내용과 맥락을 갖고 있었는지 알아볼 필요가 있다. 그 점에서 2015년과 2019년은 대단히 중요한 전환점이다.

2015년과 2019년 역시 세대담론의 폭증이 정치적 계기에 의한 것이었다는 점에서는 2012년과 공통되지만, 이번에는 사회경제적 불평등·불공정·불안정이라는 문제 상황과 '세대' 프레임의 연계가 집중적으로 일어났다는 점에서 더욱 주목할 만하다. 그 내용을 정확히 파악하기 위해 기사 건수의 추이를 월간, 주간 단위로 세분화하여 보도량이 급증한 시점의 기사들을 추적해보면, 2015년에 세대 간 불평등·불공정 프레임의 폭증과 가장 밀접한 관련을 갖고 있었던 것은 박근혜 정부가 추진한 노동개혁 정책이었다. 당시 정부는 정규직과 비정규직, 노조와 비노조원, 공공부문과 민간부문을 대립관계로 부각시키면서 해고요건 완화, 파견근로 확대, 노동시장 유연화 정책 등을 정당화했고, '기성세대' 노동자의 기득권이 '청년'의 미래를 박탈한다는 세대담론을 적극 확산했는데 이것이 언론 보도량에 그대로 반영되었다.

그런데 2015년 시점의 실제 연령대별 경제 상황을 점검해보면 흥미로운 사실을 발견하게 된다. 통계청의 「경제활동인구조사」 자료에 따르면, 2015년도에 우리나라 비정규직 노동자 중 가장 비중이 큰 연령대는 고령층을 제외하면 50대(21%)였고, 30대와 20대는 각각 16%, 17%였다. 베이비붐 세대라서 인구가 많아

이렇게 나온 게 아니다. 각 연령대 내의 비정규직 비율을 보아도 2015년에 비정규직이 가장 많았던 연령대는 60대 이상으로 67%, 그 다음으로 많은 연령대가 50대로 35%였다. 정규직·비정규직 격차는 전혀 세대갈등의 문제가 아니었던 것이다.

사실관계가 이러함에도 불구하고 '기득권 기성세대' 대 '미래 없는 청년세대'라는 담론이 이 시기에 대대적으로 확산된 이후로 불평등을 '세대' 문제로 프레이밍 하는 경향은 꾸준히 확산되었다. 고용, 소득, 연금 등 사람들의 생활에 직결되는 민감한 쟁점들을 세대 간의 불평등 문제로 만들어 '청년'을 호명하고 동원하는 방식이 계속되었고 동일한 담론이 반복해서 발화되었다. 이때 이후로 현재까지도 이런 방식으로 청년들의 분노를 부채질하여 '내 편'으로 만드는 행동들이 정치권부터 언론과 지식인 사회에 이르기까지 두루 존재한다.

그 다음으로 2015년보다 더 강력한 세대갈등 담론의 폭발기인 2019년에는 조국 전 법무장관을 둘러싼 갈등을 배경으로 '세대' 담론과 '공정성' '불공정' 담론이 연계된 텍스트가 엄청난 규모로 증폭되었다. 한국사회 세대담론의 역사에서 2019년은 참으로 특별한 해다. 위의 〈도표 2〉에서 명료하게 확인할 수 있듯이, 세대 간의 불평등과 불공정을 말하는 새로운 담론의 질서가 2019년에 마치 거대한 우산을 한 번에 펼치듯이 정치, 언론, 인터넷, 일상대화 등 사회의 모든 공간에서 뿜어져 나온 것이다.

이 책의 맥락에서 조국 전 법무장관이 비난 받을 만한 대상인가 아닌가는 관심사가 아니다. 우리가 주목할 점은, 이 시점에 정치인과 고위 공직자를 비롯한 사회 상류층의 특권, 특혜, 불법 문제라는 이슈를 '기득권 기성세대'와 '희생자 청년세대'라는 세대 관계의 틀로 의미화하는 담론이 폭발적으로 확장되었다는 사실이다. 그처럼 정치 갈등이 세대적 프레임으로 확장됨으로써 생기는 효과가 무엇일까? '청년'이라는 세대 전체가 집권세력에 대한 잠재적 반대세력으로 자리매김되는 것이다.

이와 같이 정치, 이념, 세대를 모호하게 뒤섞어서 이를 불평등·불공정·기득권 등의 도덕적 언어들과 연계시킴으로써, 세대담론은 이제 대단히 효과적인 정치담론으로 작동하게 되었다. 정치권에 대한 사람들의 분노를 일반화된 세대갈등 프레임으로 연결시켜 '청년세대'가 특정 정치세력과 이념에 반대하게끔 담론 요소들을 조합할 수 있게 된 것이다. 정치권은 이런 식의 담론적 접합이 전략적으로 쓸모 있다는 것을 학습하면서 여야 할 것 없이 경쟁적으로 '청년'을 호명하며 자신을 '청년의 친구'로, 경쟁세력을 '청년의 적'으로 갈라치는 데에 집중한다.

'세대 차이는 중요하다'는 명제는 일반론으로는 타당하지만 지금 문제가 되는 것은 세대 특성이라는 것이 있느냐 없느냐, 세대 차이가 중요하냐 아니냐가 아니다. 세대담론이 정치적·이념적 이해관계와 전략적 게임의 한가운데로 도입되어 자의적으로 가공되고 도구적으로 소비된다면, 우리는 정말로 세대의 관점에서 이해하고 소통해야 하는 우리 사회의 많은 중요한 과제를 놓치게 된다. 예를 들어 청년들의 미래의 연금재정과 현재 노인층의 심각한 빈곤 상황을 어떻게 함께 해결할 것인가, 지난 10여 년 동안 20대와 50대의 비정규직 비율이 유난히 높았다는 사실이 우리나라 고용체제의 어떤 특성에 관련되는가와 같은 질문이 진정 세대갈등보다 중요한 우리 사회 과제다. 그러므로 우리는 세대론의 정당한 자리를 되찾기 위해서라도 세대론의 오용과 남용을 분명히 드러내고 세대들의 다양한 삶의 양태를 올바로 진단할 필요가 있다. 그런 작업을 위한 출발점은 세대문제에 어떻게 접근할 것인가에 대한 개념을 재정립하는 일이다.

어떻게 세대문제에 접근할 것인가?

　지금까지 우리는 '세대'가 마치 유사한 조건과 경험을 가진 동질적 사회집단인 것처럼 간주하는 접근법이 각 세대 구성원들의 다양한 삶과 불평등 현실을 은폐하거나 왜곡할 수 있다는 점을 생각해보았다. 또한 우리 사회의 모든 현상을 세대문제로 해석하고 세대갈등을 과장하는 담론들이 사회현실의 자연스런 반영이 아니라 실은 아주 최근에 몇몇 정치적 사건을 계기로 갑자기 확산된 현상이라는 사실도 확인했다.

　그렇다면 우리는 세대문제에 어떻게 접근해야 하는가? 세대구분이라는 것은 어떤 이유에서 사회적 관심의 대상이 된 것인가? 세대가 공동의 속성을 가진 집단으로 단순히 전제될 수 없다면, 세대적 특성과 세대 간의 차이를 어떤 의미로 이해해야 하는가? 계급, 학력, 성별, 문화자본 등 여러 차원에서 불평등 구조를 갖고 있는 현대사회에서 세대 내의 균열과 세대 간의 차이를 함께 포착할 수 있는 길은 무엇인가?

이 질문들로 들어가기 위한 출발점으로, 가장 먼저 세대라는 것을 이해해야 할 필요성 자체가 어떤 역사적 조건에서 생겨났는지를 생각해보자. 세대가 중요한 사회적 관심사로 등장한 것은 현대에 와서다. 거꾸로 얘기하면, 현대에 와서 사람들이 '세대'라는 개념으로 포착하게 된 어떤 사회적 상황이 생겨났다. 무엇보다 현대사회의 속도가 세대라는 문제틀의 출발점이다. 현대에 와서 노동과 일상의 속도가 전근대 농촌사회와 비교도 할 수 없을 만큼 빨라졌고, 사회제도와 기술, 문화, 가치 등 많은 면에서 변화의 속도가 빨라졌다. 그에 따라 연령별 동일한 생애주기 단계에 겪는 사회환경이 서로 크게 달라진다. 1930년생과 1980년생이 각각 스무 살 나이로 겪은 1950년과 2000년의 한국은 매우 다른 사회인 것이다.

그와 더불어 기대수명이 연장됨으로써 여러 시대경험의 공존이라는 문제가 더욱 첨예한 사안이 되었다. 사회적 격변은 근대 이전에도 있었지만, 상당히 다른 사회환경에서 태어나고 성장한 연령대의 사람들이 오래도록 같은 시공간에서 사회를 구성하고 살게 된 것은 현대에 와서다. 농촌공동체에서 자란 조부모, 산업화 과정을 겪은 부모, 고도산업사회를 사는 자녀 세대가 같은 회사에서 일하고, 같은 지하철에서 마주 앉아 있고, 각기 1인 1표를 행사하여 한 명의 대통령을 뽑는다. 이런 상황은 세대에 따른 차이와 갈등이 생겨날 수 있는 조건이 된다.

특히 한국은 산업화, 도시화, 기술진보, 대중교육, 대중매체의 보급 등 근대화의 여러 측면에서 20세기 세계사 가운데 변화의 속도가 가장 빨랐던 사회 중의 하나다. 현대사회의 속도가 더욱 가속화된 사례가 바로 한국이라는 것이다. 또한 한국인의 기대수명은 경제선진국 OECD 회원국들 중에서도 평균 이상으로 높고, 사회적 관계의 밀도 역시 대단히 높다. 말하자면 일제강점기부터 정보사회까지 거의 100년에 걸쳐 너무 다른 시대환경에서 자란 사람들이 같은 사회공간에서 함께하며 상호작용 하고 있는 것이다. 이런 여러 조건을 다 갖춘 이 나라에서 세대가 사회정치적 균열의 한 축으로 대두될 가능성은 농후했다.

모든 것을 통제하던 독재시대에는 이런 세대문제가 표면에 드러나지 않았지만, 1987년 민주화 이후에 청년기를 보낸 1960~70년대생과 그 이후 출생 세대가 유권자 구성에서 상당한 규모를 갖게 된 2000년대 초반에 이르게 되자 세대 차이는 한국사회와 정치에서 하나의 변수로 부상하게 되었다. 예를 들어 2002년에 한일 월드컵에서 '붉은 악마'의 집합열광, 미군 장갑차에 희생된 미선·효순 두 중학생을 추모하는 최초의 대규모 촛불집회, 노무현 후보의 대통령 당선 같은 여러 중요한 사건이 새로운 세대의 부상과 관련되어 있었다. 2000년대 초반에 사회과학의 여러 분야에서 세대를 주목하는 중요한 연구들이 쏟아져 나오기 시작한 것

은 그러한 시대상황과 맞닿아 있을 것이다.[16]

　그런데 그처럼 세대 간 차이가 정치와 사회에 적잖은 영향을 미친다는 사실은 단지 '세대가 중요하다'는 의미만을 갖고 있는 것이 아니다. 진정 중요한 문제는 우리 사회가 세대라는 이슈를 '어떻게 다룰 것인가'다. 세대적 특성의 단편들이 사람들에게 쉽게 관찰되고 체감될수록 오히려 세대라는 관점은 더욱 위험해질 수 있다. 세대에 호소함으로써 사람들의 일상의 경험에 접속하여 그 경험을 과장하고, 그것의 의미를 비틀고, 특정 세대에 관한 편견을 조직하며, 사람들의 분노를 증폭시키고, 그 분노를 공감하고 대변하는 세력임을 자임할 수 있기 때문이다. 그러므로 우리는 단순히 세대의 중요성을 강조하는 모호한 태도를 넘어서, 세대란 과연 무엇이며 어떤 관점과 개념들로 그것을 이해할 것인지 숙고해야 한다.

　현대 인문학과 사회과학에서 '세대'라는 문제가 특별한 관심의 대상으로 부상하기 시작한 것은 19세기 후반에서 20세기 초반에 이르는 시기였다. 이때 학자들이 민감하게 관찰했던 것이 바로 여러 세대의 공존에서 생기는 문제들과 역동성이었다. 학자들은 그것을 '비동시대적인 것들의 동시대적 공존', 또는 '동시대에 공존하는 것들의 비동시대적 성격'이라고 개념화했다.[17] 대단히 다른 시대환경에서 태어나고 자란 사회집단들이 같은 시대를 살고 있다는 것, 혹은 거꾸로 말해, 같은 시대를 살고 있는 사회집단들이 전혀 다른 시대경험과 사고를 갖고 있다는 것이다. 이것이 세대론의 가장 근본적인 시대상황이다.

이 문제를 20세기 초반에 집중적으로 고찰한 세 명의 독일 지식인을 중심으로 얘기를 풀어가보자. 예술사학자인 빌헬름 핀더Wilhelm Pinder, 사회학자 칼 만하임Karl Mannheim, 그리고 철학자이자 신학자인 에른스트 블로흐Ernst Bloch가 그들이다. 여기에 발터 베냐민Walter Benjamin 등 몇몇 문예학자들이 추가될 수 있겠다.

가장 먼저 '비동시대적인 것의 동시대성' 또는 '동시대적인 것들의 비동시대성'이라는 관점에서 세대의 문제를 주목한 학자는 핀더였다. 그의 강조점은 각기 다른 시대에 태어나고 자라서 다른 문화와 감성, 양식을 추구하는 사람들이 동시대에 공존하면서 상호작용한다는 것, 그래서 한 시대는 여러 시간대를 대표하는 세대들의 공존에 의해 마치 '시간의 주사위Zeitwürfel'처럼 입체적인 성격을 갖게 된다는 것이었다.

그는 1926년에 출간된 저서인 『유럽 예술사에서 세대의 문제』에서 이를 두고 '동시대적인 것의 비동시성'으로 개념화했으며, 같은 해에 출간된 또 다른 소책자인 『세대의 관점에서 본 예술사』에는 앞뒤를 바꾸어 '비동시대적인 것의 동시대성'이라고 개념화한 대목도 있다.[18] 여기서 그의 주장의 핵심은, 여러 세대가 공존하면서 영향을 주고받고 갈등하는 과정이야말로 문화 · 예술 · 가치 · 이념 등 여러 면에서 과거-현재-미래를 잇는 역사를 만들어내는 동력이라는 것이다. 그런 관점에서 역사는 다양한 세대 간의 전승과 대결의 과정이 어느 방향으로 전개되는가에 의해 설명될 수 있다.

그렇게 본다면 지금 한국사회에서 1990년대생, 1960년대생, 청년세대, 노년세대, 이런 식으로 떼어놓고 각각의 세대를 서로 독립된 실체처럼 간주하는 것은 현실을 너무 평면적으로 이해하는 방식이다. 또한 '586세대'나 '산업화세대' 등 특정 세대가 한국사회의 오늘을 만들었다거나, 현재 한국사회의 현실에 대해 책임이 있다는 해석도 역사를 한 세대가 움직이는 걸로 생각하는 거대주체의 환상이다. 여러 세대가 공존하며 상호작용하는 시대의 주사위가 어떻게 굴러왔는지를 보아야 하는 것이다.

그런데 이 지점에서 어떤 근본적인 질문이 제기된다. 세대는 핀더가 생각한 것처럼 역사를 움직이는 상호작용에 참여하는 집단적 행위 주체가 될 수 있는가? 즉 세대와 세대가 서로 영향을 주고받는다고 할 때 그 '세대'는 하나의 집단행위자 범주가 될 수 있는가? 세대 간 관계와 역학이 역사를 움직인다는 관점은, 동일한 연령대에 있거나 출생 시기가 같은 사람들이 사회적으로도 공통점과 유대감을 갖는 집단이라는 가정에서 출발한다. 혹은 특정집단이 세대구성원들을 하나의 집합정체성으로 결속시키고 리더십을 발휘할 수 있어야 한다. 그런데 만약 이 웅대한 시나리오가 현실에는 없는 것이라면, 역사와 사회변동을 세대관계의 관점에서 그리는 거대서사는 픽션에 가까운 셈이다.

이 문제를 예리하게 성찰한 사람이 사회학자 칼 만하임이었다. 한편으로 경제사회학의 영역에서 현대 자본주의를 분석했고, 다

른 한편으론 해석학적 관점에서 문화연구에 천착해온 그는 1928
년에 출간한 「세대문제」라는 제목의 논문에서 사회학적 세대연구
의 이론적·개념적 기초를 정립하여, 이후 지금까지 한 세기 동
안 세대연구의 가장 중요한 영감의 원천으로 꼽히고 있다.[19] 그는
핀더의 문제의식을 받아들여 '동시대적인 것들의 비동시대성', 즉
현대의 역사적 단절과 급격한 사회변동 속에 상이한 시대환경에
서 자란 세대들이 같은 사회 안에 공존하는 데에서 생겨나는 문
제를 주목했다. 그러나 그의 접근은 핀더와 달랐다.

  그는 세대교체가 사회변동을 법칙적으로 불러올 것이라고 믿
은 '실증주의' 세대론, 그리고 각 세대가 고유한 정신성을 가진 집
단이라고 믿은 '낭만주의' 세대론을 모두 거부했다. 대신에 그는
사회학적 실체로서 '세대'가 생물학적 동시대성에서 그냥 주어지
는 것이 아니라, 많은 복잡한 조건들이 갖추어지는 특수한 경우에
만 비로소 존재하게 되는 것임을 강조했다. 같은 시대에 태어나
자란 사람들이라고 해서 삶의 조건과 경험, 인식과 가치가 같은
것이 아니기 때문에, 어떤 세대가 유사성을 가진 사람들의 집합체
라고 함부로 전제할 수 없다는 것이다.

  이를 만하임의 개념으로 더 체계적으로 표현하자면, 같은 시
기에 태어나서 자란 사람들은 일단 기본적으로 공통의 '세대위치
Genearationslagerung'에 놓여 있다고 할 수 있다. 그런데 여기서 만하
임은 사회구조적으로 동일한 계급위치에 있는 사람들이 자동적
으로 계급의식과 공동의 지향점을 갖는 것은 아닌 것처럼, 동일한

세대위치에 있다는 것도 세대적 동류의식의 형성을 위한 '잠재적' 조건일 뿐임을 강조했다.

그렇다면 동일한 세대위치에 있는 사람들을 사회문화적으로 의미 있게 연결되게 하는 특수한 조건이란 어떤 것일까? 만하임은 어떤 공동의 시대적 문제, 예를 들어 전쟁, 독재, 산업화, 도시화, 불평등과 같은 동시대의 커다란 역사적 도전들과 씨름하는 가운데 동세대의 구성원으로서 동류의식을 갖게 된다고 보았고, 이를 '세대연관Generationszusammenhang'이라는 내면적 관계로 개념화했다.[20] 특히 인간 생애과정에서 누적되는 다층적 '경험의 층위' 가운데 생애 전반기에 생겨나는 이른바 '첫번째 인상'이 개인들의 가치와 정체성에 결정적인 영향을 미치는데, 이 지점에서 동세대 다수 구성원이 어떤 공통된 관심사를 가질 수 있다는 것이다.

그러나 위와 같은 세대구성원들의 정신적·문화적 연관성은, 그들이 관여하는 공동의 시대상황에 대한 동일한 해석과 반응을 의미하는 것은 아니다. 예를 들어 지금 한국의 20대 남녀는 다른 어떤 세대보다 젠더와 페미니즘이라는 이슈에 많은 관심을 갖고 있다는 점에서 서로 연결되지만, 이 이슈에 관련된 인식과 태도는 다양하거나 심지어 상반된다. 또한 IMF 구제금융을 청소년기와 청년기에 겪은 바 있는 지금의 30~40대는 불평등 문제에 특별한 관심을 갖고 있는 경제현실주의자가 많지만, 이 문제에 대한 반응은 개인적인 재테크 전략부터 보편적 복지국가 지지까지 다양할 수 있다. 연관성이 곧 동질성은 아닌 것이다.

여기서 만하임은 한 세대 내의 어떤 구체적인 집단들이 자기 시대의 문제들에 대한 특정한 진단과 비전을 내놓았을 때, 또 거기에 동조하고 동참하는 다수의 동년배 사람들이 있을 때, 그 다양한 흐름들을 '세대단위'로 개념화했다. 예를 들어 그는 근대 유럽의 낭만주의-공동체주의 청년운동과 합리주의-개인주의 청년운동이 동시대의 화두에 대한 두 개의 상반된 세대단위의 응답이었다고 해석했다.

후대의 학자들은 만하임의 이와 같은 세대 이론의 체계가 어떤 메시지를 담고 있는지를 밝혀내기 위해 그의 많은 다른 저작들과 당대의 지성사적 흐름 안에서 해석을 심화시켰다. 그중 하나의 유력한 해석인 문화적 접근은, 공동의 시대환경에 대한 의식을 중심으로 동류의식이 생겨나고, 거기서 형성되는 새로운 문화적 범례를 각 세대단위의 중심 집단들이 담지하게 된다는 것이다.

한편 행위자성을 더 강조하는 입장에서는, 핵심 집단이 자기 시대의 문제들에 대한 새로운 시대정신Zeitgeist을 정식화하고 이를 정치적으로 구현함을 통해 사회를 변화시키고 역사를 만들어간다는 뜻으로 해석했다. 만하임은 시대정신이라는 것이 시대상황 자체에 객관적으로 내재한 것이 아니라, 새로운 시대의 비전을 창출하는 새로운 세대의 세력이 생겨날 때 비로소 탄생하는 것이라고 보았다는 것이다.[21]

이처럼 만하임은 특정 연령대의 세대가 사회학적 유사성을 갖는 사회집단으로 간주될 수 없음을 강조하면서, 어떤 공동의 역사적 상황을 중심으로 세대구성원들이 서로 연결되고 그 시대상황에 대응하는 집단적 흐름이 형성될 때 비로소 세대적 함의를 갖는 사회변동이 일어나게 된다고 설명했다. 이렇게 그의 이론은 단순하게 역사를 세대교체의 과정으로 설명하거나, 세대를 동질적 집단처럼 의인화하는 투박한 세대론을 넘어서는 정교함과 체계성을 갖고 있다.

그럼에도 불구하고 그의 세대 이론에는 여러 면에서 극복되어야 할 한계들이 있다. 우선 그의 '세대연관' 개념은 세대 구성원들 간의 연관성을 행위자의 주관적 세계와 문화적 차원에 한정했다는 한계가 있다. 그것 못지않게 중요한 여러 실질적인 세대연관의 차원들이 있기 때문이다. 예를 들어 세대구성원들의 계급관계, 소득분포, 자산분포, 학력위계, 젠더관계, 거주지역에 따른 차이 등이 모두 커다란 사회적 의미를 갖고 있는 것들이다. 이처럼 문화적·내면적 차원에 국한되지 않는 다차원적인 세대연관들로 시야를 확대함으로써, 우리는 세대를 동질적 집단처럼 단순화하는 오류를 범하지 않고 각 세대의 특성과 세대 간 차이를 이해할 수 있게 된다. 예를 들어 청년기를 산업화 초기에 보낸 세대, 고도성장기에 보낸 세대, 저성장 시대에 보낸 세대 내에 불평등의 정도, 성격, 기제, 추이를 비교하는 것이 가능하다.

다음으로, 만하임의 '세대단위' 개념을 이해하는 데에는 중요한 점이 있다. 즉 그가 '구체적 집단konkrete Gruppen'이라고 부른 핵심 행위자들이 각 세대단위 내에서 중요한 역할을 하긴 하지만, 세대

단위는 결코 구체적 집단과 동일시되어선 안 된다는 점을 만하임이 반복해서 강조했다는 사실이다. 우리는 어떤 엘리트 집단이 그의 세대 전체에 영향을 미치고, 그들을 대변하며, 사회를 변화시키고, 정치를 바꾼다는 단순한 상상을 경계해야 한다. 우리가 어떤 세대의 내적 역동성을 이해하기 위해서는 그 세대 내의 다양하고 때론 갈등하는 여러 집단들이 서로 영향을 주고받으며 대결하고 경쟁하는 상호작용의 전개를 추적해야 한다.[22]

이렇게 각 세대 내의 복잡한 관계와 다양한 행위자 집단의 상호작용을 주목한다면, 한 사회의 역사 속에서 특정 세대가 어떤 역할을 하게 될지 예단할 수 없다는 것이 분명해진다. 누가 현시대의 문제를 극복하고 미래를 만들어갈 것인가? 나이 든 세대는 과거를 상징하고, 젊은 세대는 미래를 상징한다는 말이 맞는가? 세대교체 자체가 더 나은 미래로의 진보를 뜻하는가? 청년세대 내에는 퇴행적인 집단이 성장할 가능성은 없는가? 불행히도 만하임이 새로운 세대에 의한 새로운 시대정신의 탄생을 고대했던 1928년의 독일은 청년들이 주축이 된 나치 돌격대가 바이마르 민주주의를 이미 황폐화시킨 상태였고, 곧이어 나치 체제가 확립되어 독일의 민주주의는 사망했다.

이렇게 새로운 세대가 반드시 미래를 향해 있는 것이 아니라면, 시대의 숙제를 고민하는 데에서 우리에게 세대는 어떤 의미가 있는 것인가? 이 질문과 치열하게 대결한 대표적 인물이 에른스트 블로흐였다. 그는 히틀러 나치 체제가 수립되기 직전에 집필

하여 독재 확립 직후인 1935년에 출간한 『우리 시대의 유산』에서 '비동시대적인 것들의 동시대성'이라는 문제를 집중적으로 다루었다. 여기서 그는 의미심장하게도 '과거'를 향해 있는 대표적 사회집단으로 '청년'을 꼽으면서, 또한 그 청년들에게서 정치적 출구를 찾지 못한 혁명적 잠재력에 주목할 것을 촉구하기도 했다.[23]

핀더, 만하임과 마찬가지로 블로흐는 과거를 상징하는 사회세력과 현재 또는 미래를 상징하는 사회세력이 동시대에 같은 사회에서 공존하고 갈등하는 현상에 주목했다. 하지만 그는 누가 과거를 의미하며, 누가 미래를 의미하는가가 '세대'의 문제라고 생각하지 않았다. 핀더처럼 그것을 당연시하든, 만하임처럼 잠재적인 가능성으로 보든 간에 젊은 세대가 미래를, 늙은 세대가 과거를 상징한다고 보지 않았다는 것이다. 이 통찰은 보다 근본적인 역사이론에 관련된다. 왜냐하면 세대교체가 곧 진보라는 관점에는 역사가 단선적 시간의 흐름을 따라 발전한다는 역사관이 전제되어 있기 때문이다. 그러나 블로흐는 눈앞에서 역사의 불확정성contingency과 역진逆進 가능성을 보고 있었다.

그는 청년 또는 젊음이라는 생물학적 특성을 찬미하거나, 반대로 나이 든 세대를 구시대의 유물처럼 간주하는 것이 역사 현실과 괴리되어 있다고 보았다. 1920년대에 독일이나 이탈리아에서 청년들이 나치즘이나 파시즘 같은 반동적인 전체주의에 열광하고 동참하는 현상이 일어나고 있었다. 여기서 젊음의 찬미는 폭력적인 열정을 정당화하는 문화적 장치로 작동하고 있었다. 블로흐는 이 시기에 노동계급과 진보운동이 자본주의를 넘어서는 미래를 모색하고 있었던 데 반해, 청년과 농민과 중산층은 반동反動의 유혹에 취약한 대표적 사회집단이 되어 있었으며 나치 세력이 바로 이들의 낭만적 반자본주의를 능숙하게 동원해냈다고 분석했다.

물론 이것은 당시의 역사적·사회적 맥락에서의 분석이므로 일반화할 수는 없지만, 중요한 것은 세대와 계급과 체제의 문제를 교차시켜 보아야만 어느 사회집단이 미래를 향하고 있는지 평가할 수 있다는 점이다. 블로흐는 마르크스주의자의 관점에서 사회의 '진보'가 자본주의를 지양하는 길이라고 확신했는데, 오늘날 진보와 보수, 미래와 과거를 정의하는 기준은 그보다 더 넓고 다양해야 할 것이다. 계급, 젠더, 인권, 생태 등 여러 면에서 불평등과 차별과 폭력의 극복을 추구하는 모든 종류의 사회적 흐름이 현재의 한계를 넘어서는 미래를 향해 있다고 생각할 수 있을 것이다.

이때 우리는 결코 '기성세대'가 과거를, '청년세대'가 미래를 대변한다는 낭만적 전제에서 출발할 수 없다. 중요한 것은 어떤 세대에서든 더 나은 미래를 대변하는 사회적 흐름, 즉 만하임 식으로 말하자면 그런 역사적 의미를 갖는 세대단위가 그 세대의 주류가 될 수 있느냐다. 청년세대가 더 많은 힘과 영향력을 갖게 된다 해도, 그 힘을 얻은 청년세대의 주류가 반인권·반노동·반여성·반생태·반평등의 지향점을 가진 집단이라면, 그때 청년성은 역사의 퇴행을 의미할 것이다.

　이어지는 2장에서 우리는 먼저 한국사회에서 청년세대의 현실을 돌아보는 데에서 시작할 것이다. 청년이라는 세대 집단에 관해 오늘날 만연해 있는 대중적 담론들은 대단히 혼란스럽다. 지금 청년들은 한국사회 불평등 구조에서 특별히 취약한 상태에 있다거나, 고도성장기에 청년기를 보낸 윗세대보다 더 불행한 세대라거나, 정규직과 노조 등을 장악하고 있는 윗세대의 기득권 추구 때문에 청년들이 사다리를 올라갈 수 없다거나, 이미 집을 갖고 있는 기성세대는 부동산 가격 폭등으로 떼돈을 벌었지만 청년들은 미래가 없어졌다는 등의 다양한 세대불공정의 서사들이 있다. 그러나 다른 한편으로 보다 최근에는, 지금 청년들이 유난히 능력주의·경쟁주의 사고를 가졌으며, 불평등과 차별을 당연시하고, 절차적 공정만을 중시하며, 평등주의적 가치에 반대하고, 처음에는 이대남이, 이제는 남녀 할 것 없이 안티페미니즘이 대세라는 식의 이야기들이 퍼져 있다. 이 이야기들이 정말 맞는 걸까?

제2장
불평등 시대의 청년

'청년'이 논쟁적 개념인 이유

　　최근 정치권은 여당과 야당, 진보와 보수 할 것 없이 '청년' 유권자의 지지를 얻기 위해 애쓰고 있다. 대통령선거를 앞두고 주요 정당 유력 후보들의 출마 연설엔 여러 차례 '청년'이 등장했고, 거기엔 반드시 '절망' '분노' '미래' 같은 상투어가 붙어 있다. 언론에서도 연일 '청년' '20대' '82년생' '90년생' '2030세대' 'Z세대' 'MZ세대' '이대남' '이대녀' 등 현기증이 날 만큼 많은 세대 명칭으로 제목을 단 기사들이 쏟아지고 있다. 2020년 한 해 동안 국내 47개 중앙지, 경제지, 지역종합지, 4대 방송사에서 '청년'이라는 단어를 포함하는 보도가 무려 7만3331건이나 되는데, 이는 2010년의 2만8387건, 2000년의 7228건에 비해 엄청난 증가다. 각 연도의 전체 기사 중 '청년'에 관한 기사의 비율을 따져 봐도 2000

년의 0.5%, 2010년의 0.9%에 비해 2020년에 2.2%로 급등했다.

청년에 관한 관심의 확대가 단지 선거에서 표를 얻거나 언론의 조회수와 시청률을 높이려는 목적에만 관련되는 걸로 치부하는 것은 옳지 않다. 정부와 지방자치단체들은 점점 더 적극적으로 청년들을 위한 정책을 펼치고 있고, 청년정책을 전담하는 다양한 조직을 설립하여 운영하고 있다. 또한 지난 10여 년간 청년들의 일자리, 소득, 주거, 자산 등의 문제를 해결하기 위한 여러 사회운동과 시민사회단체가 생겨나서 발전했고, 전국 각지에서 수많은 청년이 이러한 의미심장한 사회적 변화에 동참하고 있기도 하다. 20~30대의 유능하고 에너지 넘치는 인재들이 이미 사회 여러 부문의 책임 있는 위치에서 변화를 주도하고 있다.

이렇게 지금 '청년'은 정치적·상업적인 이해관계, 청년정책과 제도 개선 노력, 그리고 청년 당사자들에 의한 사회참여 활동들과 같이 이질적이고 종종 상충되기도 하는 사회적 힘들이 서로 경합하고 뒤섞이며 영향을 주고받는 장소가 되고 있다. '청년'은 언뜻 보면 계층·성별·지역·가치의 차이를 뛰어넘는 보편성의 범주처럼 보이고, 따라서 마치 폭넓은 합의와 공감대 위에 놓인 의제인 것처럼 생각되기도 한다. 하지만 실은 '청년'이라는 텅 빈 기표 안에는 우리 사회의 많은 정치사회적 균열과 변화가 고밀도로 응축되어 있다.

오늘날 청년담론이 가장 범람해 있고 또한 여러 이해관계에 가장 깊이 얽혀 있는 정치 부문에서 '청년'의 의미가 얼마나 모순되고 복합적인지를 생각해보자. 제20대 대통령선거를 앞두고 이재명 더불어민주당 후보는 2022년 1월 2일 당의 청년선거대책위원회 미래당사 개관식에 참석해서 이렇게 말했다. "기성세대는 이미 다 자리를 차지했고 청년세대들은 새롭게 진입을 해야 되는데 새로운 기회는 별로 없다." 며칠 뒤 이 후보는 다른 곳에서도 "불공정과 양극화에 따른 비효율, 저성장이 대체 누구의 책임이냐"며 "피해는 청년세대가 보는데 기성세대의 책임"이라고 했다.

흥미롭게도 이 후보의 경쟁자에게서도 거의 동일한 청년담론을 볼 수 있다. 윤석열 국민의힘 대선 후보는 2021년 12월 1일 청년들과의 간담회에서 "현재 청년세대와 중장년층 세대 사이에는 자산과 소득의 양극화가 생겼다. 기성세대는 청년 앞에만 서면 다 죄인"이라면서 청년 유권자들의 지지를 호소했다. 한국사회 양극화가 '중장년 대 청년'으로 갈라져 있다는 얘기다. 윤 후보는 청년 유권자 공략을 위한 당 내의 '내일을 생각하는 청년위원회' 출범식에서 "중장년이 돼서 좋은 자기 차를 타고 원하는 장소에서 일하는 중장년층이 어떻게 버스 타고 일자리를 찾기 위해 애쓰는 청년들의 애로를 알 수 있겠느냐"면서 청년들에 공감을 표했다.[24]

이러한 청년 정치담론들은 공통적으로 '기성세대'를 무능하고 무책임하며 그동안 쌓아온 기득권을 누리고 있는 사람들로, '청년세대'를 기성세대가 만들어 놓은 불평등 · 불공정 · 불안정 사회의 희생자로 그려낸다. 정치인들이 청년들의 어려움에 대해 이해와 공감을 표하면서 표를 얻으려는 것이야 특별할 게 없지만, 그것이

'기성세대' '윗세대' '중장년층'의 무능 · 위선 · 기득권에 대한 비난과 짝을 이뤄 이야기되는 패턴이 우리나라 정치담론에 고착되었다는 사실은 주목할 만한 현상이다.

그런데 다른 한편으로, 우리는 청년문제에 관한 또 다른 폭발력 있는 프레임을 잘 알고 있다. 바로 '부모 찬스' 이슈다. 이것은 기득권 부모와 희생자 청년의 대립 구도가 아니라, 기득권 부모-자식 계층과 그 밖의 부모-자식 계층 간의 괴리에 관련된다. 우리는 '정유라' 사건이 박근혜 전 대통령 탄핵의 도화선이었음을 기억하고 있다. 2016년 10월 박근혜 전 대통령의 오랜 지인인 '최순실'씨의 딸 정유라씨의 이화여대 부정입학과 학점특혜 의혹이 커지던 중에 정씨가 페이스북에 올린 짧은 글이 엄청난 정치적 격동에 불을 붙였다. "능력 없으면 니네 부모를 원망해. 돈도 실력이야." 그 달 29일에 대통령 퇴진을 촉구하는 제1차 촛불집회가 열렸고, 최순실씨의 여러 비리가 드러났으며, 다음해 3월에 헌법재판소는 대통령을 파면했다.

그로부터 정확히 3년 뒤인 2019년 10월에는 정반대의 정치적 구도에서 유사한 프레임의 사건이 다시 한번 터졌다. 조국 전 법무장관의 딸 조민씨의 대학입학 과정에서 부모의 인맥이 역할을 한 데 대해 공분하는 여론이 확산됐다. 박근혜 전 대통령의 탄핵이든 조국 전 법무장관을 둘러싼 논란이든, 보는 이에 따라 해석과 평가는 다를 수 있다. 그러나 그런 차이를 넘어 중요한 사실은, 지난 몇 년간 이처럼 여론의 격분을 불러일으킨 정치적 사건들이 어떤 공통점을 갖고 있다는 점이다. 부모의 권력·지위·재산에 힘입어 그들의 자식이 대다수 청년들이 꿈꾸는 어떤 것을 쉽게 갖게 되었다고 대중이 인지하는 순간, 거기서 어마어마한 분노가 점화된다는 사실이 그것이다.

그러한 분노는 단지 불법행위나 권력남용에 대한 것만이 아니다. 부모와 자식 간에 지극히 '합법적이고 관행적으로' 이뤄지는 계층세습의 거대한 구조에 대한 누적된 불만이 그 저변의 맥락이라고 봐야 한다. 그 안에 응축된 분노의 마그마가 어떤 촉발 사건을 만나게 되면 그 표적을 향해 분출되는 것이다. 그렇기 때문에 불법이 아니었다거나 그때는 다들 그랬다는 해명은 오히려 부정적 여론을 더욱 악화시킨다. 불법·특혜·특권에 대한 사람들의 비난 아래에는 우리 사회의 구조에 대한 더 큰 분노가 깔려 있는 것이다. 그렇다면 그런 사회에서 '청년'은 과연 누구인가? 상류층, 중산층, 저소득층의 청년들은 같은 시대경험을 하면서 살아왔고 살고 있을까? 각기 다른 계층의 청년들이 우리 사회와 정치에 대해 갖고 있는 불만과 요구는 같은 것일까?

이처럼 불평등과 불공정의 사회에서 청년의 의미 역시 갈라진다면, 사람들이 쉽게 말하는 '청년들이 아프다' '청년들이 불안하다' '청년이 미래다' 같은 말들은 영혼 없는 상투어가 되기 쉽다. 이런 말들이 어떤 구체적 의미를 가질 수 있으려면 우리는 이런 질문을 던져야 한다. 어떤 청년이, 왜 아픈? 누가 아프게 하는가? 모든 청년이 같은 이유로, 같은 정도로 아픈가? 어떤 청년에게 미래가 있고, 어떤 청년에게 없는가? 청년세대의 이런 격차와 잠재적 갈등을 우리는 어떻게 해결할 수 있을 것인가?

그러므로 가장 근본적인 질문은 이것이다. 우리가 '청년'이라고 말할 때 그 청년은 누구인가? 고학력 중산층의 자식인가, 단순노무자의 자식인가? 브랜드 아파트에 자기 방을 갖고 스펙을 쌓고 있는 청년인가, 고시원에 혼자 살며 새벽에 일 나가서 심야에 돌아오는 청년인가? 상위권 대학 출신의 취준생인가, 10대부터 중소 공장에서 생계노동을 해온 노동자인가? 우리 사회의 정치권·언론인·지식인·정책담당자 들이 머릿속에 갖고 있는 '청년'은 누구인가? 어떤 청년이 지금 우리 사회에서 청년세대를 대표하는 것처럼 간주되고 있으며, 반대로 어떤 청년의 존재와 삶이 망각되고 지워지고 마치 존재하지 않는 것처럼 간주되고 있는가?

돌이켜보면 우리 사회에서 '청년'은 지난 모든 시대에 사회적 관심의 대상이었지만, 언제나 어떤 청년에겐 환한 빛이 비추었고 다른 청년은 그 그림자에 가려졌다. 화려한 조명을 받는 사람들은 그들이 만든 어둠으로 보이지 않게 된 사람들을 의식하지 못하기 쉽다. 지금 우리가 과거 독재시대의 '청년'을 떠올리면 주로 대학생들의 민주화운동을 연상시키며, 우리 사회의 수많은 문화생산물들이 그 이미지를 확대재생산해왔다. 하지만 4·19와 5·18 등 한국 현대사의 역사적 사건에 참여하고 희생된 청년의 다수는 중고생, 구두닦이, 중국집 배달부, 공사장 노무자 같은 이들이었다.[25]

'기성세대'의 청년기는 그렇게 간단히 대학 캠퍼스의 이미지에만 연결되면 안 된다. 1980년에 대학취학자는 10명 중 고작 1명 꼴이었다. 4년제 대학 입학자는 당연히 그보다 훨씬 더 적었다. 고교진학률이 지금의 대학진학률보다도 낮았다. 그런데도 '80년대 청년'에 관한 우리 사회의 공식적 기억들은 어떠한가? 일부 대학에서만 존속가능했던 '이념서클'에서 학생운동을 한 극소수가 마치 그 시대 청년을 대표하는 것처럼 재현된다. 그들이 자기 '세대'의 청년기를 기억하는 서사 안에 동년배 노동자나 빈민은 포함되지 않는다. 왜냐하면 그들은 노동자 또는 빈민일 뿐 '우리 세대'가 아니기 때문이다.

'청년'은 이렇게 계급불평등의 권력관계가 깊게 각인되어 있는 개념이다. '청년'의 사회적 재현물들은 항시 누군가를 포함하고 누군가를 배제하며, 현실의 어떤 면을 과장하고 다른 면을 은닉하며, 존재하지 않는 현실의 모습을 만들어내는가 하면 존재하는 현실을 시야에서 사라지게 만드는 권력을 휘두른다. 이런 문제는 단순히 청년에 관한 잘못된 생각 때문에 생기는 것이 아니다. 청년이라는 범주 자체가 근본적으로 계급, 학력, 성별, 지역에 따른 불평등과 차별에 의해서 여러 결로 찢기고 갈라진 범주이기 때문이다. 더구나 2000년대 한국사회처럼 불평등이 심화된 시대상황에서 '청년'을 동질적 세대집단으로 간주하는 인식과 청년세대 양극화 현실 사이에 간극은 더욱 벌어진다. 이 간극을 추적하고 드러내는 것이 청년들의 다양한 현실을 이해하는 길이다.

'청년'의 기본적 의미는 인간의 보편적 생애주기life cycle의 한 단계를 뜻한다. 모든 사람은 세상에 와서 유아기, 아동기를 거쳐 청소년, 청년기에 도달하고, 이후 중장년과 노년의 시간에 도달해 세상을 떠난다. 그런 의미의 '청년'을 대한민국 청년기본법은 19~34세로 정의하고 있고, 다른 법과 정책에서는 다르게 정의하기도 한다. 이런 생애주기 단계로서 청년기는 1930년대생도, 1990년대생도 겪는다. 그래서 모든 시기에 청년정책은 당대의 사회환경에서 이행기 단계의 특수한 과제를 충족시키기 위해 노력한다.

또한 '청년'은 특정 시기에 태어나서 앞세대와 다른 세대적 특성을 갖는 출생코호트birth cohort를 뜻할 수도 있다. 지금 청년기에 있는 1990년대생은, 예를 들어 1960년대생이 청년이었던 때와 다른 2020년대 청년의 독특함을 갖고 있을 수 있다. 특히 어떤 청년 세대가 전쟁, 독재, 경제위기 등 중대한 역사적 사건에 영향을 받았다면, 그들은 독특한 '역사적 세대historical generation' 또는 '사회적 세대social generation'를 구성할 수 있다. '정보화 세대'는 아동기나 청소년기부터 인터넷, 휴대전화, SNS에 익숙한 세대다. 또한 청소년기 · 청년기에 전쟁이나 공황을 겪은 세대를 우리는 '한국전쟁 세대'나 '대공황 세대'라고 부르기도 한다.

그런데 이 같은 세대 개념들이 과연 얼마만큼 실제적으로 유사한 사회학적 집단인지는 논쟁의 여지가 많다. 서로 다른 가족배경, 직업, 재산, 성별, 지역의 동년배들은 정말로 '같은 시대'를 경험하며 살았던 것인가? 심지어 전쟁이라는 엄청난 국가적 비상상황을 겪는 와중에도, 같은 나라의 같은 청년이 경험한 시대는 같지 않다. 미국이 1960~70년대 베트남전에 파병된 병사의 80% 이상이 노동계급과 빈민 청년이었던 데 반해, 전쟁에 대한 찬성 여론이 많았던 것은 본토의 백인 중산층이었다. 전쟁이 나면 많은 청년 남성은 전투 중에 죽지만, 여성은 성폭력과 그에 수반된 부상과 질병으로 죽는다. 전쟁은 다른 계급, 다른 성별의 청년들에게 같은 시대, 같은 경험을 뜻하지 않으며, 같은 기억을 남기지 않는다.[26]

　이처럼 청년이라는 개념의 의미가 여러 층위를 갖고 있고 여러 면에서 논쟁적이라면, 우리는 무작정 청년을 말할 것이 아니라 지금 한국에서 과연 어떤 청년이 왜, 어떤 의미에서 관심의 대상이 되고 있는지를 비판적으로 성찰하는 것부터 시작해야 한다. 지금 한국에서 이슈가 되고 있는 청년의 문제는 모든 시대 청년에 해당되는 생애단계 일반론이 아니다. 그런 이행기적 청년성이 중요하지 않다는 뜻이 아니라, 지난 몇 년 사이에 우리 사회에서 청년에 대한 관심과 담론이 폭발적으로 늘어난 것이 보편적인 생애주기에 관한 새삼스런 주목 때문은 아니었으리라는 뜻이다. 그 같은 이행기 청년론에 과도한 의미를 부여한다면, 지금 한국사회에서 청년 이슈에 내장된 첨예한 정치적·이념적 갈등 전선에서 퇴각하여 교과서 같은 청년론에 안주하게 될 것이다.

　또한 지금 청년들의 새로운 특성이라고 여겨지고 있는 것들이 실제로 대단히 새로운 현상이 아닌 경우도 많다. 새로운 세대의 새로운 사고와 감성을 우리 사회가 이해하고 소통하려고 노력하는 것은 언제나 중요하다. 그러나 '지금 청년'들을 마치 외계인처럼 절대적으로 새롭고 낯선 존재처럼 대하는 것이 진지한 이해의 노력인지 자문해볼 일이다. 세대 차이가 최근 갑자기 생기거나 커진 것도 아닌데 마치 지금 청년들이 여타 세대와 너무 다르고 이해하기 힘든 존재인 것처럼 만드는 사회 분위기에는 뭔가 의심스러운 점이 있다.

한국처럼 반세기 넘게 급속한 사회변동과 일상의 변화를 겪어온 나라에서 세대 간의 문화 차이는 항상 깊었다. 전근대적 농촌 공동체에서 자란 1930년대생과 근대적 대중교육을 받고 자본주의 기업에 취직한 1960년대생의 차이는, 1960년대생들과 정보화 시대에 태어나 자란 1990년대생의 차이보다 결코 작지 않았다. 포스트민주화 세대인 지금의 40대와 독재시절에 청년이었던 50대의 문화적 거리는, 지금 40대와 30대의 거리보다 클 수 있다. 세대 간의 문화와 인식 차이는 분명 있으되, 또한 언제나 있었던 것이다.

그렇다면 지난 몇 년 사이에 우리 사회에서 청년에 관한 사회적 관심이 급증한 것은 어떤 특별한 맥락 때문일까? 그 핵심은 바로 '불평등 시대의 청년'이 어떤 문제 상황에 놓여 있으며, 누가 그것에 대해 책임이 있으며, 어떤 해법이 필요한가라는 질문이다. 청소년기부터 시작되는 경쟁 압력, 학력과 학벌의 서열, 좋은 일자리의 부족, 계층세습의 현실이 뒤범벅된 시대에 청년기를 보내고 있는 세대의 삶과 노동, 미래의 문제 말이다.

최근 청년세대에 대한 관심이 높아진 배경에 위와 같은 사회현실이 놓여 있다는 것을 여러 지표로 확인할 수 있다. 한국에서 청년담론은 무엇보다 2010년대에 들어서 엄청난 양적 팽창을 했는데, 어떤 의도에서 청년문제에 접근했건 간에 불평등, 일자리, 노동, 불안, 경쟁 등의 문제가 중심에 있었다. 그래서 나는 이 책에서 지금 청년들의 라이프스타일과 소비패턴, 통일관과 중국·미국에 대한 태도, 개인주의와 공동체 관념 등 다른 많은 흥미롭고도 중요한 이슈들에 깊이 들어가지 않고 '불평등 시대의 청년'이라는 하나의 중심 문제에 집중할 것이다.

불평등 시대의 청년이라는 문제 설정은 '계급'과 '세대'라는 두 차원을 교차시키는 것이며, 거기서 여러 중요한 질문이 도출된다. 지금 청년들이 처한 자본주의 시대상황은 윗세대들이 청년이었을 때 처했던 상황과 어떻게 다른가? 지금 청년들은 불평등의 시대를 함께 겪고 있다는 공통점을 더 많이 갖고 있는가, 아니면 반대로 불평등의 시대이기에 청년들은 더더욱 계급으로 갈라진 다른 삶을 살고 있는가? 한국사회 전반의 불평등 구조는 청년세대 내에서 어떤 양태로 나타나는가? 학력, 직업, 소득, 자산 등에 따른 격차가 청년세대를 얼마나 깊이 갈라놓고 있는가?

이상의 질문들에 관한 입장에 따라 구체적 현실에 대한 진단과 해법이 달라지기 때문에, 이런 여러 쟁점은 실질적인 정책적 함의를 갖는다. 지금 청년들이 같은 세대로서 대체로 같은 처지에 있고, 이들의 어려움이 윗세대의 기득권 때문이라고 보는 입장에서는 청년들의 문제를 해결하기 위해 예를 들어 윗세대 노동자의 임금을 동결하고 해고 요건을 완화해야 한다고 주장할 것이다. 그와 반대로 계층격차가 본질이라는 입장에서는 20대든 50대나 60대든 각 세대 내의 격차를 줄이기 위해 일하는 사람의 권익을 보호하는 정책을 강조할 것이다. 이처럼 청년문제의 본질이 세대 간 불평등인가, 아니면 세대를 가로지르는 계층격차인가라는 쟁점에는 세대론을 훨씬 뛰어넘는 패러다임 대결이 걸려 있다.

만약 오늘날 청년들이 계층적으로 심각하게 양극화되어 있고, 더구나 그것이 부모 세대의 계층격차와 연결되어 있다면 몰계급적인 청년담론은 문제적인 것이 된다. 노동자 청년, 저소득 청년, 세입자 청년, 고졸 청년, 지역 청년 같은 구체적 위치가 제거된 채로 단수형 추상명사 '청년'만을 말하는 것은 청년세대의 구체적 문제를 말하지 못하게 만들 것이다. 마찬가지로 고소득 청년, 엘리트 전문직 청년, 자산상층 청년 집단의 광범위한 존재를 망각하면, 마치 청년세대 내에는 사회의 지지가 필요한 불안정 계층만 있는 듯 착각하게 된다. 더구나 '금수저, 흙수저' '세습자본주의' '세습중산층사회' 같은 말이 시사하는 계층재생산 이슈는 범세대적인 사회문제가 되고 있다.[27] 이런 현실에서, 청년세대 내의 계층관계에 대한 정확한 이해는 매우 중요하다. 그러면 이제 직업, 고용, 소득, 자산 등 사회경제적인 영역을 중심으로 청년들의 객관적 실태와 주관적 인식을 살펴보기로 하자.

누가 '청년'을 대표하는가?

　다른 세대에 비해 특히 청년들이 당사자로서 가장 가까이 관련되는 대표적 주제가 교육, 대학, 졸업 후 학벌서열 같은 것들이다. 이런 측면에서 지금 청년들이 처한 시대상황은 이전 세대가 청년기였을 때와 근본적으로 다르다. 그런데 바로 그 현재의 시대상황이 청년세대를 심각하게 서열화 · 계층화 · 양극화시키고 있다. 이 지점을 놓치면 마치 오늘날 청년들이 청년이라는 이유만으로 같은 처지에 있는 듯이 현실을 오인하게 된다.

　그런 오인은 많은 경우 마치 특정 계층의 상황이 세대 전체의 상황을 대변하거나 압축하는 듯이 말하는 담론들을 통해 확산된다. 하나의 예로, 요즘 시대엔 '서울대 나와도 취직이 안 된다'는 말을 언론 기사나 교수들의 칼럼, 정치인의 말에서 종종 듣게 된다. 홍준표 전 자유한국당 대표는 2018년 지방선거를 앞둔 선거 유세에서 이렇게 말했다. "지금 이 나라가 그렇다. 젊은 청년들이 졸업을 하고 일자리가 없다. 우리나라는 서울대를 나와도 60% 취직한다. 40%는 무직이다. 일자리가 없다." 사회탐구 '1타 강사'로 알려진 이지영씨는 2021년에 "대학 나와 밥 벌어 먹는 시대는 지났다"면서 "서울대 나와도 백수 많다"는 말로 세간의 관심을 끌기도 했다. 'SKY' 버전도 많다. 요즘 청년들은 SKY(서울대, 고려대, 연세대) 대학을 나와도 취직이 안 된다거나 코딩 작업만 하고 있다는 등의 이야기를 언론에서 심심찮게 본다.[28]

이런 말들은 그것만 놓고 보면 '팩트'이며, 또한 그 취지를 이해할 수 있다. SKY대를 나와도 쉽지 않은 저성장 · 저고용의 거시경제 환경이다. 그런데 SKY대 나온 청년, 서울 소재 4년제 대학 나온 청년, 전문대 나온 청년, 고졸 청년이 직면해 있는 고용 문제, 노동의 현실, 미래 없음의 불안과 절망이 '청년'이라는 말로 동일시되어도 좋은 걸까? '서울대 나와도 취직이 어렵다'는 것이 지금 청년들의 상황을 압축적으로 보여주는 것이 맞나? 혹시 우리는 특정한 학력 · 학벌 · 직업 · 계층 · 거주지역의 청년들이 청년세대의 현실을 대표한다고 간단히 생각하고 있는 건 아닐까?

그 반대의 일면적 이해도 있을 수 있다. 지금 한국사회 청년세대의 사회경제적 상황을 특징짓는 핵심어로 가장 빈번히 언급되는 말이 '불안' '불안정' '불확실성' 같은 것들이다. 오늘날 많은 청년이 이런 어려움 속에서 살고 있다는 뜻이라면 이것은 분명 사실이다. 불평등이 심해지고 부가 집중되며 빈곤율이 높아진다는 것은, 청년들 내에서도 그만큼 많은 사람이 경제적 불안에 처하게 되었다는 뜻이다. 그런데 이 '불안정한 청년'이라는 담론엔 어떤 모호함이 있다. 청년세대 내에서 불안정한 계층의 상황이 심각하다는 뜻인지, 아니면 청년세대가 불안정한 계층이라는 것인지 불명확하다는 것이다. 어느 쪽이냐에 따라 '청년문제'에 대한 인식은 완전히 달라질 수 있다.

물론 안정과 불안정의 구분은 상대적이기 때문에 안정계층이라고 부를 만한 청년들이라고 해서 삶의 고됨과 불안이 작다고 할 수는 없다. 고학력으로 대기업 정규직에 취직한 20대 신입사원도 과로사할 수 있고 우울증으로 고통 받을 수 있다. 그 고통이 그래도 견딜 만한 것이라고 누가 함부로 말할 수 있겠는가? 그러니 '살 만한 청년'과 '살기 힘든 청년'을 단순한 범주로 나누는 것은 정책적으로나 윤리적으로나 부적절한 일이다. 그런 식의 편 가르기가 아니라, 여기서 중요한 점은 이런 것이다. 즉 청년이라는 연령집단 내에 계급계층에 따른 양극화와 균열이 어느 정도로 깊은지, 그리고 안전과 희망의 분배가 어떤 구조를 띠고 있는지에 따라서 '청년문제'의 핵심에 대한 정의와 정책 기조, 그리고 경제·노동·사회 정책 등 다른 부문과의 관계는 달라질 것이라는 점이다.

그러므로 그냥 '청년'이라고 뭉뚱그려 말하지 말고 일자리, 소득, 노동조건, 사회보장, 미래 전망 등 여러 면에서 '어떤' 청년이 이런 문제를 심각하게 겪고 있는지를 더 자세히 살펴봐야 한다. 노동시장 내의 불안정한 위치에 놓일 가능성을 높게 만드는 속성이 무엇인지를 분석한 여러 최근의 연구들에 따르면 연령상으로 청년과 노년에 취약계층이 특별히 많으며, 청년세대 내에서 특히 단순서비스직에 종사하고 있을 경우에 남녀 할 것 없이 고용의 질과 소득, 사회보장 등 모든 면에서 불안정한 상태에 있을 가능성이 많다.[29]

그렇다면 청년층 내에 한편으로 상대적으로 고학력자가 많은 전문·사무직, 다른 한편으로 저숙련·저소득층이 많은 서비스·판매직 등 각 직업군의 종사자 규모가 어느 정도인지 보자. 통계청의 「지역별고용조사」의 2019년 취업자 통계를 보면, 15~29세 연령대에서 서비스직과 판매직의 종사자 비율은 각각 16%, 13%인데, 이는 전체 취업자 중 이 직업군의 종사자 비율보다 각각 5%p, 2%p 높은 것이다. 말하자면 유난히 청년층에 많이 있는 직업군이라는 뜻이다. 이중에도 특히 조리 및 음식 서비스, 매장 판매, 상품 대여직 등의 종사자가 가장 많다. 한국고용정보원 황광훈 박사의 최근 연구에 의하면 바로 이 직업들이 청년 저임금노동자가 집중된 부문이다. 미용·숙박·음식·영업·판매·운송 등 부문이 전체 청년 저임금근로자의 34%를 차지한다.

그런데 이와 더불어 현재 청년세대 직업구성의 또 다른 중요한 측면은 화이트칼라 사무·전문직 비율이 대단히 높다는 점이다. 연령대별로 사무·전문직 비율을 보면 30대가 가장 높고 그 다음이 15~29세다. 30대는 전문직 31%, 사무직 25%로 합계 56%에 달하며 15~29세도 전문직 27%, 사무직 22%로 합계 49%나 된다. 이 가운데 사무직은 계급연구에서 보통 노동계급으로 분류되지만, 지금 청년층의 경우 그중에는 스스로 중산층으로 생각하는 고학력자도 상당히 포함된다. 전체적으로 보아 현재 청년세대의 직업구성에 가장 주목할 점은 한편에 저임금 서비스·판매직 노동자, 다른 한편에 고학력 사무·전문직 종사자가 대단히 많은 반분半分 구조가 형성되어 있다는 것이다.

이런 청년세대 내의 직업적·계급적 반분 구조 때문에 우리가 '청년'을 동질적 집단으로 전제하고 그 실체를 정의하려고 하면 혼란스러워지는 것이다. 즉 한편에 30%가 넘는 고학력 전문직 청년들이 그들 나름의 어려움과 고민을 갖고 있고, 다른 편에 마찬가지로 30%에 달하는 서비스·판매직 청년들이 있는데 우리가 이를 '지금 청년들'로 단순화해 말하고 생각하니 이 세대의 복잡하고 다양한 삶들이 보이지 않는 것이다. 이런 세대 내의 다양성과 균열이 오늘날 청년세대를 이해하는 데서 가장 중요한 지점이다.

여기서 조금 더 논의를 심화시키자면, 청년세대를 하나의 동질적 집단으로 보는 오류와 마찬가지로 이 세대를 양극화된 두 범주로 간단히 구분하는 또 다른 오류도 경계해야 한다. 청년층 내의 격차가 심해지고 있다고 해서 이들을 단순히 고학력과 저학력, 중산층과 노동자, 정규직과 비정규직 등으로 양분하는 것 역시 신중해야 한다. 그런 구분은 자칫 사회적 지지를 받을 자격이 있는 계층과 그럴 필요가 없는 계층이라는 식의 도덕적 이분법으로 읽힐 수 있기 때문이다. 그런 관점은 정교한 현실 진단과 정책 수립을 저해한다.

예를 들어 비정규직 노동 청년에만 초점을 맞추는 청년정책은 20대와 30대의 임금근로자 중 각각 62%, 77%를 차지하는 정규직 청년을 모조리 '기득권층'으로 모는 문제를 발생시킬 것이다. 박용진 더불어민주당 의원은 대선 경선 후보 출마를 하면서 '3대 기득권 타파'를 핵심 공약으로 발표했는데, '정규직'을 타파되어야 할 기득권층의 하나로 규정했다. 이렇게 비정규직의 처우 개선이란 당위를 말하기 위해 마찬가지로 임금생활자인 정규직 근로자들을 적폐 취급하는 건 부당한 시각일 것이다.

또한 정규직과 비정규직, 중간계급과 노동계급, 취업자와 실업자 등의 큰 범주들이 현실에서 동질적인 하나의 집단이라고 착각하지 않아야 한다. 예를 들어 '청년 실업자'는 사회학적 집단 범주로서 의미가 있지만 현실은 훨씬 복잡하다. 취업도, 교육도, 직업훈련도 하고 있지 않은 '니트족NEET-Not in Education, Employment, or Training' 비율이 한국은 15~29세 인구의 15% 이상이 될 정도로 높은데, 그 학력 구성을 보면 대학원졸·대졸·전문대졸·고졸 이하가 각각 4분의 1씩을 차지하니 '니트족'이라고 다 같은 계층이 아니다.[30] 이처럼 직업과 계급의 큰 범주들에서 즉각 단순한 결론을 도출하는 것은 위험하다.

그런 단순화의 위험을 경계하면서, 우리는 청년세대 내에 경제 상황과 일상의 경험, 주된 고충의 내용, 사회에 대한 불만과 소망, 개인적인 미래의 꿈이 전혀 상이한 계층들이 각기 상당한 규모로 존재한다는 사실을 충분히 심각하게 받아들여야 한다. 예를 들어 한편에는 서울 소재 4년제 대학을 나와서 회사에 취직하여 일하고 있는 청년들이 있다면, 다른 편에는 고등학교나 전문대를 졸업하고 중소 공장에 취직하여 기계를 돌리고 있는 청년들이 있다. 이 청년들의 삶의 현실과 고충, 소망은 같지 않다는 것이다. 이들 중 누가 '청년'을 대표한다고 말할 수 있는가? 쉬운 문제가 아니다.

지금까지 살펴본 바와 같은 청년층의 직업과 계급 구성은 노동력 수요의 측면에서 한국경제 산업구조 변동의 결과인 면도 있지만, 노동력 공급의 측면에서는 무엇보다 고등교육기관의 팽창 및 대학취학률 상승과 직결된다.[31] 그러므로 지금 청년세대 내에서 교육수준 또는 교육자본에 따른 균열 구조를 정확히 이해하는 것이 이 맥락에서 또한 중요하다. 한국에서 대학취학률은 1990년대 초부터 급증하기 시작하여 2000년대 후반에 정점에 달했는데, 그러한 추이의 결과로 2020년에 대학 취학률은 한국교육개발원 교육기본통계 자료로 70%에 이른다. 그중 4년제 대학취학률을 계산해보면, 2020년에 해당 학령인구의 54%가 거기에 해당한다. 즉 학령기 인구 중 대학에 가는 청년이 10명 중에 7명, 4년제 대학에 가는 청년이 절반 정도다.

이러한 학력 구성은 1990년대 이전의 청년들과 비교하면 엄청난 구조적 변화다. 다음 장에서 자세히 살펴보겠지만 1980년에 대학취학률은 11%, 4년제 대학취학률은 8%에 불과했다. 1980~89년 전체 평균을 보아도 학령인구 중에 대학 취학자는 10명 중 2명 정도다. 그렇다면 '과거에는 대학만 나오면 취직 걱정 없었는데 지금은 대학 나와도 일자리가 없다'는 식의 단순 비교가 왜 부적절한 것인지 분명해진다. 대졸자 자체가 아주 소수였던 시대와 다수가 대졸자인 시대를 똑같이 놓고, 대졸자의 평균적인 인생 경로를 단순 비교하여 두 시대를 평가하는 것은 맞지 않는다는 것이다.

그래서 적절한 비교를 한다면 이렇게 해야 한다. 즉 과거에는 소수만이 대학을 갈 수 있었고 대학을 가느냐 못 가느냐의 차이가 결정적이었다면, 지금은 대학취학률이 아주 높아져서 대학 진학 여부와 더불어 대졸자 사이의 격차 역시 중요해진 이중적 격차 구조를 갖게 되었다는 것이다. 즉 지금 청년들은 대졸이냐 고졸 이하냐, 4년제냐 전문대 이하냐, 서울이냐 비서울이냐, 또는 서울 소재 4년제와 지방거점 국립대냐 지방 사립대냐 하는 차이들이 함께 작용하는 복합적 격차 구조 안에서 살고 있다. 그러므로 '서울대 나와도 취직 안 된다' 'SKY 졸업해도 코딩작업 한다'는 식의 말이 마치 지금 청년세대의 취업과 노동 문제를 압축해서 보여준다는 듯이 생각한다면, 그것은 오늘날 청년세대 교육격차의 가장 본질적인 부분을 놓치는 것이다.

뿐만 아니라 여전히 지속되고 있는 대졸자와 비대졸자의 격차 문제도 너무 쉽게 간과되고 있다. '이제는 대학 나와도 힘들다'는 문제가 마치 청년세대 전체의 해당사항인 것처럼 일반화됨에 따라서, 대졸과 비대졸 청년의 생애과정이 완전히 갈라지는 문제가 심각하다는 사실이 잊혀져버리곤 한다. 빈곤층 출신의 많은 청년은 대학 진학을 포기하고 곧바로 저임금, 저숙련, 장시간 노동의 일자리로 진입한다. 그때부터 이들은 고등교육과 숙련 형성, 경력 축적의 기회를 갖지 못한 채로 빈곤층으로 고착되어 세대 간 빈곤 재생산의 악순환에 빠지기 쉽다는 여러 최근 연구 결과가 있다.[32]

특히 4년제 대학 졸업자가 청년층의 과반이고, 직업적으로도 전문·사무직 종사자가 절반을 넘게 되면서 저학력 노동자의 물질적 조건과 사회인식, 정치적 요구가 청년담론과 청년정치에서 과소대표될 위험이 크다. 4년제 대졸 화이트칼라 상층부의 공정성 개념에 맞춰서 전문대·고졸 노동자들에 대한 고용정책을 펼치는 것은 부적합할 것이다. 그러나 오늘날 청년세대의 계급구조에서 대졸 사무전문직의 비중이 윗세대에 비해 훨씬 높기 때문에 이들이 '청년 다수 여론'을 주도하면서 정부정책에 영향을 미칠 수 있다.

이처럼 청년세대 내부의 계급적 이해갈등과 문화적·정치적 균열이라는 문제가 앞으로 점점 더 첨예한 이슈가 될 가능성이 있다. 청년층의 정치적·사회적 참여가 활발해질수록 그 세대 내의 각기 다른 사회적 조류들 간의 차이와 적대가 선명해질 것이기 때문이다. 그러므로 한국 자본주의의 역사적 변화 속에서 형성된 청년세대의 계급구성과 부의 분배구조를 알아야만, 이 세대 구성원들의 관념적 · 정치적 특성과 그 역동성을 제대로 이해할 수있다.

청년세대의 경제적 양극화

앞에서 직업·계급구성과 교육계층화 현황을 보았다면, 이제 청년세대 내에서 경제적 분배관계에 관해 한번 생각해보자. 인천국제공항공사 비정규직 사원의 정규직 전환에 대해 젊은 정규직 사원들이 "기회의 평등 Yes! 결과의 평등 No!"라는 슬로건을 걸고 반대했던 것을 우리는 기억하고 있다. 이 일은 언론에서 '청년세대의 공정성 개념'을 말해주는 상징적 사건으로 반복해서 보도되었다. 그러나 2018년 태안화력발전소에서 산업재해로 사망한 김용균씨, 2016년 서울 지하철 스크린도어 수리 중 사망한 '구의역 김군' 등 여러 사건들은 청년 비정규 노동자의 열악한 노동환경에 대한 경각심을 불러일으켰다. '인국공'의 정규직 사원과 청년 비정규 노동자들 중 '진정한 청년'을 골라낼 수 있는가? 청년은 단수형이 아니다.

청년세대의 경제 상황을 파악할 수 있는 핵심 지표로서 소득·고용·사회보장의 세 측면에서 청년세대 내의 양극화 추이를 추적한 중요한 연구가 있다. 중앙대 사회복지학과 이승윤 교수와 가톨릭대 사회복지학과 백승호 교수가 수행한 이 연구는 고용 안정성, 소득 수준, 사회보험 적용 현황을 분석하여 세 측면 모두 불안정한 계층부터 세 측면 모두 안정적인 계층까지 4개의 이상형에 각기 어느 정도 규모의 청년들이 속해 있는지 보았다.

뒤의 〈도표 3〉이 보여주는 것처럼, 분석 결과는 충격적일 만큼 분명한 청년세대 내의 양극화 심화 추이를 보여준다. 2000년대 초에는 '모두 불안정한' 계층과 '모두 안정적인' 계층 사이에 놓인 중간 계층이 많았다. 모두 불안정한 계층이 19%, 모두 안정적인 계층이 28%로, 그 중간에 있는 계층이 절반이 넘는 53%였다. 그러나 2007년에는 양극단이 더 많은 U자형 분포로 바뀌었다. 모든 면에서 불안정한 계층이 24%, 모두 안정적인 계층이 36%로 양쪽이 동시에 증가한 반면, 그 중간 계층이 40%로 축소되었다. 10여 년 후인 2020년에는 양극화 구조가 한층 더 악화되었을 뿐 아니라, 무엇보다 불안정 계층이 지속적으로 증가하여 고용·소득·사회보장의 모든 면에서 불안정한 청년의 비율이 2007년(24%), 2012년(27%), 2020년(29%)으로 오면서 점점 더 높아졌다.[33]

위의 연구가 대상으로 삼은 세 지표 중에서 고용의 측면을 좀 더 자세히 살펴보자. 청년세대 내의 경제적 격차에서 정규직과 비

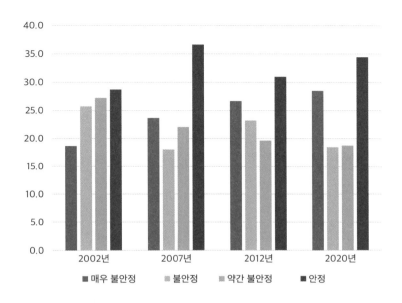

<도표 3> 고용, 소득, 사회보장의 청년 내부 양극화, 2002-2020 (단위: %)

정규직 간의 임금격차 문제는 특별한 중요성을 갖고 있다. 최근 한국사회의 전체적인 불평등 심화가 많은 부분 임금근로자 내부의 격차 확대에 기인한다는 연구 결과가 많은데, 거기서 정규직-비정규직 격차가 대기업-중소기업 격차와 더불어 상당한 비중을 차지하기 때문이다. 나아가 기존 연구에 의하면 고용안정성 측면에서 청년 노동시장의 분절은, 사회보험 적용과 다양한 기업복지 혜택에 이르기까지 폭넓은 분야에 걸친 격차를 초래하고 있다.

한국노동사회연구소 김종진 선임연구위원의 2020년 논문에 의하면,[34] 청년 정규직과 비정규직의 월 임금총액 평균은 2017년도에 각각 214만 원과 127만 원으로 두 배 가까이 차이가 났다. 최저임금 미달자 비율은 정규직이 1.6%로 거의 없는 것과 대조적으로, 비정규직 중에는 무려 32%에 달했다. 게다가 비정규직 청년들은 사회보장과 기업복지까지도 받지 못하는 경우가 많아서 이중, 삼중의 고통을 겪고 있다. 일례로 고용보험 적용률은 정규직은 92%인 데 반해 비정규직은 43%에 불과해서 고용이 불안정한 계층이 오히려 실직했을 때 보호받기 어렵게 제도가 되어 있다. 그밖에 퇴직금 적용률, 상여금 적용률, 유급휴가 적용률 등도 정규직은 90% 이상인 데 반해 비정규직 청년은 20~30%밖에 되지 않는다.

이런 상황은 지금 문제의 핵심이 청년세대 전반의 불안정화라기보다는 청년세대 내의 심각한 격차라는 것을 말해준다. 30대는 그나마 비정규직 비율이 가장 낮은 연령대이긴 하지만, 특히 20대는 비정규직 비율이 고령층 다음으로 높은 40%나 되어서 격차 완화를 위한 적극적 조치가 시급하다. 특히 '아르바이트'라고 불리는 단시간 또는 한시적 노동에 종사하는 청년들의 상황이 심각하다.

한국노동연구원의 오선정 박사는 통계청 경제활동인구조사 자료를 이용하여 2004년부터 2017년까지 아르바이트 종사자의 추이를 분석했는데, 이 기간 동안 비정규직 내에서 아르바이트가 차지하는 비율이 14%에서 21%로 무려 1.5배 증가한 것으로 나타났다. 그런데 이러한 아르바이트 종사자 가운데 그 비중이 급증하고

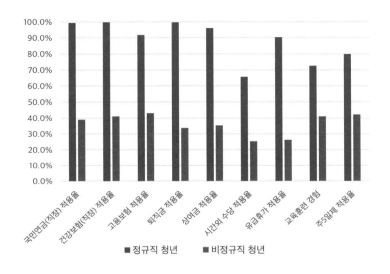

<도표 4> 청년층 내의 정규직과 비정규직 간 격차

있는 연령대가 바로 20대와 50대이며, 특히 20대의 증가 속도가 가장 빨라서 2017년에 전체 아르바이트 종사자 중 20대 비율이 2004년 대비 1.7배 증가했다. 이는 20대의 인구 비율이 낮은 것을 고려하면 더욱 큰 폭의 증가로 볼 수 있다. 한편 30대 이상 아르바이트 종사자의 최종학력 구성을 보면 전문대졸과 대졸 이상 학력자의 비율이 꾸준히 증가했다.[35] 학력 수준이 높아지는 과정에서 고학력자 가운데 과거 저학력자들이 주로 수행했던 노동을 하는 계층이 포함되는 경향이 나타나는 것이다. 앞에서 우리가 보았던 대졸자 내 계층화의 한 단면이다.

이처럼 양적으로 증가하고 있고 점점 더 다양한 교육수준의 청년층을 포괄하고 있는 아르바이트 종사자의 노동 실태는 매우 심각하다. 2020년에 청년유니온이 아르바이트를 하는 19~39세 노동자를 조사한 결과에 따르면, 조사대상 중 79%가 주휴수당을 지급받지 못했고, 53%가 초단시간 노동을 하는 등 불안정한 고용 상태에서 일하고 있었으며, 그중 특히 편의점 노동자의 권익 침해가 심각해서 무려 83%가 주휴수당을 받지 못했고 24%가 법정 최저임금조차 제대로 받지 못했다.[36] 이와같이 청년세대 내에서 정규직과 비정규직 간 격차가 대단히 클 뿐 아니라, 그중 특별히 열악한 상황의 비정규 고용형태가 청년층 내에 증가하는 추세다.

다음으로, 고용격차와 직결된 청년층 내 소득분포를 더 자세히 살펴보자. 한국고용정보원의 황광훈 박사는 2015년부터 2019년까지 청년층 저임금근로자와 비非저임금근로자의 규모와 특성을 분석했는데, 성별, 학력별, 고용형태별, 종사기업규모별, 직업별로 저임금근로자 비율에서 커다란 격차가 나타나서 청년층 내의 '다중격차' 현실이 뚜렷이 드러났다.[37] 가장 큰 차이가 나타난건 정규/비정규의 고용형태별 격차와 종사하는 직업별 격차였다. 정규직과 비정규직에서 저임금근로자 비율 각각 5%와 25%로 다른 어떤 기준에서보다도 큰 차이가 났고, 비정규직 청년 중 저임금 비율은 2015년 20%에서 2019년 25%로 급상승했다. 직업별로는 미용ㆍ숙박ㆍ음식ㆍ영업ㆍ판매ㆍ운송직이 전체 청년 저임금근로자 중 무려 34%를 차지했는데, 우리는 앞에서 이러한 서비스ㆍ판매직이 청년층 내에 유난히 많이 있는 직업군임을 확인한 바 있다.

고용형태에 따른 청년층 내의 소득격차는 상대적으로 고소득인 계층의 비율을 보아도 뚜렷이 드러난다. 한국보건사회연구원 연구진이 2019년도에 수행한 「청년층 생활실태 및 복지욕구조사」 결과에 의하면, 청년 전일제 임금근로자 가운데 월 300만 원 이상 소득자가 상용직 중에서는 23%인 데 반해 임시직 중에서는 8%로 3배 가까이 차이가 났고, 월 200~300만 원 소득자 비율도 상용직 중에선 62%, 임시직 중 42%로 1.5배가량 차이가 났다.[38]

이상과 같은 청년세대 내 소득격차는 이론적으로는 활발한 계층이동 속에서도 발생할 수 있다. 예를 들어 상·중·하층에 속하는 사람들이 치열한 경쟁 속에 계속 바뀌는 가운데, 상·중·하의 구조적 격차는 벌어질 수 있다. 이와 다른 이론적 가능성은, 계층이동의 가능성이 제한된 가운데 청년기 초기의 소득불평등이 이후의 격차로 지속되거나 심화되는 경우다. 2000년대 한국이 어느 시나리오에 가까운지를 간단히 결론 내리긴 어려울 것 같다. 한국에서 2000년대에 계층이동의 가능성이 줄어들고 사회적 폐쇄가 심해졌는지는 논쟁거리다. 그러나 그러한 추이의 문제와 별개로, 계층상승의 기회가 상당히 제약되는 사회구조가 지속되고 있다는 것은 분명한 사실이다.

한국직업능력개발원 남재욱 박사가 2021년에 발표한 주목할 만한 연구는 2008년부터 2017년까지 청년층의 월평균 소득 추이를 분석했는데, 그에 따르면 연구대상인 전체 청년의 약 14%

에 해당하는 '급증형' 청년 계층은 2008년에 월소득이 평균 350만 원 정도로 상층이었는데 2017년에는 550만 원으로 57%p나 더 높아졌다. 그에 비해 전체의 37%를 차지하는 '중간 증가형'은 약 220만 원에서 출발해서 310만 원으로 40%p 상승했고, 전체의 42%를 차지하는 '낮은 증가형'은 약 150만 원에서 200만 원으로 33%p만 증가했다. 가장 충격적인 사실은, 전체의 8%를 차지하는 '정체형' 청년들은 10년 동안 월평균소득 100만 원선에서 전혀 변동이 없었다는 사실이다.[39] 요약하자면, 청년기 초기에 고소득층은 시간이 지날수록 더 소득이 높아지고 초기 단계에 중·저소득층 청년은 시간이 지나도 소득이 오르지 않거나 미미하게 오른다는 것이다.

사회과학의 학문적 개념으로는 이런 현상을 가리켜서 '누적된 이점cumulative advantage' 또는 '누적된 이점과 불리cumulative advantage and disadvantage'라고 부르는데, 이것의 의미는 개인들의 생애과정 또는 계층구조의 변화 속에서 봤을 때, 초기의 어느 시점에 누군가의 이점이 단지 그 시점의 상태만을 뜻하는 것이 아니라 미래에 더 많은 이점을 가질 수 있게 해주는 자원을 함께 포함한다는 것이다.[40] 이 같은 격차의 누적적 심화는 개인들의 재능이나 노력 차이 때문이라기보다는, 초기 격차에 구조적으로 내재한 자원의 불평등한 분배에 기인한다.

예를 들어 23세 청년A가 월 400만 원을 벌고 같은 나이의 청년 B는 월 100만 원을 번다고 가정해보자. 청년A는 400만 원 중에서,

미래의 소득을 월 600만 원으로 높이고 커리어를 쌓기 위해 학원비 60만 원과 학원 가는 날 벌지 못하는 소득인 기회비용 40만 원을 합해 100만 원을 지금 지불할 수 있다. '투자'라는 개념이 존재하는 것이다. 반면 청년B는 1인 법정최저생계비 수준인 100만 원을 벌기 위해 새벽부터 종일 일해야 하기 때문에, 미래를 위해 현재에 투자할 수 있는 돈과 시간, 여력이 없다. 이때 절망이라는 것은 단지 주관적 심리가 아니라 객관적 현실이다. 이런 계층에게는 희망을 가지라는 백 마디 말보다 매주 하루 그날의 생계비와 함께 기술훈련을 받을 수 있는 무언無言의 제도가 더 큰 격려가 될 것이다.

이처럼 청년들의 교육 및 노동생애궤적의 초기 단계에 작용하는 구조적 불평등이 이후 생애과정에 지속적인 결과를 남길 수 있는데, 바로 이 지점에서 청년들의 가족 배경이 결정적으로 작용할 수 있다. 부모의 직업·소득·재산·인맥·교육 수준과 문화자본은 그 자식의 학업 성취와 대학 진학, 직업 경로, 상류층과 중산층 사회에서 통용되는 교양과 언어, 라이프스타일의 습득과 같은 많은 면에서 영향을 미칠 수 있다. 이 문제는 한국사회에서 '세대 내 불평등'에 체계적으로 연계된 또 하나의 축이 바로 부와 지위의 '세대 간 이전'임을 시사한다. 어떤 세대가 안정계층이고 다른 세대가 불안정계층이 아니라, 안정계층의 부모자식과 불안정계층의 부모자식이 있으며 그 문제가 지금 청년세대에 와서 더 심각해졌다.

이러한 세대 간 계층세습은 위선적이고 속물적인 상류층만의 얘기가 아니다. 실은 많은 사람이 전혀 악의 없이 행하는 일상의 미시적 실천들이 모여 거시적인 격차구조를 만든다. 예를 들어 고학력 중산층 부모는 자식이 넓은 세상을 보고 꿈을 펼치도록 해외여행을 함께하고 어학연수를 보내주는 사랑으로 우리 사회의 학력·학벌의 격차구조 심화에 기여한다. 또한 그들은 자식이 집을 한 채 갖고 자기 인생을 시작할 수 있도록 금전적인 도움을 주는 희생으로 주거·자산 격차구조의 재생산에 동참한다. 그들은 사회이슈와 인문학에 관한 일상적인 지식의 전수로 중산층 문화자본을 자식에게 대물림할 수 있다. 높은 학력, 좋은 직장, 안정된 소득, 자기 집, 넉넉한 재산, 괜찮은 인맥, 문화적 자원 중 어느 하나라도 가진 사람이라면 이 계층세습의 고리에서 자신만은 완전히 자유롭다고 장담할 수 없을 것이다.

한국에서 부모의 사회경제적 지위나 문화자본, 사회자본의 불평등한 분배는 그 자식 세대의 불평등에 얼마나 많은 영향을 미치고 있을까? 현대사회에서 세대 간 계급재생산의 가장 중요한 두 기제는 아마도 교육과 자산이다. 현대의 능력주의 이데올로기 체제에서는 예를 들어 자식을 좋은 직장에 취직시키는 식으로 계층을 세습하는 것은 큰 사회적 공분을 불러일으킨다. 그래서 성취원리와 능력주의를 명시적으로 침해하지 않으면서 계급재생산을 할 수 있는 통로는, 노동세계 진입 이전 단계인 교육 부문과 노동시장 외부에 있는 자산 부문이 되는 것이다.

여기서 자산의 세대 간 이전은 30~40대 자식에 대한 증여나 상속도 포함하므로 특별히 청년의 사안이라고 할 수는 없으므로, 이에 관해서는 여러 세대의 불평등 현황을 함께 다루는 4장에서 다루기로 하고, 여기서는 교육을 경유한 계층재생산에 우선 집중하기로 한다. 우리는 이 장의 2절에서 2000년대 교육격차가 대졸과 비대졸 간의 학력격차뿐 아니라 이제 고등교육기관 졸업자 내에서 4년제와 전문대 격차, 서울 소재 4년제 여부, 서울 소재 4년제 중 대학서열 등으로 점점 더 촘촘하고 중층적인 구조로 변했음을 보았다. 그 과정에서 부모의 사회경제적 지위가 자녀의 교육성취와 진학경로에 미치는 영향의 성격도 달라졌다.

과거에는 중학교에서 고등학교로, 또 고등학교에서 대학으로 진학 여부에 그러한 계층 간 불평등이 강하게 작용했다. 1990년대 이후 2000년대 들어와서는 고교 진학 여부에서는 계층 간 차이가 거의 소멸되고 대학 진학 여부의 단계에서는 불평등이 지속되었다. 여기에 더하여 중요한 변화가 일어났는데 그것은 '질적' 교육격차의 측면, 예를 들어 일반계 고교와 실업계 고교 진학, 4년제 대학과 전문대 간의 진학, 수도권 소재 4년제 대학 진학 여부, 해외 유학이나 연수 경험 등의 측면에서 학력 서열과 부모 계층에 따른 불평등 세습이 강화되어왔다는 점이다.[41]

변수용 펜실베니아주립대 교수와 이성균 울산대 사회학과 교수는 부모의 사회경제적 지위에 따라 특목고와 일반고로 나뉘는 진학 경로가 달라지고, 학업 성취도 상위권 학생과 하위권 학생의 격차가 더 벌어지는 등의 문제가 더욱 커졌다는 점을 강조했다. 교육의 계층재생산 양상이 변화하고 더욱 중층적으로 된 것이다. 부모 계급의 영향을 분석한 중앙대 사회학과 문수연의 연구에서 도 그러한 질적 영향이 확인되었다. 그에 따르면, 부모의 계급에 따른 자녀의 고교진학률의 차이는 2000년대 들어오면서 거의 소 멸되었고 대학진학률의 차이는 대체로 유지되면서 동반 상승했 다. 그에 비해 특목고·자사고 진학률이나 수도권 4년제 대학 진 학률은 부모의 계급에 강한 영향을 받았는데, 이 과정에서 중간계 급 자녀들이 가장 혜택을 받았다.[42]

이런 맥락에서 오늘날의 세대담론을 성찰해본다면, '처음으로 부모보다 자식이 가난해진 시대' 등과 같은 은유적인 담론은 '세 대'를 한 명의 행위자처럼 의인화擬人化해서 마치 지금 문제가 부 모와 자식 간의 불평등인 듯이 착각하게 만든다는 문제가 있다. 우리 사회 불평등의 훨씬 더 일반적인 경우는 부자 부모 아래 부 자 자식, 가난한 부모 아래 가난한 자식이라는 공식일 것이다. 세 대 간 불평등을 과장하는 담론들은 바로 이 계층 간 불평등의 거 대한 구조를 자꾸만 축소한다.

세대 간의 계층재생산 문제를 강조하는 것이 곧 한국사회에서 계층이동의 기회가 굳게 닫혔다는 주장을 뜻하는 것은 아니다. 한 국에서 사회적 이동과 폐쇄의 추이를 추적한 많은 최근 연구에 의하면,[43] 산업이 팽창하고 관리·전문직이 증가하던 과거와 달 리, 지금은 자식 세대의 직업 계층이 부모보다 좋아지는 절대적 상승은 약화되었지만 과거 직업구조 내에서 부모들의 상대적 지위와 현재 직업구조 내에서 청년들의 상대적 지위를 비교해본다면 계층 이동성이 특별히 감소했다고 볼 수는 없다는 연구결과들이 많다. 교육기회의 불평등 역시 점점 더 심해지고 있다고 단정 짓기에는 여러 지표의 추이가 단순히 한 방향을 가리키고 있진 않다는 말이다.

그러나 지금 이 책의 맥락에서 중요한 이슈는 과거보다 계층이동이 쉬워졌느냐 아니냐, 세대 간 계층세습이 과거보다 심해졌느냐 아니냐는 비교가 아니다. 여기서 문제의 핵심은 고용, 소득, 자산 등 여러 면에서 2000년대 중후반 이후 계층격차의 절대적 수준이 1980~90년대보다 훨씬 더 악화된 상태에서 근본적인 개선이 이뤄지지 않고 있다는 사실이다. 그 구조 하에서는 무한경쟁의 압력도, 계층세습의 운명도 많은 청년에게 커다란 고통과 불안의 이유가 된다. 계층이동이 열린 곳에서는 모든 실패가 나의 탓이 될 것이므로 두려운 것이고, 계층이동이 닫힌 곳에서는 내가 어떤 노력을 해도 안 될 것이므로 절망할 것이다. 문제의 본질은 지난 10여 년 동안 완만한 개선과 악화를 반복하면서 큰 틀에서 지속되고 있는 청년세대 내의 심각한 불평등 현실 자체다.

계층으로 갈라진 인식세계

앞에서 청년층의 학력, 직업, 고용, 소득 등 사회경제적 측면에서 세대 내의 분포와 격차를 살펴봤다면, 여기서는 청년세대 구성원들의 인식·가치·감정 등 내면세계가 과연 '청년'이라는 세대위치에 따른 유사성을 갖는지를 검토해보자. 우리는 오늘날 청년세대의 인식세계가 여타 세대와 너무 다른 세대적 특성을 갖는 듯이 말하는 많은 대중담론과 달리, 실제로는 청년세대 내에서 학력과 학벌, 계층의식, 부모의 사회경제적 지위에 따라 큰 차이가 나타난다는 사실을 보게 될 것이다.

물론 어떤 세대의 인식 특성에 두드러지게 나타나는 면이 없는 것은 아니다. 예를 들어 지금 청년들이 50대 이상 연령층보다 더 개인주의적이고, 덜 권위주의적이며, 국가권력의 남용을 더 경계하고, 반중 정서가 강하며, 안보 이슈에 덜 민감하고, 경제 문제에 더 민감하다는 등의 여러 특징들이 지난 몇 년간 여러 조사에서 거듭 확인되어왔다. 그러나 많은 측면에서 청년세대의 인식과 가치에 대한 최근의 담론들은 매우 과장되거나 왜곡되어 있다. 즉 실제로는 세대에 따른 차이가 없거나, 심지어 청년세대에서 더 약하게 나타나거나, 청년세대 내 특정 계층의 특징적인 인식이 '요즘 청년들 생각'으로 기정사실화되는 경우가 많다는 것이다.

'88만원 세대' 'IMF 세대' '세월호 세대' 등과 같은 2000년대 청년담론들은 청년이라는 존재의 사회적 의미를 사회구조의 희생자 또는 기성세대의 희생양으로 규정하면서, 이들의 내적 경험과 인식을 불안·절망·분노·트라우마 등 부정적 상태로 정의하는 스테레오타입을 고착시켰다. 그와 반대로 최근에는 'MZ세대' '이대남' '이대녀' 등 다양한 명칭으로 청년들의 내면세계를 규정하는 새로운 담론이 쏟아져 나오고 있기도 하다. 이런 담론에서 청년들은 종종 경쟁주의, 능력주의, 서열주의, 차별, 여혐, 남혐, 극우, 배타적 민족주의 등 부정적 태도로 낙인찍히기도 한다.

'청년'이라는 기호는 이토록 모순적이고 분열적으로 정의되고 있어서, 발화자의 의도와 필요에 따라 맘대로 가져다 쓸 수 있는 주인 없는 물건처럼 되었다. 만약 이 이야기들이 모두 옳다면, 지금 청년들은 감정적으로 불안정하고 분열된 자아를 갖고 있으며 정체성이 왜곡되어 자본주의를 증오하면서도 자본주의가 요구하는 인간형으로 자신을 계발하는 괴물 같은 병리적 존재가 되는 셈이다. 그런데 이 모든 이야기의 공통된 문제점은, 청년이라는 세대가 유사한 인식을 갖고 있는 집단이라는 사고방식이다. 그러나 청년세대의 내면세계를 정말로 이해하려면 그 안의 여러 결의 차이들과 변화에 대한 관심이 필요하다. 그것은 청년들의 자기이해에도 마찬가지로 해당하는 얘기일 것이다. 청년 '당사자'라고 해서 자신의 계급, 성별, 학력, 성장배경의 특수한 위치성에 따른 한계를 초월하여 다른 청년들의 경험과 내면을 안다고 할 수 없기 때문이다.

이제껏 살펴보았듯이 이 불평등의 시대에 태어나 자란 청년들은 생물학적으로 동일 연령대라고 해서 사회학적인 의미에서 유사한 삶의 조건과 경험을 가진 집단이라고는 도저히 말할 수 없다. 그렇다면 그처럼 교육, 직업, 고용, 소득, 주거, 자산, 가족의 경제상황과 문화환경 등 여러 면에서 큰 차이가 있는 청년세대 구성원들이 인식과 가치의 측면에서는 세대적 동질성을 갖고 있을까? 아니면 이 측면에서도 청년세대는 계급계층에 따라 갈라져 있을까? 사회학자 칼 만하임이 말한 '세계관의 존재구속성'이라는 관점에서 본다면, 객관적 사회구조에서 양극화된 청년세대가 세계관에서는 동질성을 갖고 있을지 의문을 갖게 되는 것이다.

말하자면 벤처기업 사장 청년과 배달노동자 청년, 넥타이 맨 대기업 정규직 청년과 중소기업 공장노동자 청년, 서울 소재 4년제 대학 졸업자 청년과 2년제 전문대 또는 고교 졸업자 청년, 브랜드 아파트에 거주하는 청년과 고시원·쪽방의 1인 가구 청년이 과연 다 같은 '청년'이라는 이유로 비슷한 눈으로 세상을 보고, 비슷한 인식세계 안에서 살고 있을지를 묻는 것이다. 이 질문은 또한 지금 우리 사회에서 '청년은 이렇다'라고 알고 있는 많은 것이, 사실은 청년세대 내에 사회적 발언권이 있거나 사회적 관심을 받는 특정 계층의 특성을 세대 전체의 특성으로 잘못 일반화한 것은 아닌지 묻는 것이기도 하다. 만약 상위권 대학을 나왔고, 전문직에 있고, 소득이 괜찮은 편이고, 서울에 살고 있고, 자가와 재산이 있는 청년들의 공정성 관념이 '청년세대'의 인식인 것처럼 간주되고 거기에 근거하여 정책과 제도를 만든다면, 그것은 인식의 왜곡에 그치지 않고 실체적 계급이익에 영향을 주는 권력이 된다.

그처럼 한 세대 내 특수한 계층의 인식을 그 세대 전체의 보편적 인식으로 착각하는 오류는 객관적인 계급적 토대와 무관하지 않다. 세대담론을 생산하는 제도적 수단들에 접근할 수 있는 엘리트층은 흔히 본인의 청년기 경험이나 본인 자식들과의 상호작용 경험에 기초해서 '요즘 청년'에 대한 관념을 형성한다. 그들 자신의 생각이든, 그들이 접촉하는 청년들의 생각이든, 특수한 학력·직업·성별·재산·지역의 위치성에 구속된다. 그러므로 세대를 말하는 발화자는 오직 자기 자신의 그 같은 존재구속성을 항시 성찰할 때, 비로소 이 시대 청년들의 각기 다른 체험과 내면세계에 조금이라도 더 다가갈 수 있을 것이다.

그러면 최근 '청년'의 인식세계를 규정하는 몇 가지 전형적인 담론들이 과연 현실에 부합하는지를 검토해보자. 그 대표적인 예가 오늘날 청년들은 공정한 경쟁과 시장원리, 능력에 따른 보상을 윗세대보다 중시한다는 주장이다. 서른여섯 살에 제1야당 대표로 선출된 이준석씨가 표방한 공정경쟁과 실력이라는 모토가 'MZ세대' '2030세대'의 인식을 대변하는 것처럼 보도되었고, 공공부문 정규직 사원이나 젊은 사무직 노조원들이 강조한 종류의 '시험 공정론'도 청년세대·MZ세대의 특성을 반영하는 것으로 간주됐다.[44] 지금 청년들이 정말 그런지 최근의 조사 결과들을 보자.

2021년 KBS·한국리서치·alookso와 내가 공동으로 수행한 '세대와 계급'에 관한 인식조사는 이른바 'MZ세대 공정론'과 정반대 결과를 얻었다. "시장을 통해 자원을 배분하는 체제가 가장 공정하다"는 의견에 대해 60세 이상은 68%가, 50대와 40대도 각각 61%, 64%가 '그렇다'라고 응답한 데 반해, 20대와 30대는 모두 46%만이 동의했을 뿐 아니라 '그렇지 않다'는 응답도 각각 무려 43%, 36%나 되었다. 경쟁이 한국사회를 더 좋아지게 만들었는가, 더 나빠지게 만들었는가에 대해 60세 이상의 65%, 50대의 59%가 '더 좋아지게 만들었다'고 응답한 것과 반대로, 20대에서는 56%가 '더 나빠지게 만들었다'고 답했다. 이처럼 다수 청년의 응답에 나타난 특성은 경쟁주의가 아니라 경쟁으로 인한 피로감이었고 특히 여성, 저소득, 고졸 청년은 경쟁원리와 능력주의에 대한 강한 반감까지 드러냈다.

2021년 10월 『문화일보』·엠브레인 인식조사에서도 유사한 양상이 발견된다. "우리 사회에서 경쟁은 불평등의 원인이 된다"

는 의견에 대해 50대는 절반이 안 되는 49.8%가 동의한 데 반해, 20대의 63%가 '그렇다'고 응답했다. "입사시험을 치르지 않은 비정규직을 정규직으로 전환하는 것은 부당하다"는 문장에 대해서는 연령별 차이가 거의 없어서 'MZ세대 공정론' 같은 것은 전혀 나타나지 않았다. 오히려 소득 수준에 따른 차이가 두드러졌다. 월소득 800만 원 이상의 응답자 중 29%만이 비정규직의 정규직화가 정당하다고 한 데 반해, 600~800만 원 소득계층은 31%, 400~600만 원 소득계층은 34%, 200~400만 원 소득계층은 41%, 200만 원 미만 소득계층은 47%가 정당하다고 보았다.[45]

이런 조사결과들은 최근 확산된 'MZ세대론' 같은 청년담론들의 선입견을 뒤집는 것이다. 그런데 위에 언급한 최근 조사 결과들은 놀라운 것이 아니다. 실은 그동안 여러 조사 결과가 이미 이 방향을 가리키고 있었기 때문이다. 일례로 동그라미재단이 2016년에 수행한 대규모 인식조사 결과에서도 "개인의 선택·노력의 차이로 인한 결과의 불평등은 수용해야 한다"는 의견에 동의한 응답자의 비율이 19~29세가 62%로 가장 낮았고, 40대와 50대가 모두 67%로 그보다 더 높았다. 청년들이 유난히 절차적 공정성을 중시한다는 통념과 다른 결과들이다. 또한 기회의 불평등과 결과의 불평등 가운데 어느 것이 더 중요하냐는 질문에 대해서도 '결과 불평등'을 꼽은 20대 응답자 비율이 노인층 다음으로 높았고, '기회 불평등'의 응답률은 노인층 다음으로 낮았다.[46]

물론 이런 조사 결과들을 역으로 과잉해석하여, 우리 청년들은 불평등 사회의 폐해를 겪으며 능력주의의 허구성을 깨닫고 평등과 연대의 세상을 꿈꾸고 있다는 식으로 도덕적으로 이상화된 청년상을 만들어내는 것도 진지한 태도가 아닐 것이다. 다만 분명히 할 점은, 청년들이 유독 절차적 불공정에만 민감하다거나 경쟁과 서열에 익숙하다는 식의 세대론에 대해 우리가 신중해야 할 많은 이유가 있다는 것이다. 그것은 특정 계층 청년들의 존재위치와 사고구조를 청년세대 전체의 특성으로 허위일반화한 것일 수 있다. 그래서 우리는 실제로 청년들의 교육, 직업, 소득, 재산, 지역, 부모의 사회경제적 지위와 문화환경 등에 따라 사회인식과 공정 관념 등이 체계적으로 다른지를 더 깊이 이해할 필요가 있다.

'청년 공정론'과 관련해서는 이 담론이 확산된 몇 번의 결정적 계기가 있었음을 앞서 언급한 바 있다. 2020년 인천국제공항공사 보안업무 비정규직 직원들의 정규직 전환에 반대하여 공사 정규직 청년들이 '결과의 공정 No! 기회의 공정 Yes!'라고 쓴 팻말을 들고 항의시위를 한 광경이 언론에 대서특필되었다. 마찬가지로 한국건강보험공단 상담센터 비정규직 직원들의 정규직 전환에 대해서도 정규직 청년들이 반발하여 큰 사회적 관심을 받기도 했다. 그런데 이런 갈등 상황은 대부분의 언론 보도에서 '청년들의 분노'로 프레이밍 되었고, 지금까지도 인국공 이슈 등과 관련하여 '청년층의 공정 개념'이 뭔가 여타 세대와 아주 다른 특이성을 갖는 것처럼 간주하는 분위기가 팽배해 있다. 이런 미디어 프레임의 구조와 변화를 우리는 이 책의 5장에서 자세히 보게 될 것이다.

그런데 위의 상황에서 정규직 전환 대상인 비정규직 사원 가운데는 다수의 청년이 포함되어 있었지만, 이들은 '청년'으로 인정되지 않고 그저 '비정규직'으로만 다뤄졌다. 또한 비정규직 노동자들의 고용상황 개선을 촉구하는 청년단체와 청년 노동자들의 연서명 캠페인도 이어졌지만, 이들 역시 '청년'이 아니라 '운동단체'나 '노동자'의 반응으로만 그려졌다. 말하자면, 결과의 공정과 기회의 공정을 대립시켜 후자만을 지지하고, 게다가 기회의 공정을 시험의 공정으로 축소하며, 나아가 시험의 공정을 입학 · 입사 시험에만 적용하여 그 승자가 항구적 이득을 갖는 것이 '정의'이고 '공정'이라는 식의 사고방식은 실제로는 특정 세대의 특징이 아니라 특정 계층의 특징일 수 있다는 것이다.

실제로 청년들의 학력, 고용상황, 부모의 사회경제적 지위 등에 따라서 기회균등, 경쟁, 시험, 능력주의 등에 대한 태도가 상당히 다르게 나타난 여러 최근 조사 결과가 있다. 연세대 사회학과 김영미 교수의 2016년 연구 결과에 따르면, 부모의 사회경제적 지위가 높은 청년 또는 청소년일수록 "한국은 노력하면 성공할 수 있는 나라"라는 체제정당성 인정과 낙관이 높아지는 분명한 패턴이 나타났는데, 이러한 부모 세대 계층과 자식의 사회인식 사이의 관련성은 중년이나 노년층에게서는 발견되지 않는 경향성이었다.[47] 지금 청년세대가 지닌 공정성 인식의 특이성은 다른 세대와 구분되는 청년들 공통의 공정성 관념이 아니라, 오히려 청년층 내에 존재하는 공정성 관념의 계층적 분열에서 찾아야 할지

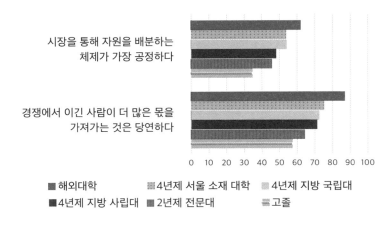

시장을 통해 자원을 배분하는
체제가 가장 공정하다

경쟁에서 이긴 사람이 더 많은 몫을
가져가는 것은 당연하다

0 10 20 30 40 50 60 70 80 90 100

■ 해외대학　■ 4년제 서울 소재 대학　■ 4년제 지방 국립대
■ 4년제 지방 사립대　■ 2년제 전문대　　■ 고졸

<도표 5> 교육자본에 따른 시장경쟁에 대한 태도 차이 (단위: %)

모른다.

청년들의 학력에 따른 인식 차이도 발견된다. 앞서 언급한 KBS
· 한국리서치 · alookso의 인식조사 결과에 따르면, 〈도표 5〉에 제
시되어 있는 것처럼 19~34세 청년층 응답자 가운데 '시장을 통해
자원을 배분하는 체제가 가장 공정하다' '경쟁에서 이긴 사람이
더 많은 몫을 가져가는 것은 당연하다'는 데 대한 동의율이 해외
대학에 재학중이거나 졸업한 청년들이 가장 높고, 4년제 서울 소
재 대학이나 지방 국립대가 그 다음이며, 2년제 전문대 졸업자와
고졸자로 올수록 동의가 낮아졌다.

같은 조사에서 시험이 사람의 실력과 자격을 평가하는 기준으
로서 얼마나 절대적인지에 대한 인식도 큰 차이가 나타났다. 〈도
표 6〉에 제시되어 있듯이, '사람의 능력은 대학입시, 취업시험 등

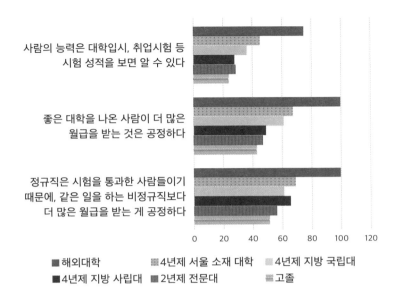

<도표 6> 교육자본에 따른 시험에 대한 인식 차이 (단위: %)

시험 성적을 보면 알 수 있다' '좋은 대학을 나온 사람이 더 많은 월급을 받는 것은 공정하다' 그리고 '정규직은 시험을 통과한 사람들이기 때문에, 같은 일을 하는 비정규직보다 더 많은 월급을 받는 게 공정하다', 이런 견해들에 대해서 학력·학벌이 높을수록 동의율이 확연히 높아졌다. 교육자본이 많을수록 한 번의 시험으로 얻은 지위를 계속 유지하려는 경향이 강한 것이다.

물론 이런 결과들이 학력·학벌의 직접적 효과라고 단언하려는 것은 아니다. 그것은 학력·학벌 차이를 낳은 더 근원적인 차이, 예를 들어 가족배경과 문화환경의 영향일 수도 있고, 혹은 학력·학벌에 따라 직업이나 소득이 달라진 결과일 수도 있다. 아무 튼 우리가 확인할 수 있는 것은 사람들이 '청년세대의 공정론'에 대해 많은 말을 하지만 청년세대 내에서 여러 면의 계층 차이에 따라 그들이 생각하는 '공정'과 '정의'가 다르다는 것이다. 이러한 다양성 가운데 어느 하나를 '청년세대 인식' 'MZ세대 인식'으로 동일시하는 담론들은 거기서 배제된 청년들을 존재하지 않는 자들로 만든다.

현실이 이러하다면 '청년' '20대' '2030세대' 'MZ세대'의 인식으로 알려진 많은 것은 선입견의 산물이거나, 특정 계층의 인식을 허위보편화한 이데올로기가 되어버릴 가능성이 있다. 학력, 직업, 소득, 자산, 문화자본, 사회적 지위 중 어느 한 측면에서라도 자원을 가진 사람들이 보고 겪은 자기 계층 청년들의 인식이, 제도화된 담론생산 수단을 통해 '보편적 청년'의 인식으로 둔갑하게 되는 것이다.

청년은 단일한 거대주체도, 동질적 사회집단도 아니다. 그러므로 청년세대를 '무엇'으로 고정시켜 규정하려고 애쓰는 것, 단 하나의 '진정한 청년' '보편적 청년'을 정의하는 것은 원천적으로 달성될 수 없는 시도다. 그러한 시도를 하는 순간, 우리는 청년의 다른 모습들을 배제하고 누락시킬 수밖에 없다. 그것은 청년세대 내의 다양한 계층 중에 많은 부분을 배제하는 결과를 낳고, 또한 이들의 생동하는 변화를 어느 고정된 시점에 고착시키는 잘못을 범하게 한다. 그러므로 '보편'을 가장한 청년세대론은 실은 언제나 어떤 '특수한' 의미를 갖는 것이다. 그처럼 실제로는 특수한 것이 보편성의 외양을 띠고, 나아가 많은 사람이 그것을 진실이라고 믿게 할 수 있다는 것, 그것이 바로 권력이고 헤게모니다.

제3장
기성세대는 기득권층인가?

'586세대', 누구를 가리키나?

'임계장 이야기'를 아는 사람들이 있을 것이다. 임씨 성을 가진 계장님이 아니라, 임시 계약직 노인장 이야기 말이다. 2020년에 출간된 책인 『임계장 이야기』는 수십 년간 공기업 정규직 사원으로 일하다가 퇴직 후에 버스회사 배차계, 아파트 경비원, 터미널 보안요원 등으로 일해온 63세 조정진씨가 적은 노동일지다. 이 책을 읽으면서 가슴이 먹먹해지는 경험을 하지 않은 독자가 없었으리라. 지금으로부터 10년 전에 『빗자루는 알고 있다』라는 책도 그렇게 잔잔하고도 무겁게 인구에 회자된 적이 있다. 이 책은 '연세대 청소노동자들과 함께한 2000일간의 기록'이라는 부제를 달고 있다. 시급 200원 인상과 인간다운 노동환경을 요구하며 380여명의 청소노동자들이 시작한 파업에 학생들이 동참한 이야기다.

그 후로 중앙대 · 홍익대 · 동국대 · 서울대 등 많은 대학에서 청소노동자들의 인권 향상을 위한 학생들과의 연대가 이어졌다.[48]

어느 세대의 이야기들일까? '베이비붐 세대' '586세대'라고 부르는 그 1950~60년대 출생 세대의 삶의 현장들이다. 청소 · 경비직 종사자의 절대다수는 이 연령대의 남녀 노동자들이다. 몇 년 전부터 겨우 몇 군데서 노동조합이라는 것도 생기고 있지만 여전히 대부분의 경우는 일자리를 잃지 않기 위해 극도로 불리하고 불안정한 고용계약 아래 인간적인 모욕과 과로와 위험을 감내하고 있다. 이 밖에도 다양한 직업과 직종에서 이 세대 구성원들은 그처럼 인간적인 존엄을 존중받지 못한 채로 노동하며 살고 있다. 학교에서 학부모 재능기부로 독서지도 봉사를 하다가 '비정규직 초단시간 근로자'로 학교 도서관 사서司書 일을 하게 된 어느 중년 작가가 비인격적인 대우와 일방적인 고용관계의 모욕을 겪은 경험 위에 그의 작은 소망을 이렇게 책에 썼다. "우리는 다 함께 행복하게 일하고 싶다."[49]

그런데 이상하다. 우리 사회는 매일같이 아파트 주민의 갑질을 못 견뎌 자살한 경비원, 코로나 위기 장기화로 자살한 식당주인, 과로로 사망한 청소노동자, 기본 생계비도 못 버는 편의점주, 중년의 파산과 부채와 빈곤에 관한 수많은 기사들을 보고 있는데도 '기성세대' '베이비부머' '50대' '중장년'이라는 단어만 보면 배부르고 등 따시게 좋은 자리 차지하고선 청년들의 미래를 가로막고 있는 기득권층이 연상되니 말이다.

2021년에 쿠팡 물류센터의 화장실에서 영하 10도의 추위에 심근경색으로 사망한 50대 노동자도, 서울대의 청소노동자 휴게실에서 세상을 떠난 50대 노동자도, 강남 아파트 입주민의 폭언과 폭력을 견디다 못해 자살한 60대 경비노동자도, 부산 영도의 한 아파트에서 고독사한 채로 발견된 50대 남성도, 하루 평균 5명이 죽어가는 산업재해 사망자 10명 중에 7명도 다 '기성세대'다.

우리 사회는 이런 비극을 매일 보고 들으면서도 그들이 갑질하는 사장님, 대표님, 이사님, 의원님과 같은 세대라는 사실을 떠올리지 못했던 것 같다. 만약 그런 생각을 했다면, '기성세대'가 너무 많이 가졌고 너무 많이 누렸다는 질타나 반성을 하는 와중에 논리적인 모순을 한 번쯤은 느꼈으리라. 그러나 지금 한국사회 중년과 노년층의 다수를 차지하는 노동자 · 자영업자 · 실업자와 구직자들은 '기성세대'에 관한 우리 사회의 담론에 포함될 수 없었다.

이제부터 지금 많은 청년이 겪고 있는 불평등과 불안정이 '기성세대'의 기득권 때문이라는 관점이 타당한지 검토하고자 한다. 이 장에서는 지금 청년들의 부모나 조부모인 기성세대 역시 이 불평등의 시대를 함께 겪고 있는 동시대인으로서, 청년들과 마찬가지로 세대 내적으로 양극화되어 있고 청년들 못지않게 많은 사람이 비정규 노동과 실업, 빈곤과 자살의 위험에 처해 있다는 사실을 보게 될 것이다.

'586세대' 이야기에서부터 시작해보자. 왜냐하면 최근 세대불평등 담론에서 희생자로 자리매김되는 세대가 '청년세대'라면 그

대척점에 위치한 가해자 범주로 가장 자주 언급되는 것이 이른바 '586세대'이기 때문이다. 2019년과 2020년 두 해 동안 국내 18개 전국 일간지와 경제지, 4대 방송사에서 '586세대' 또는 같은 의미를 가진 '86세대'에 관한 기사가 무려 1427건에 달하여, 놀랍게도 같은 시기 동안에 더 일상적인 세대 용어인 '중년 세대'에 관한 전체 기사 1222건보다도 많다. 2년 동안 매일 하루 평균 기사가 2건은 나온 셈이니, '586세대'에 관한 이야기를 우리가 지금 얼마나 자주 보고 듣고 있는지 짐작할 수 있다.

'386' '486' '586' 등 '86세대'의 담론은 1990년대 후반 이래로 지난 30여 년 동안 폭발적으로 증가했다가 갑작스럽게 소멸하는 파동을 반복해왔다. 그러한 담론의 계보와 역사에 관해서는 이 책의 6장에 상세한 이야기가 나올 것이다. 일단 최근 10년간의 추이를 보면 '586세대' 또는 '86세대'에 관한 언론 담론이 급증한 것은 2019~2020년이다. 이 시기에 국내 모든 전국 일간지와 경제지, 공중파 방송사를 통틀어 보도된 기사들에서 '86세대'와 가장 자주 함께 등장한 연관어를 분석해보면, '기득권' '불평등' '민주화' '청년' '분노' 같은 것들이다. 이 단어들을 한 문장으로 통합해보면, '민주화에 앞장섰던 586세대가 이제는 기득권 세력이 되어 불평등을 심화시키고 청년들을 분노케 한다'라는 서사가 구성된다.

이런 얘기들이 오늘날 적잖은 사람에게 타당한 얘기로 받아들여지고 있는 것은 한국사회 권력구조의 실제적인 변화와 무관하지 않을 것이다. 과거에 반독재 투쟁에 참여해온 사람들은 1987

년 민주화 이후 30여 년 동안 정치와 사회 여러 부문에서 그 위상을 높여왔을 뿐 아니라, 특히 노무현·문재인 정권 시기에 정치권·정부·공공기관의 중심부로 들어왔다는 객관적인 사실 말이다. 그런데 그런 변화에도 불구하고 사회불평등과 삶의 불안정성은 크게 나아지지 않았으니, 한국사회의 또 하나의 주류로 진입한 구舊민주화운동 세력은 이에 대한 책임을 피할 수 없을 것이다.

그러나 문제는 이를 '세대' 문제로 접근하는 데서 시작된다. 곧 여러 실증적 자료를 통해 보게 되겠지만 민주화운동 출신으로 한국사회 신주류로 진입한 집단은 1970~80년대를 청장년기를 보낸 세대 중 극소수에 불과하다. 당시 대학취학률은 지금과 비교도 안 될 정도로 낮았고, 이 세대에서 관리전문직 등 신중간계급의 비중도 지금 청년세대보다 훨씬 낮다. 그 대신에 집 부자, 고자산계층이 많지 않느냐고 생각할 수도 있겠으나, 그런 풍문도 사실이 아니라는 증거를 우리는 보게 될 것이다. 자산상위계층은 지금의 30~40대에도 상당히 많고, 50대의 자산빈곤층은 고령층보다도 더 많다.

애초에 특정 세대의 정치권이나 사회엘리트층을 지칭하던 명칭이었던 '586세대'의 의미가 언제부턴가 1960년대에 출생한 오늘날 50대의 인구집단 전체로 확장되기 시작했다. 그와 더불어 기득권, 꼰대, 갑질, 무능, 위선 등의 비난과 조롱이, 이제는 일부 정치권이나 특권층만이 아니라 우리 사회의 중년, 50대, 1960년대생, 또는 베이비붐 세대를 향하고 있다. 이러한 변화에 결정적 계기가 된 것은 기존의 '586세대' 정치담론에 최근 몇 년 사이 인구학적 · 사회학적 세대론이 결합하면서다. 오늘날 청년문제가 기성세대 때문인데 그 기성세대 중 제일 운 좋고 호강한 세대가 바로 1960년대생-'586세대'라는 것이다.[50]

지난 2년 동안 국내 신문과 방송에서 '86세대''586세대'가 제목에 포함된 기사와 칼럼을 추출해보면 정치담론, 세대담론, 불평등담론의 묘한 융합이 한 눈에 들어온다. 「불평등사회, 86세대에 책임을 묻다」 「586세대, 위법과 위선 정당화」 「86세대 기득권 이제 양보해야 할 때」 「586과 민노총 결탁, 젊은 세대 비정규직 내몰아」 「MZ세대 이해, 586 비판」 「586세대 기득권 저격 행보」 「586세대 넘어 진격하는 30대」 「청년들 힘든 삶에 책임지지 않는 586세대의 위선」 「민주화세대, 86세대의 집합적 부도덕과 윤리 파탄」 같은 제목들이 넘치도록 많다. 그런데 여기서 말하는 '586세대'가 구체적으로 누구를 지칭하는지는 어디서도 명확하지 않다.

이러한 담론들에서 '인구집단으로서 세대'와 '정치권 세대'가 어지럽게 뒤섞이면서, 1960년대에 출생한 지금의 50~60대 또는 베이비붐 세대를 한국사회 기득권층으로 규정하는 서사가 최근 급속도로 확산되었다. 이 세대는 운 좋게 고도성장기에 태어난 덕분에, 한국 경제가 전무후무한 호황기였던 1980년대에 20대 청년기를 맞아 대학에서 낭만적으로 데모하다가 졸업 후엔 대기업이나 언론사 등 사회의 괜찮은 자리로 손쉽게 갈 수 있었던 세대, 급변하는 시대를 따라갈 능력도 없는 중년층이 되어 있는 현재까지도 그 자리를 내놓지 않아서 새 시대의 유능한 청년들이 올라올 사다리까지 걷어찬 세대, 게다가 자기들이 젊었을 때 열광적인 부동산 투기로 집을 사서 지금은 부동산 가격 폭등으로 엄청난 불로소득을 챙기고, 지금 젊은 세대가 영원히 자기 집을 가질 수 없게 만든 세대, 그러면서 입으로는 민주·정의·평등·공정을 말하는 위선적인 세대, 그들의 자식 세대인 청년들에게서 미래를 빼앗아버린 세대라는 이야기들이다.

이러한 세대 프레임의 위력은 작지 않다. KBS가 2021년 한국리서치에 의뢰해서 수행한 인식조사에서,[51] 20~34세 응답자 중에는 44%가 '586'이라는 용어 자체를 잘 모른다고 응답했는데, 그럼에도 불구하고 '586세대는 한국사회의 기득권 세력이다'라는 문항에 동의하느냐는 질문을 받자 80%가 '그렇다'고 답했다. '586세대'를 '기득권'과 연결시키는 담론에 이렇게 취약한 것이다. 그러나 이 결과만 가지고 청년들이 진심으로 지금 50대 - 중장년층을 기득권 집단으로 보고 있다는 결론을 내릴 수는 없다. 왜냐하면 통계적으로 이 청년들의 부모님 중 다수는 비정규직 노동자거나 중소기업 사원, 영세자영업자들이기 때문이다. '부모님 세대'에 대한 인식을 물어도 기득권층이라고 대답할까?

앞서 언급한 바 있는 KBS·한국리서치·alookso가 수행한 조사에서는 세대에 관한 서브문항을 세분화하여 18~34세 응답자들에게 '부모님 세대의 다음 대상들에 대해 평소에 어떤 감정을 느끼는지'를 물었다. 응답자들은 부모님 세대의 '정치인'에 대해

73%가, '직장 상사'에 대해 41%가 '비호감'이라고 응답한 데 비해, '자영업자'에 대해선 13%, '부모님'에 대해선 9%만이 부정적으로 응답했다. 부모님 세대의 어느 계층집단이냐에 따라 청년들이 판이하게 다른 감정을 갖고 있음을 알고 있다. 다음으로 '586세대' 대신에 '부모님 세대', 정치권, 기업, 재벌이 우리 사회 불평등에 얼마나 책임이 있는지를 물었다. 이에 대해 정치인이 책임이 있다는 응답은 88%에 달했고, 기업과 재벌도 각각 77%와 70%로 상당했다. 그에 비해 부모님 세대에 대해서는 51%만이 책임이 있다고 답했다.

이렇게 지금 '586세대'라는 하나의 기호 안에 상이한 의미들이 혼란스럽게 농축되어 있어서, 이 담론이 말해지는 맥락에 따라 사람들은 대단히 다른 인식과 감정을 갖고 반응한다. '586세대'는 하나의 분명한 지시대상을 갖는 단어가 아니라 그때그때 의미가 유동하는 혼돈의 담론이 되어 있는 것이다. 그렇다면 '586세대'가 가리키는 대상에는 어떤 것들이 포함되어 있을까? 1990년대에 '386세대' 담론이 처음 생겨난 이후 '486세대' '586세대'로 명칭이 변해오는 과정에서, 이 단어는 최소한 네 가지의 전혀 다른 의미를 포함하게 되었다. 이 상이한 의미 가운데 무엇을 가리키느냐에 따라서 '586세대' 담론의 정치사회적 함의와 타당성 여부가 완전히 달라진다.

연령: 1960년대 출생코호트, 즉 2020년에 50~59세 연령인 '50대' 인

구집단

학력: 1960년대 출생자 중에서 1980년대에 대학을 다녀서 '80년대 학번'인 고학력 엘리트 집단

권력: 1960년대 출생자 중에서 정치, 법조, 기업, 언론, 학계, 시민사회 등 각 분야에서 높은 지위에 있는 집단

이념: 1960년대 출생자 중에 1980년대 민주화운동에 참여했고 현재 진보주의적 가치를 표방하고 있는 사회세력

위의 네 가지 의미는 전혀 동일하지 않다. 예를 들어 60년대생의 10명 중 8명은 4년제 대학도 전문대도 가지 않았기 때문에 '80년대 학번'들과 청년기의 경험 및 이후의 삶을 공유한다고 가정할 수 없다. 또한 80년대 학번 대졸자 중에서도 우리 사회 상류층이 된 사람은 일부이고, 상류층이 된 사람 중에 다수는 정치적으로나 이념적으로 진보보다는 보수에 가깝다. 즉 '1960년대생=80년대 학번=사회상층부=진보주의'라는 등식은 성립되지 않는다는 것이다. 이렇게 '586세대'의 의미는 근본적으로 모호하며, 거기서 많은 혼돈과 정치적 오용의 여지가 생겨난다.

'586세대'라는 용어 안에 이처럼 이질적인 의미가 혼재하게 된 까닭은 이 용어가 30여 년 동안 다양한 맥락에서 널리 사용되어 온 역사적 개념이기 때문이다. 그런 역사적 개념들은 복잡한 명칭사, 의미사, 사회사가 교차하는 여러 '시간의 층위'를 내포하고 있다.[52] 정치사회적 시대상황이 변하면서 같은 단어가 의미하는 바

도 변하고, 같은 대상을 가리키는 명칭도 변한다는 것이다. '386' '486' '586'으로 변해온 이 '86세대' 담론에는 그러한 시대적 격변의 흔적이 도처에 각인되어 있기 때문에, 그 명칭과 의미들의 변천사를 입체적으로 파악해야 한다. 우리는 이 주제를 이 책의 6장에서 자세히 살피겠지만, 일단 여기서 간략히 보기로 하자.

출발점은 '386세대'의 담론이다. 1990년대의 '386세대' 담론은 진보와 보수를 막론하고 80년대 대학을 다닌 젊은 엘리트층을 지칭하는 경우가 많았다. 민주화 이후 한국사회를 끌어갈 새로운 세대의 리더들이라는 긍정적 기대를 담고 있었던 것이다. 이런 의미의 '386세대'론이 2000년 국회의원 총선까지는 지속되었다. 그러나 2002년 대선과 2004년 총선에서 노무현 정부와 열린우리당의 권력중심부에 젊은 개혁세력이 대거 진입하면서부터 '386세대' 또는 '486세대'는 그들의 정치적 반대파에 의해 '기득권층이 된 80년대 민주화운동 출신 정치세력'이라는 의미로 불리기 시작했다.

이후 보수가 집권하던 이명박·박근혜 정부 10년 동안 침잠해 있던 이 담론은 2017년 문재인 정권이 출범하면서 다시 부상했는데, 이 새로운 시기에 특징적인 것이 바로 '586세대'와 '청년세대'를 대립시키는 사회학적 세대 프레임이다. '586세대'는 1960년대 출생 세대 전체를 가리키는 의미로 확장되었고, 이에 따라 '586세대' 담론 안에는 50대 엘리트 집단이라는 의미, 진보주의 정치와 노동·시민사회 세력이라는 의미, 1960년대 출생 세대라는 의미가 한데 뒤범벅이 되었다. 이에 따라 '586세대'를 어떻게 봐야 할 것인지는 단지 정치평론의 문제가 아니라 한국사회 불평등 구조 전반에 대한 이해와 오해가 걸린 문제가 되었다.

'586세대' 담론이 이제는 사회학적 세대담론으로 확장되었음을 확인할 수 있는 많은 지표 중에서 하나만 예를 들어보자. KBS 시사프로그램 〈시사기획 창〉은 2021년 6월 20일에 「불평등 사회가 586에게」라는 제목의 방송을 해서 많은 시청자의 관심을 끌었다. KBS의 공식 예고편에 의하면 이 방송의 주요 내용은 "20~34세 청년과 586에 해당하는 50대, 두 세대에만 집중"한 대규모 설문조사 결과를 보도하는 것과 "2021년의 청년이 1987년의 청년에게" 주는 메시지로 구성되었다. 이 프로그램은 청년층 내부의 인식 분화와 소득계층, 성별에 따른 의견 차이 등을 보여주는 등 단순한 세대주의 프레임을 극복하려는 노력을 보였다. 하지만 '586세대'와 지금의 '50대' '1980년대의 청년'을 분명히 동일시한 의미상 등가관계는 문제적이며, 흥미로운 징후적 현상이다.

이 지점에서 우리는 지금 만연해 있는 '586세대' 이야기들에 대해 여러 의문을 던지게 된다. 1960년대에 출생한 50대의 많은 사람이 실제로 위의 KBS 방송이 말한 것처럼 "민주화를 바탕으로 사회 각 분야를 이끄는 주도 세력으로 올라섰"고 한국사회의 "주류 엘리트"가 되었는가? 그 세대 사람들 중에 과연 얼마나 많은 사람이 80년대 고도성장의 혜택을 받고 안정된 계층이 되어서 지금 기득권층의 위치에 있을 만큼 부와 사회적 지위를 가진 걸까? 혹시 그런 이미지는 이 연령대의 상층부에만 해당할 뿐, 실제 이 세대의 생애사와 경제상황은 전혀 다른 것 아닐까? 오늘날 청년세대의 불안정을 초래한 사회구조는 그 청년들의 '586세대' 부모들에게도 마찬가지로 고된 노동과 빈곤의 삶을 강요한 건 아닐까? '기득권 586세대'라는 담론은 실은 엘리트층 내의 맥락에서만 타당성을 가질 수 있을 뿐인데, 사회학적 거대담론들에 의해 마치 한국사회 불평등 구조를 설명할 수 있는 틀인 양 과장된 것 아닐까?

기성세대 다수는 고졸 노동자

'586세대가 한국사회 불평등 구조를 만들었다'는 말이 때론 그럴싸하게 들리는 이유는 '우리 사회 기득권층을 차지하고 있는 사람의 다수가 50대'라는 인상이 있기 때문이다. 그런데 그로 인해 '50대의 다수가 사회 기득권층을 차지'하고 있는 걸로 혼동하기 쉽다. 사람들의 눈에 자주 들어오는 한국사회 상층 집단의 모습은 중년 남성의 정치인 · 기업인 · 언론인 · 전문가 들이다. 이들이 우리 사회의 공적 무대를 장악하고 있는 것처럼 보이니 그들이 '중년' '50대' '베이비붐 세대'에 대한 이미지를 각인시킬 수 있는 것이다.

그러나 우리는 그처럼 단순화된 세대 이미지에서 배제되고 있는 중요한 사회현실을 곰곰이 생각해봐야 한다. 300명 국회의원의 다수가 50~60대라는 사실은 50~60대의 다수가 정치권력에 가까이 있다는 뜻이 아니다. 부동산 최상층에 60대가 많다는 사실은 60대의 다수가 집 부자라는 것을 뜻하지 않는다. 만약 우리 사회의 불평등 현실에 책임이 있고, 너무 많은 것을 너무 오래 쥐고 있다고 비난받고 있는 이 세대가 실제로는 깊은 사회경제적 격차와 불안정 속에 있다면, 만약 그들 중 다수는 저학력 · 저소득 · 고용불안정 · 노후불안의 문제를 겪고 있다면, 그렇다면 '586 정치권'이나 '586 엘리트'에게 '세대'라는 명칭을 붙여주는 것은 부적절할 것이다.

실제로 1960년대에 출생한 지금의 50대 중에서 부와 안정된 지위를 가졌다 할 만한 계층이 어느 정도 되는지를 먼저 학력 · 직업 · 고용의 측면에서 검토해보고, 그 다음에 소득과 자산의 측면에 초점을 맞추어 보기로 하자.

학력과 학벌의 문제에서 출발해보자. 여기서 시작하는 이유는 '586' '486' '386'이라는 용어를 구심점으로 하는 모든 담론의 중심에 대학 캠퍼스의 풍경이 있기 때문이다. 대학 강의실에서 수업을 듣고, 교내 광장에서 집회를 열고, 교문 앞에서 최루탄을 맞으며 전투경찰 · 백골단과 대치하고, 학교 앞 술집에서 시대를 절규하는 장면들이야말로 지난 30년간 변해온 '86세대'의 서사에서 변하지 않고 있는 배경이다.

그런데 '586'에서 '8'0 학번을 떼고, 지금의 '5'0대인, '6'0년대생의 한국인 중에서 과연 몇 명에게 이 장면들이 '자신의' 이야기일까? 심지어 80년대 학번 대졸자들 중에서도 과연 얼마나 많은 사람이 저 경로의 인생길을 겪어왔을까? 위와 같은 강렬한 시대 경험을 한 소수의 대졸 화이트칼라 중산층 집단이 자신들의 이야기를 자기 '세대의' 이야기로 만들어온 것 아닐까?

1980년대에는 대학진학률이 지금보다 낮았기 때문에 '80년대 학번'이라는 대졸자 중심의 용어인 '586세대'라는 명칭이 세대 용어로서 부적합하다는 점은 이미 종종 지적되었다. 그러나 이 사실이 한 세대의 역사와 현실을 이해하거나 오해하는 데에서 얼마나 중요한지에 대해 우리 사회는 놀라울 만큼 둔감했다. 전통시대의 공식적 역사가 왕조사로 기술되어 있듯이, 우리 사회의 역사는 대졸자의 역사로 기술되며 전문대졸 · 고졸 · 중졸의 생애는 그 세대 역사의 일부로 기록되지 않는 게 당연시되어온 것이다. 그들은 적극적으로 부정되지도 않았고, 그냥 존재하지 않는 듯 다뤄졌다.

'80년대는 대학만 나오면 취직하는 게 어렵지 않았지만 지금은 대학 나와도 일자리가 없다'는 식의 비교는 우리 사회의 다수 구성원이 살아온 삶을 심각하게 곡해할 수 있다. 학령인구 중에 고교까지 가는 사람이 90%가 넘고 대학까지 가는 사람이 70%가 넘는 2000년대를 사는 젊은이들이 이런 말을 듣는다면, 자연스럽게 과거엔 대다수 청년이 좋은 직장에 취직하는 데 문제가 없었겠다고 생각하게 될 것이다. 정치인 · 지식인 · 언론인 · 출판인 등 우리 사회의 담론생산 수단을 쥐고 있는 집단들도 대부분 좋은 대학 나왔다는 사람들이니 여기서 문제를 느끼지 못할 것이다.

그런데 80년대에 청소년과 청년들 가운데 과연 몇 퍼센트가 대학을 갈 수 있었는지, 당시에 대학을 가지 못한 계층이 대졸자 계층과 얼마나 다른 삶을 살아왔는지는 거의 알려져 있지 않다. 이 점이 '586세대' 담론의 첫번째 계급적 편향성이다. 80년대 청년의 학력 계층화 구조를 이해하기 위해 먼저 확실히 해야 할 점은 '대학진학률'과 '대학취학률'의 차이다. 대학진학률이라고 부르는 지표는 고교 졸업자 중에서 상급교육기관인 4년제 대학이나 전문대로 진학한 사람의 비율이다. 그와 달리 대학취학률은 학령기 전체 인구 중에 대학에 들어간 사람의 비율이다.

1980년대 대학진학률은 평균 35%로서 2020년대의 절반밖에 안 되는데, 전체 학령인구 중의 대학취학률 차이는 그보다도 훨씬 더 크다. 80년대에는 고교진학률부터가 지금보다 훨씬 낮았기 때문에, 전체 학령인구 중 대학 취학자의 비율은 대학진학률에 한참 못 미쳐서, 공식 교육통계에 따르면 1980년대에 학령인구 중에서 고등교육기관 취학률 평균은 20%였고, 4년제 대학 취학률은 13% 정도 된다. 즉 1960년대생, 현재의 50대 중에 당시에 4년제 대학에 간 사람은 10명 중에 1명 남짓한 정도였다는 것이다.

1980년대의 이러한 사회적 상황을 지금과 비교해서 무엇이 어떻게 다른지 생각해보자. 2000년~2020년 시기에 평균 대학취학률은 66%다. 대학에 들어갈 연령대의 3명 중 2명이 대학에 진학하고 있다는 것이다. 이 비율이 가장 높았던 2008년에는 대학취학률이 71%였다. 10명 중에 7명이 대학을 들어간 것이니, 10명

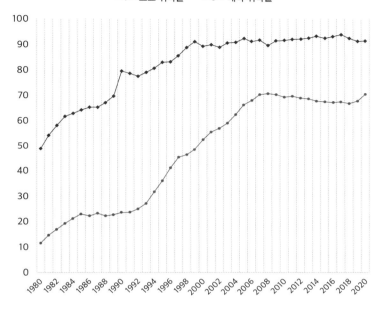

<도표 7> 고교 및 대학 취학률 추이, 1980-2020 (단위: %)[53]

중에 8명이 대학을 들어가지 못한 1980년대와 거울상처럼 대조를 이루는 차이다.

　그렇다면 1980년대에는 대졸자와 비대졸자가 얼마만큼 다른 삶을 살게 되었을까? 한국방송통신대 박강우 교수는 1974년부터 2011년까지 학력계층 간 임금격차를 분석했는데, 그에 따르면 고졸자 임금 대비 대졸자 임금의 비율로 본 대졸자 임금 프리미엄은 1970년대부터 1980년대 후반까지 매우 높은 수준으로 유지되다가 1990년을 전후한 때부터 급감하기 시작했다.[54] 80년대에는 대졸자와 고졸 이하 간의 임금격차가 지금보다 훨씬 컸다는 것이다.

1980년대의 이러한 교육 계층화 구조가 세대론에 뜻하는 바가 무엇일까? '80년대에는 대학만 나오면 취직에 어려움이 없었다'는 말은 당시 청년세대 10명 중에서 대학에 간 2명, 혹은 4년제 대학에 간 1명에게만 해당하는 말이며 나머지 8~9명은 그들의 생애 동안에 지금보다 더 심한 학력차별을 겪었다는 것이다. 그렇다면 1980년대 청년이 마주한 현실에 대한 기술은 '그때는 지금과 달리 대학만 나오면 취직이 잘 되었다'가 되어선 안 될 것이다. 올바른 기술은 '그때는 대졸 여부에 따른 격차가 지금보다 컸고, 다수는 비대졸자였다'가 되어야 할 것이다.

그러면 이제 다음으로 1960년대 출생 세대가 현재 어떤 직업들에 종사하고 있는지를 보기로 하자. 여기서 일차적 관심은 '586세대' 담론이 전형적으로 사회 안정계층으로 그려내는 기업임원, 언론인, 교수, 판사, 변호사 같은 관리·전문직이 이 연령대 인구 중에 몇 퍼센트나 되는지를 확인하는 일이다. 통계청의 2019년 고용조사 통계에서 연령별 취업자 자료를 분석해보면 '갑질 상사'의 이미지에 가장 맞는 관리직 종사자가 전체 50대의 3%, 그리고 전문직 종사자가 14%다. 일반적으로 신중간계급으로 분류되는 관리·전문직이 전체 50대의 17%인 것이다. 이는 30대 연령대 중에 관리·전문직 비율인 31%의 절반밖에 되지 않는다. 화이트 칼라로 분류되는 사무·전문직을 묶어서 보아도 50대 취업자 중 27%로, 이것 역시 30대의 사무·전문직 비율인 56%의 절반에도 미치지 못한다.

그에 반해 50대 취업자의 무려 70%가 서비스·판매직, 기능·기계, 단순노무직에 종사하고 있다. 50대의 다수는 노동자와 영세자영업자이며, 이들은 오늘날 청년들과 조직적인 위계관계에 있기보다 동료 노동자 관계나 판매자-소비자 관계에 있을 가능성이 크다. 그러므로 일부 청년들이 일의 공간에서 '586세대' '기성세대'에 갖는 불만은 사회 전반의 세대갈등을 시사한다기보다는, 특정 직업군의 직장 내 위계관계라고 보는 것이 더 정확할 것이다. 각 세대 구성원들의 계급계층의 분포를 올바로 이해해야 한다.

이 지점에서 혹시 50대의 상당수를 차지하는 노동자들도 '기득권 노조원'으로서 힘을 행사하고 있는 것 아닐까 하는 의문이 들 수 있다. 실제로 노동시장 내의 격차를 유발하는 3대 축이 대기업/중소기업 종사자 간의 차이, 정규직/비정규직 종사자 간의 차이, 노조/비노조 소속 간의 차이다. 여기서 중소기업 비정규직 노조원이거나 대기업 비정규직 비노조원 등 부분적으로 불안정 요소가 있으면 기득권층이라고 부르기엔 무리가 있다. 그러나 대기업 정규직 노조원이라면 노동시장 내의 가장 중심부라고 할 수 있다. 그래서 50대 대기업 정규직 노조원의 규모를 추산해보았다.

우리나라는 노조 조직률이 낮아서 전체 노동조합원 수가 2020년에 법적으로 노동조합 조직 대상자인 사람 중 12% 정도인데, 이는 노조 조직대상자가 아닌 사람을 포함한 전체 취업자 중에서 약 8%에 해당한다. 그런데 전체 노조원 중에서 50대의 비중이

20~25% 정도이니, 전체 취업자 중 '50대 노조원'은 2% 정도다. 그중에서 진짜 안정계층이라 할 만한 대기업 노조원은 더욱 소수다. 2020년 고용노동부의 「전국노동조합 조직현황」 통계에 따르면 대기업 노조가 전체 노조원 중 차지하는 비중이 57%이니, 이 비율이 50대에도 적용될 수 있다고 가정하면 '50대 대기업 노조원'은 정규직·비정규직을 다 합해도 전체 취업자의 1.1% 정도로 추산할 수 있다. 여기서 다시 2020년 50대 정규직 비율인 66%를 적용하면 '50대 대기업 정규직 노조원'은 전체 취업자의 0.7%라는 계산이 나온다. '50대 기득권 노조원'이 880만 청년의 일자리를 빼앗는 주범이라는 담론은 매우 과장된 것임을 알 수 있다.

이제 전체 그림을 탁자 위에 펼쳐보자. 50대 중에 3%의 관리직, 13%의 전문직, 그리고 0.7%에 불과한 대기업 정규직 노조원을 제외한 절대다수의 50대가 어떤 사람들인지를 구체적으로 짚어보자. 47만 명의 조리 및 음식 서비스직 종사자, 52만 명의 매장 판매 및 상품 대여직 종사자, 44만 명의 운전 및 운송 관련 종사자, 26만 명의 돌봄·보건 서비스직, 26만 명의 청소·경비 관련 단순노무직, 23만 명의 가사·음식·판매 관련 단순노무직 종사자, 이런 직업군의 종사자들이다. 이들의 삶의 조건과 생애사가 지금 편의점, 카페, 식당, 물류창고, 배달, 학습지 교사, 중소 공장 노동을 하는 20~30대 청년들에 더 가까울까, 아니면 50대 국회의원, 기업 임원, 사장, 공공기관장, 언론사 부장에 더 가까울까? '불평등 사회'는 이들 586에게 무슨 말을 해야 할까?

다음으로, 직업구성에 이어 50대의 고용 상황을 보도록 하자. 그에 관해서 이런 이야기가 많다. 1950년대 및 그 이전에 출생한 노인층은 청년기의 빈곤을 거쳐 중년에는 '97년 외환위기 때에 정리해고 등 고용 충격까지 받았고, 1970년대 이후에 출생한 젊은 세대는 외환위기 이후 심화된 불평등 구조에서 비정규직 노동자로 희생된 데 반해, 그 사이에 있는 1960년대생-'586세대' 또는 그보다 약간 앞선 '베이비붐 세대'만 이 모든 험난한 시대를 운 좋게 피해갔다는 것이다.

그런데 국가적 경제위기와 같은 거대한 사회적 사건은 결코 일시적으로 특정 연령대에만 영향을 미치지 않는다. 1997년 외환위기는 바로 그 해에 해고나 명예퇴직을 겪은 사람들의 삶에만 영향을 미쳤는가? 전혀 아니다. 여러 분배지표의 급격한 악화로 외환위기의 구조적 여파가 가시화된 것은 그로부터 몇 년이 지난 후였다. 외환위기 자체가 아니라 그 이후 다년간 진행된 경제구조 변화와 기업 전략의 변화가 문제였기 때문이다. 또한 역사의 행운만 겪고 불운은 겪지 않는 세대도 찾기 힘들다. 2000년대 초에 완화된 주택담보대출 제도의 행운으로 자가 취득에 성공했던 미국의 저소득층은 불행히도 몇 년 뒤의 서브프라임 붕괴로 모조리 파산했다. '운 좋은 세대' '운 나쁜 세대'라는 대비는 진실이기엔 너무 매끈한 스토리다. 한국의 '베이비붐 세대' 또는 '586세대'는 2000년대의 불평등 심화 과정에서 어떤 일을 겪었을까?

경희대 경제학과 신동균 교수의 연구에 의하면, 베이비붐 세대는 1980년대 고도성장의 덕으로 생애 주主직장에 그 이전 세대보다 더 이른 나이에 안착한 세대였지만, 그와 동시에 1997년 금융위기 이후에 고용 상황이 악화되어 생애 주직장에 오래 남아 있을 생존율이 이전 세대보다 급격히 떨어진 세대이기도 하다. 산업화 세대보다 더 일찍 주직장을 얻은 행운, 더 짧게 거기에 머무는 불행이 공존하는 것이다. 또한 생애 주직장이라고 할 만한 안정된 일자리를 찾는 데 아예 실패한 불안정 계층도 1950년대 출생 세대 이후로 계속 증가해온 추세다. 살면서 경험한 일자리 중에서 근속기간이 10년이 넘는 직장을 갖지 못한 계층이 베이비붐 세대에 와서 급증했다. 세대 내 생애궤적의 계층화가 뚜렷해진 것이다.[55]

이와 더불어 오늘날 중년 세대의 고용 상황을 이해하기 위해 매우 중요한 부분이 자영업자다. 이는 국가별 비교로 봐도 그렇고, 한국 내에서 세대별로 비교해도 그렇다. 한국은 유사한 경제 규모를 가진 나라 중에서 자영업자 규모가 상당히 큰 편이다. OECD 회원국 중에서는 칠레, 멕시코, 터키, 그리스 등이 한국보다 자영업자 비율이 높은 몇 안 되는 나라다. 통계청 자료에 따르면 한국에서 자영업자 비율은 2000년에 전체 경제활동인구의 28%에 달했는데, 이후 점진적으로 하락하여 2020년에는 21%까지 내려왔다. 그래도 이는 선진국 중 상당히 높은 수치다. 이 자영업자 중에서 2020년 통계로 28%가 50대다. 60대 이상 고령층 (33%) 다음으로 큰 비중이고, 15~29세(3%)나 30대(13%)와는 비교할 수 없이 많다.

자영업자는 직업 자체가 저소득층을 뜻하진 않지만, 한국 현실에서 자영업자의 다수는 영세한 1인 자영업자다. 2020년 통계청 경제활동인구조사 자료로 555만 명의 자영업자 중 75%, 즉 4분의 3인 419만 명이 1인 자영업자다. 연령별로 보면 1인 자영업자 중에 27%가 50대로서, 38%를 차지하는 60대 다음으로 많다. 2007년도에는 1인 자영업자 중에서 40대(28%)가 차지하는 비율이 50대(25%)나 60대(26%)보다도 높았는데, 이때의 40대 중 다수가 곧 지금의 50대다. 그러니 1960년대 출생 세대는 지속적으로 우리나라 영세자영업자 중 비중이 매우 큰 인구집단인 것이다. 종합하자면 지금 50~60대 세대의 다수는 2000년대에 자신의 주직장을 일찍 떠나야 했거나, 장기근속할 수 있는 주직장을 얻지 못했거나, 아니면 영세한 1인 자영업에 종사하면서 살아왔다.

오늘날 '586세대'라고 불리고 있는 1960년대 출생 세대, 또는 그와 부분적으로 중첩되는 범주인 '베이비붐 세대'의 생애를 학력, 고용, 직업 등의 측면에서 살펴보았다. 여기서 우리는 이 세대 내의 커다란 학력격차와 그에 따른 노동생애궤적의 계층화, 소수의 관리전문직과 대비되는 다수의 서비스판매직과 기계·기능직 노동, 그리고 '97년 금융위기 이후 확대된 고용불안정 계층과 영세자영업자의 높은 비율을 확인했다. 다음 절에서는 부富의 보다 직접적인 지표인 소득과 자산의 측면에서 이 세대의 생애과정과 현황을 살펴보기로 하자.

그 때도 청년기에 양극화가 시작됐다

여기서도 우리의 주요 관심사는 '586세대'든 '베이비붐 세대'든 지금 중장년 세대가 소득과 자산의 측면에서 '기득권 세대'라고 불릴 만한 세대적 특성을 갖고 있느냐다.

먼저 세대 내 소득 분포와 그 추이에 관해서 국립경상대 강욱모 교수와 그 동료들이 최근 베이비붐 세대에 관해 수행한 연구들이 중요한 정보를 제공한다.[56] 이 연구들은 2006년부터 2015년까지 베이비붐 세대의 시장소득 지니계수, 그리고 거기에 공적 이전을 추가한 총 경상소득 지니계수를 분석하여 이 세대 내의 불평등 정도를 측정했다. 이 10년 동안 시장소득 지니계수의 평균은 0.391에 달했고, 2013년경부터 격차가 급등해서 2015년에는 0.408에 이른다. 통계청 가계동향조사 자료에서 위와 동일한 시기에 전체 가구의 시장소득 지니계수 평균이 0.340인 것과 비교하면 강욱모 교수팀의 분석 결과로 나온 베이비붐 세대의 소득불평등은 상당히 높은 수준으로 볼 수 있다.

이처럼 베이비붐 세대는 소득불평등이 심할 뿐 아니라 점점 악화하는 추이였기 때문에, 빈곤층의 비율 역시 고령층을 제외한다면 다른 어떤 세대보다 높았다. 연령별 상대빈곤율을 가계금융복지조사 통계를 이용해서 보면, 2019년도에 51~65세의 상대빈곤율은 14%로 청장년층인 26~40세의 9%보다 훨씬 높다. 2010~19년의 모든 해에 50대의 상대빈곤율은 60대 이상 노인층을 제외하면 가장 높은 수준이었다. 국제비교 관점에서 보더라도 한국의 50대 연령층의 상대빈곤율은 선진국 중에 영국 다음으로 높은 수준이다.

물론 이로부터 '사실은 중년이 청년보다 더 힘들다'는 식의 또 다른 세대비교론을 도출하면 안 될 것이다. 이 책에서 일관되게 강조하는 바는 세대가 동질적 사회집단 범주로 간주될 수 없다는 것이며, 따라서 세대를 집합적 단위로 삼아 비교하는 것은 논리적으로 취약할 뿐 아니라 윤리적으로 부적절할 수 있다는 것이다. 이 모든 사실에서 우리가 진정 보아야 하는 것은, 청년과 중년과 노년 세대 모두 이 불평등 시대의 영향을 받아왔으며 그에 따라 세대 내 소득격차 문제가 심각하게 있다는 사실이다.

그렇다면 자산의 측면에서는 어떨까? 혹시 '베이비붐 세대'나 '586세대'가 비록 그 내부의 소득격차가 크다고 해도, '수입은 적지만 재산은 많은income poor, asset rich'집단을 대거 포함하고 있는 것은 아닐까? 중년 나이의 고위 공무원이나 정치인들이 투기적 금융상품이나 부동산으로 자산을 증식해온 것이 종종 논란을 일으킨 바 있었기 때문에 '중년의 자산'에 대한 여러 억측이 많다. 그런데 그런 일부 권력층의 문제를 세대론으로 일반화하여 지금의 50~60대를 집부자 세대처럼 생각하는 것이 과연 사실에 부합하는 것인지 따져볼 필요가 있다.

이 세대의 자산 현황과 부동산 생애사로 들어가기 전에 우선 한국의 부동산 체제의 세 가지 특징을 얘기해야겠다. 첫째, 부동산 시장은 상승과 하강을 반복하는 주기성이 특징인데, 한국은 주택가격의 장기 상승률은 다른 선진국에 비해 낮은 축이지만 지역 간 격차와 변동성이 커서 가격 폭등시에 사람들이 느끼는 박탈감과 불공정 인식이 그만큼 크다. 둘째, 현대사회에서 물질적 필요를 충족시킬 수 있는 3대 원천인 소득·복지·자산 가운데 한국은 소득격차도 큰 편이고 공공복지도 약하기 때문에 사람들은 자산증식에 그만큼 민감하다. 셋째, 한국의 주택체제는 자가와 임대 비율이 대략 55:45로 반분되어 있는데, 주택매매 과열을 억제하는 대출 규제는 강하면서도 세입자 생활은 주거안정이나 경제적 합리성의 면에서 매우 불리하기 때문에, 대부분의 사람에게 내 집 마련의 열망이 크면서도 제도적으로 내 집 마련이 힘든 구조를 갖고 있다.[57]

이러한 구조적·제도적 배경 위에서 특정 시점에 부동산 가격 폭등이 일어나게 되면, 마치 '앞세대'는 집값이 오르는 행운을 얻고 '다음 세대'는 집을 살 수도 없게 된 불운을 겪게 된 것 같은 집단적 박탈감이 확산될 수 있다. 그러나 그것이 정말로 세대문제가 맞으려면 몇 가지 전제가 충족되어야 한다. 앞세대의 다수가 이미 자기 집을 갖고 있어야 이번 폭등으로 이익을 취하게 되며, 또한 이번 폭등이 최초의 폭등이어야 앞세대가 과거에 싼값에 집을 샀을 수 있다. 만약 앞세대의 자가보유율이 높지 않고 자산 가치가 큰 집을 보유한 가구가 제한되어 있다면, 그리고 과거에도 집값 폭등이 여러 차례 있어서 앞세대 내에 이미 자산격차가 심하다면, 지금 일어난 집값 폭등으로 어떤 '세대'가 행운을 얻었다고 말할 수 없을 것이다.

한국에서 지금의 중년층이 실제로 어떤 부동산 생애사를 겪어왔는지 보자. 2016년경부터 지속되고 있는 주택가격 상승은 2000년대 들어 두번째 폭등인데, 그에 앞선 첫번째 폭등은 김대중·노무현 정부 시기였던 2000년대 초중반에 연속적으로 일어났다. 1997년 금융위기로 한국경제가 치명타를 입었을 때 부동산 시장도 크게 주저앉았다가 정부의 여러 경기부양책의 흐름을 타고 2002년에 첫번째 부동산시장 과열이 왔고, 그 뒤 2007년을 전후한 시기에 한 번 더 집값 상승이 일어났다.

〈도표 8〉은 2000년대 초반에 부동산 가격이 폭등한 시기의 실질주택가격 변동률 추이인데, 지금의 50대인 1960년대 출생 세대가 당시 30대에서 40대 초반이었으니, 최근 주택가격 폭등으

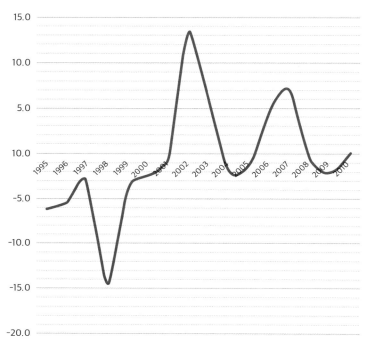

<도표 8> 연도별 실질주택가격 변동률, 1994~2012 (단위: %)[58]

로 가장 마음이 급하고 좌절감을 느낄 바로 그 연령대다. 1965년
생이 30대였을 때가 1995~2004년이고 1969년생이 30대였을 때
가 1999~2008년이니, 1965년생은 30대 중반 나이에 1차 가격폭
등의 벼락을 맞았고 1969년생은 30대 중반에 2차 가격폭등의 폭
탄을 맞았다. 2022년에 1980년대생 청년들이 직면한 것과 유사한
상황을 15~20년 전에 1960년대생 청년들이 겪은 것이다.

　1960년대생과 1980년대생이 모두 청년기에 이 같은 주택가격 폭등을 겪었다는 것은 두 '세대'가 모두 젊었을 때 내 집 마련을 포기해야 했다는 것을 뜻하지 않는다. 왜냐하면 부동산 가격의 폭등은 그 시대 청년 '세대 내부'에서 자산격차의 심화를 초래했을 가능성이 크기 때문이다. 2000년대의 1960년대생과 2020년의 1980년대생 모두 청장년기에 세대 구성원들 간에 주거 및 자산계층의 격차가 크게 벌어질 수 있다는 얘기다.

실제로 어떠했는가? 1960년대 출생 세대의 다수가 생애 첫 자가 취득을 시도하는 30대 연령대였던 때에 한국사회 자산 불평등이 어떤 추이로 변했는지 보자. 중부대학교 남상섭 교수의 연구에 의하면, 총자산에서 총부채를 제외한 순자산net worth의 지니계수는 2001년에 0.629이었는데 집값 폭등 이후인 2006년에는 무려 0.660으로 상승했다. 통계청 「가계금융복지조사」 자료에 따르면 최근 집값 폭등으로 인해 순자산 지니계수가 다시 급상승한 결과가 2020년에 0.602라고 하니, 1960년대생이 30대였던 당시에 자산 불평등 수준이 어느 정도로 높았는지 가늠할 수 있다.

이 시기에 이미 부가 최상위 계층에 상당히 집중되어, 2006년에 순자산 상위 20% 계층이 전체의 68%를 점유하고 있었고 그 아래 80% 계층이 나머지 30% 정도를 나눠 가졌다. 금융자산은 상위 20%가 전체의 49.4%를 점하고 있었으니, 자산 중에서도 특히 부동산이 이때부터 불평등의 결정적 원인이 되고 있었다.[59] 1990년부터 2020년까지 30년 동안 국내 신문·방송에서 "20:80 사회" "20 대 80 사회"에 관한 보도가 최고조에 달한 해가 바로

2007년이니, 이러한 '부동산 계급사회'의 등장과 무관할 수 없다.[60]

이처럼 자산격차가 소득격차보다 훨씬 큰 것은 모든 자본주의 사회에 공통된 것이니 한국적 특성이라고 볼 수는 없다. 또한 부동산 자산의 비중이 순금융 자산보다 훨씬 큰 것도 미국·일본 등 일부 국가를 제외하면 일반적인 현상이라 하겠다. 그런 의미에서 2000년대 한국의 부동산 격차 확대는 주택금융 중심의 지구적 자본주의 구조변동이라는 보편적인 문제의 일부로 이해될 수 있다. 그러나 한국의 특수성을 함께 고려해야 2000년대의 자산격차 심화가 당시에 청년기를 보낸 지금의 중년 세대에게 무엇을 의미했는지를 정확히 이해할 수 있다.

첫째, 부동산 가격이 평균적으로 크게 상승했지만 지역 간의 격차가 매우 컸다. 즉 특정 지역에선 수억이 오른 데 반해 다른 많은 곳은 잠잠했으니, 운이 좋거나 영리하게 부동산 투기를 한 사람은 큰돈을 벌었고 성실히 일했던 많은 사람은 깊은 박탈감에 빠졌다. 둘째, 2000년대 중반은 고용과 소득이 급격히 불안해지고 있던 데다 사회안전망은 지금보다도 훨씬 더 미약했던 때라서, 집값 폭등과 자산격차의 확대 속에 승자가 되지 못한 계층들은 엄청난 불안을 겪었다. 셋째, 부모님이 도와주고 소득이 받쳐주는 계층은 재빨리 집을 사서 이득을 얻었고, 집이 있지만 값이 안 오른 계층은 초조하게 되었으며, 집을 사려 했던 계층은 꿈이 무너졌고, 집을 살 엄두를 낼 수 없는 계층은 자포자기에 빠지는 다층적 계층화가 심화됐다. 지금의 중년층이 청년기부터 겪은 이 모든 상황은 한국에서 주거계급housing classes의 형성을 시사하고 있다.[61]

이처럼 2000년대에 '살living 집'의 가치가 떨어지고 '살buying 집'의 가치만 치솟는 주택 상품화와 금융화가 빠르게 진행됨에 따라 '재테크'에 관련된 서적들이 쏟아져 나와 불티나게 팔렸다. 당시 중산층이 바로 이 책들의 열광적인 독자층이었으리라 짐작할 수 있다. 부모가 토지나 건물을 소유하고 있는 상층은 굳이 재테크 공부가 필요 없을 것이고, 하층은 상당한 자산이 요구되는 부동산 투자는 꿈도 꿀 수 없을 테니 말이다. 연령상으로는 20~40대 젊은 세대가 재테크에 가장 관심이 많았을 것이다. 50대부터는 자산 상황을 크게 바꾸기 어려운 데다 서서히 생계비·의료비 등을 위해 가진 자산을 처분하는 가구가 생겨나기 시작하는 연령이기 때문이다. 이렇게 계층과 세대를 조합해보면, 부동산 재테크는 중산층 청장년의 최대 관심사라 할 수 있겠다.

실제로 2006년에 출간되어 100쇄를 넘게 찍은 『돈 걱정 없는 노후 30년』은 세 명의 금융 전문가가 쓴 베스트셀러였는데, 그 첫 페이지는 이렇게 시작한다. "당신이 20대라면 이 책을 꼭 읽기를 권한다. 30대라면 아직 늦지 않았으니 이 책을 반드시 읽어야 한다. 40대나 50대 초반이라면 다소 늦기는 했지만 아직 기회가 있으니 이 책에서 지름길을 찾기 바란다. 만약 50대 후반이나 60대 이상이라면 이 책을 당신의 자녀에게 꼭 권해주기 바란다." 여기서 저자들은 "매달 버는 수입만으로 과연 내 삶이 안전할까?"라는 질문을 던진 다음, "'돈이 필요할 때 필요한 만큼 있도록 하는 것'이 중요하다는 사실"을 강조한다.[62] 투자하고 증식하라! 이러한 주체의 형성은 바로 금융자본주의 체제의 생명력의 원천이다.

2009년에 '돈 관리 전문가' 고경호씨가 출간한 『4개의 통장』은 20년 후인 2018년까지 133쇄를 찍은 '전설의 베스트셀러'인데, 이 책은 젊은 직장인들에게 냉정한 현실을 말해주는 것으로 시작한다. "당신의 연봉이 3000만 원이라면 한 푼도 쓰지 않고 33년을 모아야 10억 원을 모을 수 있다." 그러고 나서는 많은 사람이 "직장과 일을 위해서는 많은 시간을 소비하고 고민하지만, 자신의 돈을 관리하기 위해서는 그렇게 하지 못하고 있다는 점"을 가장 큰 문제로 지적하고 있다. "부富 = 간절함 × 복리투자 × 시간"![63] 이 방정식의 자본주의적 정수는 '복리투자'에 있다. 오늘의 부가 내일의 더 많은 부의 원천이 되게끔 투자하고 증식하라는 것이다.

이런 이야기들이 2022년인 지금 어떻게 들리는가? 출간년도를 말하지 않았다면, 올해 출간된 '청년을 위한 재테크' 베스트셀러라고 하기에 전혀 어색함이 없다. 그러기에 2000년대에 청년기를 보낸 1960~1970년대 출생의 1·2차 베이비붐 세대가 이후에 어떤 세대 내 자산계층화의 경로를 겪어갔는지가 지금 우리에게 직접적인 관심사가 될 만하다.

국민연금연구원 김경아 연구위원의 2014년 논문은 통계청 「가계금융복지조사」 2012년 자료를 이용하여 1·2차 베이비붐 세대와 그 이전 세대의 세대 내 불평등 정도를 여러 지표에서 비교 분석했는데, 그중 2000년대 부동산 버블 이전과 이후의 계층화를 확인해보자.[64] 분석 결과에 따르면, 가구 가처분소득, 근로소득, 저축액 등 여러 면에서 베이비붐 세대 내의 불평등은 그 이전 세대인 1932~54년대생보다 낮았지만, 유독 부동산 자산총액 및 순자산의 세대 내 불평등도는 1·2차 베이비붐 세대와 그 위의 고령 세대가 거의 차이가 없었다. 더구나 가구 재산소득의 세대 내 불평등도는 고령층보다 1차 베이비붐 세대가 더 심하고, 2차 베이비붐 세대는 그보다 더 심해진 것으로 나타났다.

이러한 자산격차 심화를 겪은 베이비붐 세대 중에서 자산 하위계층의 규모는 어느 정도 될까? 성균관대학교 이숙종 교수와 이영라의 2018년 연구에 따르면 산업화 과정을 젊은 시절부터 겪어온 베이비붐 세대는 그보다 윗세대인 해방·한국전쟁 세대 (1945~54년생)에 비해 소득빈곤 계층은 더 적었지만, 예상과 달리 자산빈곤 계층의 비율은 오히려 더 많았다. 보유자산 규모가 최저생계비 6개월분 미만인 경우를 절대적 자산빈곤으로 정의했을 때, 베이비붐 세대 중에 절대적 자산빈곤층의 비율은 12%에 달했다.[65] '기성세대' 내에는 한국사회 자산격차 심화 과정의 승자뿐 아니라 패자들도 대거 포함된 것이다.

지금 중년 세대 내의 이러한 주거 및 자산 불평등에서 승자와 패자를 가른 요인은 무엇이었을까? 한국의 중장년 세대 내 불평등에 관한 중앙대 사회학과 신광영 교수의 2016년 연구는 베이비붐 세대의 자가보유 여부에 영향을 미친 핵심 변수가 본인 소득과 부모의 재산이었다는 결론을 얻었다. 본인의 소득 수준의 차이가 자가 보유 여부에 강력한 영향을 미치고 있었고, 부모의 재정적 지원이 있었던 경우와 그렇지 않은 경우 사이에서 자가 보유여부에 유의미한 차이가 발견되었다.[66]

이 지점에서 베이비붐 세대 또는 '586세대'와 그 이후에 출생한 젊은 세대들의 주거불평등 결정 요인이 어떤 점에서 같거나다른지를 더 자세히 들여다보자. 나와 중앙대 사회학과 이민아 교수는 1999년부터 2008년까지 한국노동패널 자료를 분석하여, 첫 자가 취득에 성공한 가구와 그렇지 못한 가구의 차이를 설명하는 요인을 분석했다.[67] 이 시기는 외환위기 직후 10년의 기간인 동시에, 2000년대 들어 첫 부동산 가격폭등과 자산격차 상승이 일어난 시기다. 그래서 이때 자가 구매 여부를 설명하는 변수가 무엇인지는 한국의 부동산 계층화의 열쇠를 찾는 데 도움이될 수 있다.

위의 분석 결과에 따르면, 분가가구(본인)의 근로소득이 높을수록, 그리고 출신가구(부모님)의 근로소득과 부동산소득이 높을수록 부동산 가격이 폭등한 이 시기에 자기 집을 마련할 가능성이 컸다. 말하자면 본인이 일해서 버는 돈도 많고 부모님의 소득과 재산이 많아서 도움도 받을 수 있었던 사람이, 2000년대에 집값이 폭등하고 있었을 때 내 집 장만에 성공했다는 것이다. 이처럼 베이비붐 세대와 '586세대'의 주택보유 및 부동산 자산의 실상은 심각한 세대 내 격차, 상당한 자산빈곤 계층의 존재, 세대 간

자산이전, 그리고 소득격차와 자산격차의 상호강화 기제로 특징
지어진다. 내 집 마련과 부동산 자산은 세대 간의 불평등이 아니
라, 모든 세대에 걸친 부동산 계급 불평등의 문제이자 동시에 세
대 간 부의 이전 문제인 것이다.

중년의 계층화된 불안과 죽음

이제 이 세대의 내면세계로 들어가서, 요즘 흔히 이야기되는 것처럼 이 '기성세대'가 청년의 불안을 이해하지 못하는 안정된 중년의 삶을 살고 있는지 보자. 이른바 '586세대'의 인식과 정신세계에 관한 세간의 편견은 예를 들어 이들이 이제는 안정계층이 되었기 때문에 청년세대에 비해 계층이동 가능성에 대해 더 낙관적이라거나, 사회 불공정에 대한 인식이 약하다거나, 자신의 미래에 대한 불안이 크지 않다는 등의 이야기들이다. 과연 그럴까? 만약 앞에서 우리가 살펴본 물질적 계층화가 이 세대의 내면세계에도 영향을 미친다면, 이 세대 구성원 다수가 세상에 큰 불만과 불편이 없는 내면세계를 갖고 있으리라고 단정하기 어렵다.

2장에서 우리는 청년세대 내의 인식이 계급계층에 따라 갈라져 있음을 보았는데, 마찬가지로 그들의 부모 세대 역시 그러할 수 있다. 서울대학교 사회학과 김석호 교수는 한국종합사회조사 자료를 이용하여 출생코호트별로 사회이동성 인식과 분배공정성 인식을 분석한 바 있다.[68] 그에 따르면 사회이동성 인식의 면에서, 2014년 조사에서는 1960년대생부터 1980년대생까지 모두 한국 사회 계층이동의 가능성을 비관적으로 평가했고, 1960년대생들이 30~40대였던 2005년 조사에서는 심지어 이들 1960년대생이 모든 세대 중에 가장 비관적이었다. 우리가 방금 앞에서 봤던 바로 그 총체적인 사회불평등 심화의 시기가 이 때다.

한국사회의 분배 공정성에 관한 인식에서도 범세대적인 변화가 발견된다. 2003년~2014년의 10년간 청년세대뿐 아니라 중장년을 포함하여 모든 출생코호트에서 분배 공정성에 대한 긍정적 평가가 급락했다. 한국사회 분배지표가 여러 면에서 최악이었던 2000년대 중반부터 2010년대 초반까지가 바로 여기에 해당한다. 이는 경제적 불평등과 불안정의 구조적 심화가 진행된 시기에 모든 세대의 사회인식이 그 영향을 받고 있었음을 시사한다.[69]

지금의 중년 세대는 또한 경제 문제로 인한 정신적 고통과 미래에 대한 불안을 지금의 청년들보다 약하게 느끼고 있지도 않다. 더 정확히 말하자면 청년세대와 마찬가지로 중년 세대 역시, 불안조차 계층화되어 있는 것이다. 앞에 언급한 강욱모와 김지훈이 2017년에 베이비붐 세대 임금근로자의 고용지위 변화와 정신건강의 관계에 관해 수행한 종단연구에 의하면,[70] 고용지위의 변동 횟수가 많을수록 우울 수준이 높아지고 고용지위 하락의 지속기간

이 길수록 자아존중감이 낮아지는 등 영향관계가 통계적으로 유의미한 것으로 나타난다. 앞에서 보았던 이 세대 내의 직업 및 고용 지위 격차가 정신건강의 불평등에도 영향을 미치고 있는 것이다.

이러한 상황은 자살률에도 영향을 미친다. 1997년 금융위기 때 자살률이 상승한 후에 잠시 하락했지만, 구조적 불평등이 심해지기 시작하는 2003년경부터 자살률 급등 추이가 본격화되어 2012년까지 지속되었다. 2010년대 내내 한국은 리투아니아와 더불어 OECD 회원국 중에서 자살률이 가장 높았는데, 여기에 결정적인 기여를 한 것이 바로 극단적으로 높은 노인 자살률이며, 바로 그 뒤를 잇는 것이 50대 자살률이었다.

통계청의 사망원인 통계에 의하면, 2019년도에 50대 자살률은 10만 명당 33.3명으로 60대의 33.7명과 비슷한 수준이고, 이는 그들보다 더 젊은 연령대보다 훨씬 높은 수준이다. 더구나 이 세대는 몇 년 전부터는 이제 60대 나이로 접어들면서 세계의 모든 잘 사는 나라 가운데 가장 빈곤하고 가장 고된 노동을 하며 가장 많이 자살하는 노인 세대가 되어 간다.

물론 65세 이상 고령층과 그 아래 중년 세대의 전반적인 경제 상황의 격차는 최근 몇 년 사이에 좁혀지는 추세이긴 하다. 그러나 한국의 고령층이 선진국 중에서 가장 많은 노동을 하고 있고, 가장 비정규직이 많으며, 가장 가난하고, 가장 많이 자살한다는 사실은 불행히도 여전히 변하지 않았다. '586세대'의 60대는 아마도 그 앞세대의 60대와 같지는 않겠지만, 이 세대 내의 불평등이 노년기에 더욱 잔인하게 깊어질 것임은 의문의 여지가 없다.

이 장에서 서술한 여러 사실관계를 펼쳐놓고 본다면 기실 지금 '기성세대'의 다수는 자식 세대를 위해 뭔가 양보하고 내려놓을 기득권이라는 걸 가진 사람들이 아니다. 지금 중년 또는 노년 세대 중에 대다수는 이 사회를 더 평등하거나 불평등하게 만들 수 있는 대단한 힘을 가진 사람들이 아니었다. 그들은 아마도 그 자식들이 겪고 있는 삶의 궁핍과 불안에 대해 책임을 추궁당할 때 자책하는 마음으로 고개 숙이겠지만, 그런 식으로 그들의 가슴을 아프게 만들 권리가 우리 사회에 있는지 묻게 된다. 죄가 있다면 가난했던 죄, 대학 못 간 죄, 해고될까봐 항의하지 못한 죄, 그들의 자식이 그들과 같은 삶을 살게 되는 것을 막지 못한 죄밖에 없는 우리 사회의 구성원들에게 누가 돌을 던질 것인가?

'기성세대'라는 가상의 악을 만들어 청년들에게 비난의 대상을 만들어주고 청년의 편인 듯 가장하여 인기를 얻으려는 발상은 어쩌면 큰 걸림돌이 없는 일일지 모른다. 왜냐하면 그 '기성세대'는 동질적 이해관계를 가진 사회집단으로서 실체가 없기에, 비난에 대해 반박하지도, 보복하지도 않을 것이기 때문이다. 그러나 만약 당신이 고용주에게, 직장 상사에게, 집 주인에게 맞선다면 당신은 곧바로 응당한 대가를 치를 것이다. 그가 노인이든, 중년이든, 당신보다 젊은 청년이든 말이다. 계급은 실체이기 때문이다. 하지만 세상을 한 뼘만이라도 실질적으로 변화시키려면 허상이 아니라 실체를 직시해야 하지 않겠는가

제4장

한국사회 불평등 구조의 세대 구성

제1절
변화하는 계급구조 속의 세대들

눈물이 쏟아질 것 같다. 화려한 자격증을 열거해놓고 갑자기 얼굴이 화끈거렸다. 그동안 뭐하고 ○○준비를 하지 못했냐고 문책당할 것만 같다. 그동안 뭘 했을까? 요 몇 년 나를 업그레이드시키기 위해 자격증이 책장 한 면을 도배할 만큼 준비했다. 어쩌면 현실을 직면하기 겁나 자격증에 몰두했는지도 모르겠다. 나도 안다. 너도나도 구직활동에 나선 ○○의 구직자들의 아직은 대접받고 싶은 알량한 자존심이라는 걸.

누가 쓴 글일까? ○○ 안에 어떤 단어가 들어가면 자연스러운 문맥이 성립될까? '그동안 뭐하고 취직준비를 하지 못했냐?' '그동안 뭐하고 입사시험 준비를 하지 못했냐?' '구직활동에 나선 사회 초년생 구직자들' '스물세 살 구직자들의 알량한 자존심'. 모두 말이 된다. 그런데 이 글은 "62세에서 65세까지 겪은 취업 분투기"를 적은 이순자씨의 글이다. "그동안 뭐하고 노후준비를 하지 못했냐?" "구직활동에 나선 초로의 구직자들의 알량한 자존심"이 ○○에 들어간 단어다.[71] 이렇게 어렵게 취직한 비정규직 노동자의 다수는 이순자씨 같은 노인층, 그리고 50대와 20대다. 한국사회에서 노동자는, 중산층은, 상류층은 각각 주로 어떤 연령대로 구성되어 있는 것일까?

우리는 2장과 3장에서 청년세대와 중년 및 노년세대 내의 계층 구성을 살펴보았다. 이제 여기서는 접근법을 바꾸어 각 계층의 세대 구성을 해부해보는 방향으로 나아가보자. 한국사회 계급구조의 역사적 변화 과정에서 경제적 상층과 하층은 주로 어떤 세대들로 채워졌을까? 직업, 소득, 자산 등의 여러 면에서 지금 한국사회의 안정계층은 '베이비붐 세대'나 '586세대' 등 기성세대에 의해 독점되어 있을까? 만약 그렇다면 한국사회는 소수의 특정 세대 상층부가 다양한 세대로 구성된 중·하위 계층 위에 지배하고 있는 구조라고 볼 수 있을 것이다.

그러나 만약 그렇지 않다면, 다시 말해 한국사회 상층부 내에 50~60대 중·노년층뿐 아니라 1970년대에 출생한 40대, 심지어 1980년대에 출생한 30대까지 이미 상당한 규모로 포함되어 있다면, 그리고 사회불평등 구조의 하층에 오히려 중·노년 세대가 대거 분포해 있다면, 만약 그렇다면 우리는 한국사회 불평등 구조를

'세대'의 틀로 설명하려는 시도는 어떤 의미로도 설득력이 약하다는 결론을 내려야 한다. 각 세대 내의 계층 구성을 보아도 특정 세대가 안정계층이거나 불안정계층이라고 말할 수 없고, 반대로 사회 상·하위 계층의 세대 구성을 보아도 특정 세대가 점유하고 있다고 볼 수 없다면, 한국사회 불평등과 불공정 문제를 '세대문제'라고 부를 수 있는 근거는 약하다는 것이다.

이 쟁점을 규명하기 위해서 이 장에서는 다음과 같은 질문들을 하나씩 검토해볼 것이다. 계급과 직업, 고용, 소득, 주택, 자산 등 우리 삶과 사회의 핵심 부문들에서 과연 '산업화 세대' '베이비붐 세대' '586 세대' 등 기성세대가 사회 상층부를 독점하고 있는가? 아니면 한국사회 계급구조와 자본주의 체제 변화의 결과로, 이미 사회 상층부에 30~40대의 청·장년층이 상당히 포함되어 있을 뿐 아니라 심지어 50~60대보다 더 공세적으로 상류층 내의 점유율을 높여가는 추세는 아닌가?

위의 질문들을 풀어가는 첫번째 단계로, 여기에서는 계급구조 변화의 관점에서 한국사회 각 직업 계층의 세대 구성을 살펴보자. 가장 먼저, 신중간계급의 상층부에 속한다고 볼 수 있는 관리직 종사자 가운데 50대 비중이 47%나 되어서 절반 가까이 된다. 하지만 40대 역시 29%로 이미 상당한 지분이 있다. 『한국일보』의 2021년 9월 9일자 기사는 「꼰대도 한때는 X세대였다」라는 재밌는 제목을 달고 있었다. 한때 X세대 소리를 들은 40대가 지금은 꼰대 소리를 듣는다는 것이다. 이런 '40대 꼰대' 이야기가 종종 들려온다. 2021년에 출간된 이선미씨의 『영 포티, X세대가 돌아온다』를 소개하는 『한겨레』 기사의 제목도 「X세대는 정말 꼰대가 돼버렸나?」였다. 그런데 관리직 종사자의 세대 구성을 보면 이렇게 '50대 꼰대 상관'과 더불어 '그에 못지않은 40대 꼰대'의 얘기들이 나올 만한 객관적인 계급적 토대가 존재하는 셈이다.[72] 그렇다면 '꼰대'는 나이 문제가 아니라 권위주의적 조직문화의 문제 아닌가?

다음으로, 신중간계급의 핵심 부위라고 할 수 있는 전문직을 보자. 관리직은 전체 취업자 중에서 2%도 되지 않는 극소수 집단인 데 반해, 전문직은 취업자 중 20%에 달하여 상당한 규모를 가진 계급집단이다. 한국사회 중심부의 세대적 성격을 이해하는 데에서 전문직 종사자들의 구성이 주목할 만하다. 여기서는 30대(31%)가 가장 많고, 15~29세(27%)가 그 뒤를 이으며, 40대(25%)가 그 다음이다. 이 세 연령대를 합치면 전체 전문직 종사자의 83%를 차지하니, 전문직은 20~40대의 직업이라 해도 무리가 아니다.

이 점은 경제적으로나 정치적으로나 문화적으로나 많은 함의를 갖는다. '꼰대' 상층은 아직 50대가 다수지만 그 규모가 매우 작은 데 비해, 노동계급보다 상위에 있고 상당한 규모를 가진 신중간계급인 전문직 종사자가 대부분 20~40대 젊은 세대인 것이다. 세계 많은 나라의 사례를 봤을 때, 전문직 신중간계급은 교육 수준이 높고 경제적으로 노동계급보다 안정된 경우가 많기 때문에 물질적 최저선 보장에 관련되는 이슈보다는 가치와 문화적 코드에 관련되는 이슈에서 정치적 입장이 형성된다. 그런 맥락에서 신좌파와 신우파가 모두 고학력 신중간계급에서 나올 수 있다. 지금 한국에서 20~30대의 정치성향이 격변하고 있고, 전통적 보수와 전통적 진보에 모두 불만을 갖고 있는 하나의 원인이 이러한 계급적 특성과 관련이 있는지를 앞으로 더 탐구해볼 만하다.

한편 저소득 계층이 상대적으로 많이 분포한 서비스 · 판매 종사자 내에서 가장 큰 비중을 차지하는 연령대는 단연 50대로서, 서비스직 종사자 중 27%, 판매직 종사자 중 26%를 차지한다. 서비스직의 경우 20대가 21%로 50대 다음으로 많은 비중이다. 기능직 및 장치 · 기계 관련 생산직에서도 50대가 각각 31%, 30%로 가장 높은 비율이다. 끝으로 단순노무직은 압도적으로 60세 이상 노인층의 직업으로, 무려 41%가 노인이다. 그에 비해 20~30대 청년층은 이 직업군에서 10% 이하의 낮은 비율이다.

요약하자면, 화이트칼라 직업군의 압도적 다수가 20~40대인데 반해 서비스 · 판매직과 생산직, 단순노무직은 50대와 60세 이상 노인층이 다수를 차지하는 구조다. '50대 꼰대'는 전체 취업자의 1%가 안 되는 규모인데, 회사 조직의 위계상 그들 아래에 위치한 다수의 20~30대 화이트칼라 직업 종사자들이 자신들의 경험 속에서 '50대는 꼰대'라는 일반화된 세대론을 형성할 수는 있다. 담론 생산수단에 가장 가까이 있는 언론, 출판, 학계 등에 종사하는 젊은 세대 역시 그러한 구조적 위치에 놓여 있다.

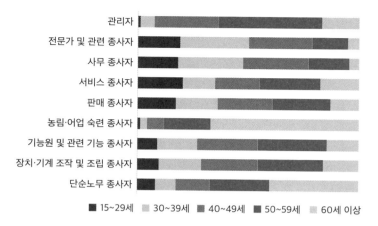

관리자

전문가 및 관련 종사자

사무 종사자

서비스 종사자

판매 종사자

농림·어업 숙련 종사자

기능원 및 관련 기능 종사자

장치·기계 조작 및 조립 종사자

단순노무 종사자

■ 15~29세　■ 30~39세　■ 40~49세　■ 50~59세　■ 60세 이상

<도표 9> 직업별 연령 구성 (2019년, 단위: %)

이상의 직업군별 연령 구성을 한국사회 계급구조의 역사적인 변화라는 맥락 속에서 해석해보자. 가톨릭대 사회학과 조돈문 교수의 분석에 의하면, 한국의 계급구조는 1960년에 노동계급 비율이 17%, 신중간계급은 5%에 불과했고 대다수는 농촌 쁘띠부르주아지였다. 그러나 급속하게 산업화가 진행된 이후 1990년에는 노동계급이 무려 42%, 신중간계급이 17%로 급증했다. 이후 노동계급은 생산직이 줄고 서비스직이 증가하면서 전체적으로는 유사한 규모를 유지하는 가운데, 신중간계급 비중이 상당히 커진다. 가톨릭대 사회복지학과 백승호 교수의 연구에 따르면, 2010년에 생산직과 서비스직을 합하여 노동계급이 44%를, 신중간계급이 33%에 달하여 양자를 합하면 77%에 이른다.[73]

그와 같이 1990년대 이래로 노동계급이 40%가 넘는 최대 규

모 계급으로서 위상이 지속되는 가운데 특히 서비스직 노동자가 증가해왔고, 다른 한편으로 신중간계급 비율이 급증하여 2010년대에 오면 30%가 넘는 수준까지 증가한 장기적 추이가 있다. 그런 역사적 맥락에서 지금 증가하는 신중간계급은 20~40대가 주축이 되고 있고, 마찬가지로 증가 추세인 서비스직 노동계급 내에 20대와 50대가 다수 포함되어 있으며, 단순노무직 등 하층 노동계급의 다수는 60대 이상의 노년층으로 구성되어 있다.

이렇게 50대 이상 연령대가 노동계급의 상당 부분을 차지하고 있는데, 혹시 이들이 노동계급 내에서 기득권을 갖고 있는 중심부 집단은 아닌지도 살펴보자. 노동계급 내에서 기성세대가 기득권을 누리고 있다는 식의 진단은, 청년들의 경제상황 개선을 위해 기성세대 노동자의 기득권을 타파해야 한다는 해법을 함축하기 때문에 이 문제는 정책적으로도 중요한 이슈가 된다. 그런 주장에는 두 유형이 있는데, 하나는 노동조합이라는 막강한 조직 자원이 기성세대에 의해 독점되어 있다는 것이고, 다른 하나는 정규직과 비정규직으로 분절된 노동시장 이중구조에서 안정된 내부 부문을 기성세대가 차지하고 있다는 주장이다. 이게 사실일까?

먼저 노조 이슈를 보자. 우리는 3장에서 50대의 직업 구성을 다루면서 '50대 기득권 노조원'이라는 담론이 실제 현실에서는 정말 극소수에만 해당되는 사실을 엄청나게 과장한 것임을 여러 계산법으로 확인한 바 있다. 그렇다면 보다 포괄적으로 전체 연령대를 대상으로 하여, 과연 어느 연령대가 전체 취업자 중 해당

연령층의 비중에 비해 더 많은 노동조합 조직률을 보이고 있는지 도 확인해보자. 노동조합 내에서 세대 간의 문화 차이, 인식 차이 의 문제는 현장에서 빈번히 언급되는 바이지만, 그러한 세대 차이 와 문화 갈등은 지금 보려는 노동조합 조직 자원의 세대별 분배 문제와는 전혀 별개의 것이다. 여기서 보려는 것은 앞세대는 노조 혜택을 많이 받았는데, 다음 세대는 노조도 없다는 식의 세대 도 식이 사실인지 여부다.

우선 그런 인상을 유발할 만한 현실이 전혀 없는 것은 아니라 는 데서 출발하자. 우리나라의 조직된 노동계급의 중심부에 해당 한다는 금속노조 대규모 사업장의 경우 50대의 비중이 높은 게 사실이다. 금속노조가 2018년에 실시한 「조합원 세대별 현황」 조 사에서 조합원 300인 이상 사업장의 13만6610명의 응답자 가운 데 50대가 39.2%를 차지하여 가장 많았다. 뿐만 아니라 2000년대 내내 제조업 노동자의 평균 연령보다 금속노조 조합원의 평균 연 령이 2~3세 정도 높은 상태가 지속되기도 했다.[74] 하지만 서비스 직 노동자가 증가하는 추세이고, 청년들도 대졸자가 많아지면서 사무직을 선호하는 경향이 있어서 생산직의 정규직 노조는 현재 50대가 차례로 퇴직하면서 조직률 자체가 감소할 것이라는 예측 이 많다.[75]

그래서 우리는 특정 산업부문에 국한하지 않고, 우리나라 전체 노동조합원의 연령 구성을 전체 임금근로자의 연령 구성과 대조 하여 분석해볼 필요가 있다. 한국노동연구원 정재우 박사가 통계청 「경제활동인구조사 근로형태별부가조사」 2015년 자료를 이용하여 수행한 노동조합원 연령구성 분석 결과를 임금근로자 전체의 연령 구성과 비교해 보았다. 우선 2015년에 전체 임금근로자 중에서 15~29세의 비중은 20%인 데 비해 노조원 중 비중은 12%에 불과한 것으로 나타났다. 이는 우리 사회의 가장 젊은 노동자 세대가 인구고령화와 높은 청년실업률로 노동시장 내 비중이 감소하고 있을 뿐 아니라, 노동시장 내의 비중만큼도 노조로 조직되지 못하고 있다는 것을 말해준다.

그러나 50대가 노조 기득권을 특별히 많이 가졌다는 이야기는 사실이 아니다. 전체 임금근로자 중 50대의 비중은 21.4%로 노조원 중 50대 비중인 21.7%와 거의 차이가 없었다. 그에 반해 노동시장 내의 비중에 비해 노동조합 내의 비중이 상당히 컸던 것은 바로 30대와 40대였다. 두 연령대가 임금근로자 중 차지하는 비중은 각각 26.7%와 27.1%였는데, 이들은 우리나라 전체 노동조합원 중에서 각각 31.5%와 33.0%를 차지하고 있었다. 인구 대비 노조의 자원을 더 많이 가진 것은 오히려 청·장년 세대였다.[76]

한국노동사회연구소 이주환 연구위원의 최근 분석에서도 동일한 결론이 나왔다. 우리나라 노동조합 조합원 중에서 절대 규모를 보든 상대적 비중을 보든 최대의 연령집단은 40대였고, 그 다음이 30대인 것으로 나타났다. 40대는 2020년 경제활동부가조사에서 전체 조합원의 31%를 차지했고, 그 다음 30대가 28%, 그리고 50대는 26%였다. 연령대별 노조 조직률도 40대가 15.9%로 가

장 높았고, 그 다음 30대가 15.6%, 그리고 50대가 14.4%로 그 뒤를 따랐다.[77]

그럼, 이제 두번째 쟁점인 '기성세대 정규직 노동자'라는 고정관념의 문제로 넘어가보자. 이러한 관념은 50대 노동자 등 기성세대가 정규직 자리를 차지하고 있어서 청년들이 비정규직을 전전하고 있다는 담론의 핵심에 자리잡고 있다. '기성세대의 노조 기득권' 담론이 노조를 공격하는 무기로 이용되었듯이, '기성세대의 정규직 독점' 담론 역시 정부와 사측이 비정규직 종사자의 처우를 개선하는 대신에 정규직 종사자의 처우를 악화하려 할 때 청년들의 지지를 동원할 수 있는 효과적 도구가 되곤 했다.

이런 주장이 설득력이 있으려면 두 가지 전제가 충족되어야 한다. 첫째, 정규직 노동자의 상당한 부분을 50대 이상 기성세대가 점하고 있다. 둘째, 20~30대 청년세대의 비정규직 비율이 50대 이상 기성세대보다 상당히 더 높다. 이 전제가 충족되어야만 정규직-비정규직 격차가 기성세대-청년세대 격차이기도 하다는 주장이 근거를 갖는 것이다. 그런데 만약 정규직의 다수가 50대 이상 연령대가 아니거나, 비정규직 비율이 청년세대에서 더 높다고 볼 수 없다면, 우리는 정규직과 비정규직 간의 격차를 '기성세대 대 청년세대'라는 세대문제로 보는 주장에 동의할 수 없을 것이다.

그럼 현실은 어떤지 들여다보자. 통계청 「경제활동인구조사」의 각 연도 8월 통계를 이용하여 우리나라 전체 비정규직 노동자의 연령 구성을 보면, 〈도표·10〉에 제시된 바와 같이 2010년대 내

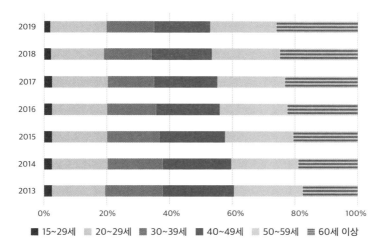

<도표 10> 비정규직 노동자의 연령 구성 추이, 2013-2020

내 50대와 60대 이상의 비율이 계속 높아져서 두 연령대의 비중이 2013년에 40%에서 2020년에는 무려 50%까지 증가했다. 반면 전체 비정규직 중에서 그 비중이 많이 감소한 연령대는 30~40대로서, 40대는 23% → 18%로, 30대는 18% → 14%로 줄어들었다. 50대 이상 연령대는 정규직 중 다수를 점한 게 아니라, 오히려 비정규직 근로자 중에서 큰 비중을 차지하는 것이다.

다음으로, 같은 자료를 이용하여 연령대별 비정규직 비율을 비교해보았다. 〈도표 11〉은 각 연령대의 전체 임금근로자 중에서 비정규직 근로자의 비율이 지난 10여 년 동안 어떤 추이였는지를 보여준다. 여기서 확인할 수 있는 사실은 전체 기간 동안에 비정규직 비율이 가장 높았던 연령대는 단연 60세 이상의 노인층이었

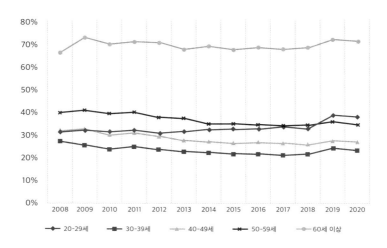

<도표 11> 연령대별 비정규직 종사자 비율의 추이, 2008~2020

고, 이 연령대 내에 10명 중 7명이 비정규직에 종사하는 구조가 지속되어왔다는 것이다. 이 추세가 큰 틀에서 지속된다면, 지금 정규직인 50대도 곧 비정규직 노인 일자리로 떨어지게 될 가능성이 크다.

한편 청년층은 20대와 30대가 꾸준히 큰 차이를 보인다. 20대는 최근 몇 년 사이에 50대만큼이나 비정규직 비율이 높아진 데 반해, 30대는 지난 10여 년 동안 꾸준히 비정규직 비율이 가장 낮은 연령대였다. 즉 특정 출생코호트가 지속적으로 고용상 이익이나 불이익을 받는다기보다는, 어떤 시기이든 20대와 50대 이상 연령대에 비정규 노동이 집중되는 고용체제의 인구구조가 지속되고 있다.

이상의 내용을 종합해볼 때, 한국사회의 정규직 일자리를 기성세대가 차지하고 있어서 청년세대의 다수가 비정규직에 처해 있다는 담론은 사실관계가 맞지 않는다. 정규직과 비정규직 간의 격차는 매우 중요한 문제지만, 그것은 기성세대와 청년세대의 고용 격차 문제가 전혀 아니라는 것이다. 이를 특별히 특정 세대가 겪는 문제처럼 말하는 순간, 거기서 배제된 다른 세대의 많은 비정규직 노동자들 삶의 문제들이 우리의 인식에서 지워질 것이다.

　한편, 소득 분배의 면에서도 한국사회 소득 상층을 '기성세대'가 점하고 있기 때문에 청년들이 소득 하층에 머물러 상승하지 못하고 있다는 진단 역시 현실을 왜곡된 방식으로 단순화시킨 것이다. 한국에서 불평등 연구의 대표적 학자인 중앙대 사회학과 신광영 교수와 미국 켄사스대 사회학과 김창환 교수는 2000년대 한국의 소득불평등 추이를 분석하여, 사회 전반의 불평등 추이가 '기성세대 대 청년세대' 간의 불평등에 의해 설명되지 않는다는 것을 밝혀낸 바 있다. 신광영 교수는 2000년대 불평등 증가가 대부분 세대 내 불평등, 특히 장년층과 노년층 내의 불평등 증가에 기인한다는 점을 규명했고, 김창환 교수는 전체 불평등에서 세대 간 불평등의 비중이 커진 것처럼 보이는 게 이른바 '586세대'와 청년세대의 격차 확대 때문이 아니라 저소득층 노인인구 비중의 증가 때문임을 입증했다.[78] 연령대별로 상대빈곤율의 추이를 보면 '중년의 풍요'와 '청년의 빈곤'을 대비시키는 것이 잘못된 세대론이라는 것이 분명하게 드러난다. 2010년대 내내 빈곤층이 압도적으로 많았던 것은 노인층이었을 뿐만 아니라, 그 아래 세대들을 보아도 50대의 빈곤율이 40대 및 그 이하 연령대보다 항상 더 높았다.

이렇게 한국 자본주의의 역사적 변화 과정에서 형성되어온 계급구조와 노동·고용·소득의 불평등 구조 안에서 '기성세대'가 사회 상층부를 주로 점하고 있고 '청년세대'가 하층부에 위치하고 있다는 인상은 역사적으로도, 현재 상황으로도 타당하다고 보기 어렵다. 50대 관리자와 20~40대 고학력 전문직, 20대와 50~60대 저임금 노동자를 조합한 그림이 한국사회 불평등 구조의 세대 구성에 더 부합한다. 그렇다면 노동시장 바깥의 불평등 세계, 즉 주거와 자산 계급의 구조에서는 어떠한지 살펴보자. 여기서는 50~60대가 집값 쌀 때 집 사서 번 돈으로 안정을 누리고 있을까? 아니면 여기서도 사회 상층부를 청장년층이 이미 상당히 분점하고 있을까?

젊은 부동산 부자들

2000년대 중반에 집값이 폭등하고 자산격차가 심해졌을 때 우리나라에서는 『부동산 계급사회』『아파트 공화국』같은 책들이 사회적으로 주목 받았다. '성실하게 일한 김 과장' '근무시간에 집 보러 다닌 이 과장'을 비교하며 우리 사회 불공정을 비판하는 목소리가 높았다. 그런데 최근 몇 년 사이에 또다시 집값이 뛰었을 때 우리 사회가 문제를 대하는 방식은 너무 달라져 있다. 부모 세대는 젊어서 집 사서 부자 됐는데 지금 청년들은 집을 살 수도 없게 미래를 박탈당했다는 식으로 세대 간의 반목과 억울한 감정을 자극하는 말들이 횡행했다. 그러나 '내 집 마련'의 진짜 문제가 세대일까?

이 책의 3장에서 우리는 지금 청년들의 부모님 세대에 해당하는 그 1960년대생들이 30~40대였던 2000년대에 지금의 청년들과 마찬가지로 주택가격 폭등으로 인해 엄청난 자산격차의 심화를 겪었음을 보았다. 또한 부의 집중이 심해짐에 따라 이 세대에서도 소수 계층이 부동산 불로소득으로 수혜를 입고, 다수는 거기에서 배제되었다는 것도 알 수 있었다. 극소수 계층이 대다수 자산을 갖는 부동산 계급사회에서, 60년대생이든 80년대생이든 한 세대가 특별히 혜택 받은 존재가 될 수는 없는 것이다.

그렇다면 그중에서 부동산 열기로 부를 축적한 계층은 주로 어떤 세대가 많은 걸까? 기성세대의 다수가 부동산 부자는 아닐지언정, 부동산 부자가 될 가능성은 기성세대에 더 높았던 것은 사실일까? 과거의 청년이나 지금의 청년이나 집값 폭등으로 세대 내 격차가 벌어진 건 마찬가지라 할지라도 만약 지금 청년세대가 부동산으로 성공할 확률이 과거보다 낮다면, 그것은 물론 부자들 사이의 문제이긴 하지만 그래도 그것 역시 일종의 세대 간 불공정이 아닐까?

그런데 혹시 그 반대가 사실이라면 어떻게 되는 걸까? 만약 1970년대 출생인 40대가 자산 상위계층의 상당 부분을 차지하고 있고, 30대의 자산 상위계층의 부의 규모가 한평생 자산을 증식해온 고령층 못지않은 정도라면? 최근 집값 폭등으로 자산 상위계층이 가장 많이 증가한 연령대가 바로 30대라면? 무엇보다, 그런 젊은 부자들을 탄생시킨 밑천이 바로 그들 부모로부터 이전된 자산이라면? 만약 그렇다면, 지금 많은 사람이 분노하고 있는 집값 폭등과 자산격차는 세대 간 불평등이 아니라 세대와 세대를 잇는 계층 간 불평등 문제로 봐야 할 것이다. 어느 말이 맞는지 하나씩 따져보자.

먼저, '내 집 마련'이라는 말로 흔히 이야기되는 자가 취득의 문제로부터 시작해보자. 이 문제는 전문용어로는 주택체제, 주택점유형태, 자가보유율 등에 관련된다. 요즘 우리는 내 집 마련을 비교적 쉽게 할 수 있었던 윗세대와 달리 지금 젊은 세대는 더 이상 내 집 마련을 꿈꿀 수 없게 되었다는 이야기를 많이 듣는데, 이 문장을 둘로 쪼개면 그중 한 조각은 맞고 나머지 다른 조각은 틀리다. 맞는 얘기는 집값 폭등으로 지금 청년들이 자기 집을 갖는 것이 대단히 어렵게 되었다는 것이고, 틀린 얘기는 마치 윗세대는 쉽게 내 집 마련을 할 수 있었던 듯이 생각하는 대목이다.

그런 생각이 참이려면 최근 몇 년간의 집값 폭등이 대한민국 역사에서 최초의 사건이어야 한다. 그러나 우리가 앞에서 보았듯, 2000년대 초·중반에도 여러 차례 지금 못지않은 부동산시장 과열이 일어나서 지금과 마찬가지로 당시에 많은 청·장년이 자가 취득에 큰 어려움을 겪었고, 세대 내의 주거 불평등과 자산 불평등이 심화되면서 좌절에 빠진 많은 젊은이가 있었다. 역사적 안목에서 내 집 마련과 자산 증식의 문제를 봐야 하는 것이다.

이런 관점에서, 장기적으로 연령대별 자가보유율의 추이를 확인하기 위해서 1985년부터 2015년까지 통계청의 인구주택총조사 자료를 분석해보았다. 먼저 연령대별 자가보유율이 30년간 어

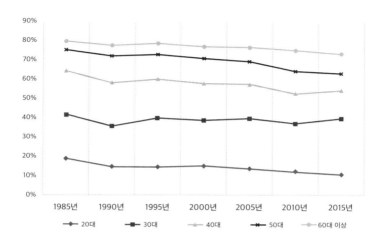

<도표 12> 연령대별 자가보유율 추이, 1985~2015

떤 추이를 보이는지를 통계청 「인구주택총조사」 각 연도 자료를 이용해 분석한 결과가 〈도표 12〉에 제시되어 있다. 2000년대에 여러 번에 걸친 주택가격폭등의 결과로, 첫 자가 취득이 본격화되는 30대 연령층의 내 집 마련이 힘들어졌다는 담론이 많다. 하지만 분석 결과는 달랐다. 50~60대의 자가보유율은 지속적으로 하락했고 40대도 하락해오다가 최근에 약간 반등한 데 반해, 30대의 자가보유율은 하락하지 않고 30년간 대체로 일정 수준을 유지했다.[79]

이 같은 추이는 30대 때 내 집 장만에 성공한 계층의 비율은 대체로 지속된 데 반해, 30대에 자가 취득에 성공하지 못한 계층이 40대에 성공할 가능성은 계속 감소했음을 시사한다. 실제로 30

대에서 40대로 넘어갈 때 자가보유율의 증가폭을 보면 장기적인 감소 추세를 발견할 수 있다. 30대와 40대의 자가보유율 차이는 1985년과 1995년 사이에 19%p, 1995년과 2005년 사이에 17%p, 2005년과 2015년 사이에 16%p였다. 말하자면 30대의 자가보유율은 장기적으로 40% 내외의 수준을 유지해왔지만, 이들이 40대가 되었을 때 자가보유율이 상승하는 정도는 2000년대 들어서 꾸준히 낮아졌다.

그 다음으로, 출생코호트별로 각 생애주기 단계에서 자가보유자 비율이 어떤 궤적을 그려왔는지를 역시 통계청 「주택총조사」 자료를 이용하여 살펴보았다. 〈도표 13〉은 2015년에 20대, 30대, 40대, 50대, 60대 이상인 출생코호트가 일정 연령기에 있을 때 자기 집을 보유한 가구 비율이 어느 정도였는지를 보여준다. 20대와 30대는 아직 추이를 말할 수 있는 나이가 아니므로, 여기서 눈여겨볼 부분은 2015년에 각각 60대 이상, 50대, 40대인 1955년 이전 출생자, 1956~65년생 1차 베이비붐 세대, 1966~75년생 2차 베이비붐 세대의 경우다.

여기서 우선 눈에 띄는 점은 모든 출생코호트가 30대 나이였을 때 자가보유율에 큰 차이가 없을 뿐 아니라, 심지어 2015년 당시 60세 이상인 고령층의 30대 때 자가보유율이 1960년대생이나 1980~90년대생의 경우보다도 더 낮기까지 했다는 사실이다.[80] 그에 반해 40대의 생애주기 단계에 이르면, 1955년 이전에 출생한 세대의 자가보유율이 1960~70년대에 출생한 1·2차 베이비

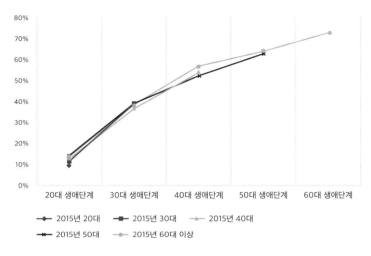

<도표 13> 출생코호트별 각 생애주기 단계의 자가보유율, 1985-2015

붐 세대의 자가보유율보다 상당히 높아진다는 사실을 볼 수 있다. 1955년 이전 출생코호트의 40대 자가보유율은 57%인데, 1차 베이비붐 세대는 52%, 2차 베이비붐 세대는 54%에 그친다.

이상의 여러 분석 결과가 시사하는 바는, 2000년대의 부동산 투기와 주택가격 폭등의 결과로 30대 청년세대가 전반적으로 자가 보유 기회에 불이익을 겪은 것이 아니라, 30대에 자가 취득에 성공한 사람과 그렇지 못한 사람 간의 주거생애궤적의 계층화가 과거보다 더 심해진 것으로 해석하는 것이 보다 정확할 것이다. 즉 30대에 자기 집을 마련하는 상·중산층의 규모는 줄지 않았지만, 30대에 자기 집을 장만하지 못한 계층이 40대에는 장만할 가능성이 과거보다 줄어들었다는 것이다. 그렇다면 '내 집 마련'과 관련된 시대적 변화는 이렇게 표현하는 것이 정확할 것이다. 즉 이전 세대보다 지금 세대가 내 집 마련이 어려워진 것이 아니라, 젊은 세대로 올수록 30대까지 집을 마련할 수 있는 계층과 그렇지 못한 계층의 간극이 커졌다는 것이다.

지금까지 연령대별 및 출생코호트별 자가보유율을 보았으니, 이제 다음 단계로 자산, 그중에서도 부동산 자산, 그중에서도 특히 주택자산의 문제를 보도록 하자. 먼저 자산 상위계층의 연령 구성에서 출발해보자. 이에 관해 일반화되어 있는 관념은 고령 또는 중년세대가 오랜 자산 증식으로 고가의 주택을 소유하고 있거나, 다주택을 갖고 있으면서 임대수입을 벌어들이고 있는 모습이다. 그리고 그 대척점에 최근 주택가격 폭등으로 자기 집을 살 수조차 없는 청년세대가 놓여 있다고 믿어질 것이다. 그러나 만약 자산 상위계층에서 30~40대가 상당 비율을 차지하고 있고 그들의 보유 자산 규모가 고령층 못지않다면, 한국사회 부동산 불평등 구조를 세대 간의 불평등으로 이해하는 통념은 재고되어야 할 것이다.

민간연구소인 LAB2050 연구진이 최근에 수행한 부동산 자산 계층 분석결과에서 부동산 자산 상위계층 분위별로 연령 구성을 보면, 60대 이상 고령층이 가장 큰 비중을 차지하지만 1970년대 생인 40대가 50대 못지않게 높은 비율인 것으로 나타난다. 상위 2%에서 60대 이상 연령대 비중이 50%라면, 나머지 절반은 50대 (23%)와 40대(24%)가 반분하고 있다. 상위 2~5%에서는 50대와

	60대 이상	50대	40대
상위 2%	33.0억원	36.0억원	28.9억원
상위 2%~5%	16.8억원	15.6억원	16.0억원
상위 5%~10%	10.7억원	10.5억원	10.5억원
상위 10%~20%	6.6억원	7.0억원	7.0억원
상위 20%~30%	4.2억원	4.9억원	4.6억원

<도표 14> 각 연령대 자산 상위계층의 분위별 평균 부동산 자산

40대의 비율이 각각 29%와 24%로 합계 53%, 상위 10~20%에서는 각각 31%, 23%로서 합계 54%로 절반 이상을 차지한다.[81]

위와 같은 자산 상위계층 내의 각 연령대별 비율은 전체 인구구조의 영향을 받을 수 있다. 그래서 위의 자료에서 각 연령대 '내의' 부동산 자산 계층을 나누어 분위별로 평균 부동산 자산 보유액을 비교한 결과를 보면, 〈도표 14〉와 같다. 즉 자산 상위 2%를 제외하면 상위 2%~30%의 모든 분위에서 40대, 50대, 60대 이상 연령대의 상위계층 자산 규모가 거의 비슷함을 알 수 있다. 심지어 상위 10%~20% 계층과 상위 20%~30% 계층의 경우 40대의 평균 부동산 자산액이 고령층보다도 많다.

다음으로, 각 세대 내에서 부의 집중도를 보기로 하자. 위의 데이터를 재분석하여 연령대별로 부동산 자산 상위 2%, 5%, 10%, 20%, 30%까지의 계층이 해당 연령대의 전체 가구의 보유 부동산 자산 총액의 몇 퍼센트를 차지하고 있는지를 계산해보았다. 〈도표 15〉를 보면, 먼저 부동산 자산 상위 2%, 5%, 10%, 20%까지 부의

	60대 이상	50대	40대	30대
상위 2%	18.96%	18.85%	16.03%	16.61%
상위 5%	33.45%	31.07%	29.36%	30.25%
상위 10%	48.75%	44.74%	43.87%	46.34%
상위 20%	67.71%	62.98%	62.42%	67.63%
상위 30%	79.62%	75.74%	75.09%	83.31%

<도표 15> 연령대별 자산 상위계층의 자산액의 점유율

집중도가 가장 높은 연령대가 60대 이상 고령층이다. 상위 10%가 그 세대의 부동산 자산 총액의 절반을, 상위 20%가 전체의 80%를 갖고 있다. 고령층 집부자가 대한민국 집부자의 가장 많은 부분을 차지한다 해도, 고령층 인구의 나머지 다수는 집부자와 상관이 없음을 알게 해주는 대목이다. 그런데 더욱 주목할 점은 1980년대생인 30대의 경우도 상위 20%, 또는 상위 30%의 점유율이 고령층 못지않거나 그보다 더 높다는 사실이다. 30대의 자산 상위 20%는 30대 전체 자산액 중 68%를, 상위 30%는 30대 전체 자산액의 무려 83%를 점하고 있다.

지금까지 살펴본 사실들은 고령층부터 40대까지 모든 연령대에서 부동산 자산 상위계층의 부의 수준이 크게 다르지 않으며, 세대 내의 부동산 자산 집중도는 30대 청년층까지도 매우 심하다는 것을 알려준다. 부동산 계급사회는 모든 세대를 관통하고 있으며, 거기서 지배계급은 노년·중년·청년을 모두 포함하고 있다. 그러한 세대 간의 계급동맹은 노년이 중년에게, 중년이 청년에게 부를 이전해주고 자산운용 방법을 전승해주는 계급재생산의 미시적 기제들에 의해 달성되고 있을 것이다.

서강대 사회학과 이철승 교수와 경제학자인 강원대 정준호 교수의 연구에 따르면, 1930년대를 전후한 시기에 출생한 세대는 부동산 자산을 축적한 최초의 세대인데 이들이 자식 세대에 상속·증여 형태로 자산을 이전한 결과로 1970~80년대 출생 세대는 20~30대 때부터 자산 불평등이 심해졌다. 2010~17년 자료상으로 연령대별 순자산 지니계수를 비교한 바에 의하면 1930~40년대 출생 세대와 1970~80년대 출생 세대에 순자산 불평등도가 가장 높은 U자 곡선을 보였다. 한국사회 자산 불평등에서 하나의 중요한 근간은, 부모-자식 세대 간의 자산 이전에 의한 계층 간 불평등의 심화인 것이다.[82]

지금까지 우리는 자산 상층부의 연령 구성, 연령대별 자산 분포와 집중도 등의 지표를 통해서 한국사회 자산 상층부의 세대적 특성을 분석해 보았다. 그럼 이제 마지막으로 최근 몇 년 동안 부동산 가격이 폭등하는 동안에 어느 연령대에서 자산 상위계층이 증가했는지를 보기로 하자. 이를 위해 통계청 「주택소유통계」 자료를 이용하여, 전체 가구의 주택자산을 총 10개 분위로 나누어 각 연령대에서 분위별 분포 비율을 2015년부터 2020년까지 추적해 보았다. 그 결과가 〈도표 16〉에 제시되어 있다.

도표에서 선의 곡선은 왼쪽 10분위(최상층)부터 오른쪽 1분위(최하층)까지 자산 분포의 형태를 알려준다. U자형은 자산 상층

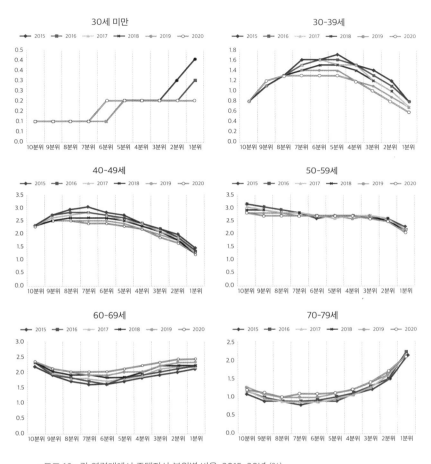

<도표 16> 각 연령대에서 주택자산 분위별 비율, 2015~20년 (%)

과 하층이 모두 많다는 뜻이고, ∩자형은 중간이 많다는 뜻이며, －자형은 골고루 분포한다는 뜻이다. 자산 축적이 시작되는 30대엔 중간층이 많다가 이후 연령대가 올라갈수록 점점 더 자산 양극화가 심해진다는 것을 한눈에 볼 수 있다. 한편 6개의 선은

2015년부터 2020년까지 각 연도에 해당하는데, 예를 들어 2020년 선이 왼쪽 부분에서 뜨면 그 연령대에서 최근 자산 상위계층 비율이 높아졌다는 뜻이고, 중간 부분에서 2020년 선이 뜨면 중간계층 비율이 최근 높아졌다는 뜻이다.

최근 몇 년간의 추이를 연령대별로 보면, 가장 대비되는 점이 30대의 경우 2020년에 상층 9분위가 증가하고 중·하층 비율은 감소한 데 반해, 60대는 상층 비율이 상승하지 않은 가운데 중·하층의 비율이 최근 모두 상승했다는 것이다. 40대 이상에서는 자산 상층 분위의 비율이 눈에 띄게 증가한 경우가 없는데, 유독 30대에서는 주택가격 폭등 과정에서 자산 상층이 증가했다. 지난 10여 년간 30대는 여러 면에서 주목할 만한 연령대였다. 소득, 실업, 비정규직 비율 등 여러 면에서 20대의 열악한 상황과 대조되게 30대의 지표는 상대적으로 긍정적이었다. 그런데 최근 부동산시장 과열 상황에서도 30대의 상층 집단이 적극적으로 자산 증식에 뛰어들었다.

위와 같은 판단이 옳은지를 재차 확인하기 위해 한국보건사회연구원의 최근 유사한 연구 데이터를 같은 방식으로 검토해보았다. 김태완·이주미 박사는 전체 연령대의 총자산을 5분위로 구분하여, 2015년부터 2020년까지 연령대별로 각 분위가 몇 퍼센트씩 분포해 있는지를 분석했다.[83] 이 연구에서도 2015년과 2020년을 비교했을 때 자산 상위 20%인 5분위 비율이 증가한 연령대는 30대와 40대였고, 하락한 연령대가 50대와 60대 이상 세대였다.

30대 연령대 내에 한국사회 자산 상위 20% 계층 비율은 2015년에 11%에서 2020년에 14%로 크게 늘었고, 40대의 경우 20% → 22%로 상승해서 30대와 유사하게 자산 상층의 비율이 증가했다. 나아가 30대의 경우엔 상위 20~40%에 해당하는 4분위 계층도 21% → 22%로 소폭 상승했다. 그에 반해 50대 내에서 5분위 자산계층 비율은 27% → 24%로 하락했고, 60대 이상 연령대에서는 21% → 19%로 하락했다. 대체로 30~40대 자산 상위계층의 증가와 50~60대 자산 상위계층의 감소가 대조된다는 결론이 위의 10분위를 기준으로 한 나의 분석 결과와 동일하다.

이와 같은 결과는 최근 부동산 가격 폭등으로 자기 집이 있는 50~60대는 이득을 본 데 반해 이제 집을 마련해야 할 30대는 절망에 빠졌다는 상투적인 세대론의 스토리와 매우 다른 것이다. 지금 절망한 것은 '30대'라는 연령대가 아니라 30대 내의 재테크 경쟁에서 상층에 포함되지 못한 그 아래 계층일 가능성이 있다. 그보다도 더 아래에 있는 계층은 부동산 투자는 엄두를 낼 수 없어 소액 주식투자로 금융자산 증식을 꾀할 것이고, 그보다도 더 아래에 있는 계층은 투자라는 것을 생각할 만한 여유자금 자체가 없을 것이다. 최근 부동산 가격 폭등의 사회적 결과의 핵심은 세대 간 격차가 아니라 세대 내 계층격차일 가능성이 많은 것이며, 젊은 세대의 자산 계층격차에는 그들의 부모 세대의 자산 계층격차가 대물림된 측면이 포함된다.

자산 불평등과 관련하여 끝으로 살펴볼 점은 '지역'이라는 차원이다. 부동산 가격은 지역에 따른 격차가 크기 때문에, 수도권과 비수도권으로 나누어 세대 내에, 또 세대 간에 자산 분포가 어떤 방향으로 변화해왔는지를 살펴보자. 서울연구원 연구진이 가계금융복지조사 2012~2020년 자료를 분석한 데 따르면, 부동산을 비롯한 자산 측면에서 수도권과 비수도권 간의 차이가 매우 크다는 것이 재확인되었다. 수도권 평균 자산은 약 4억6000만 원으로, 비수도권의 약 2억9000만 원보다 1.5배가량 많았고, 전체 생애주기의 자산 최저점과 최고점의 차이로 본 자산증식의 정도가 수도권은 15배, 비수도권은 10배로 수도권이 1.5배 높았다.

그런데 흥미롭게도 이러한 지역격차가 세대 관계에도 여러 영향을 미치고 있었다. 2020년의 연령대별 평균 자산으로 봤을 때, 비수도권 거주자는 나이가 들수록 자산이 커져서 1960년대생에서 정점에 도달했다가 그 이후에 하락하기 시작한 반면, 수도권의 경우 1940~50년대생의 고령층까지도 자산이 감소하지 않고 있었다. 또한 수도권에서는 세대 간 자산격차가 비수도권보다 컸지만, 지난 10년 동안 1950~60년대생의 자산 규모는 대체로 정체되어 있었던 반면 1960년대 중반~1980년대 중반 출생 세대의 가파른 자산증식으로 2020년에는 차이가 매우 좁아졌다. 말하자면 고령층의 자산도 많고, 세대 간 격차도 크고, 젊은 세대의 추격도 맹렬한 이 역동성은 바로 수도권 지역의 특징이었던 것이다.[84]

이상의 여러 분석 결과를 통해 우리는 지난 수십 년 동안 한국 사회에서 자가보유 여부와 부동산 자산 규모의 측면에서 세대 간 불평등 구조가 핵심이 아니었음을 보았다. 즉 젊어서 내 집 마련한 기성세대와 내 집 마련이 불가능한 청년세대, 혹은 부동산 부자인 윗세대와 가난한 아랫세대의 대조는 사실관계에 부합하지 않는다. 현실에서 내 집 마련과 부동산 자산의 문제는 훨씬 더 계급적이고 지역적인 문제였다. '청년들이 힘들어요' '청년이 분노한다' 같은 감성적인 수사가 아니라, 부동산 계급사회의 현실을 냉정히 직시하고 대응하는 담론과 정책이 필요하다.

지금까지 우리는 직업, 고용, 소득, 주거, 자산 등 여러 면에서 한국사회 상층부의 세대 구성은 상당히 복합적이며 하위계층 역시 그러하다는 사실을 확인했다. 더구나 젊은 세대의 상위계층은 그들 부모에 의한 계층재생산과 부의 이전을 통해 심지어 이전 세대의 상위계층보다 더 이른 나이에 상층에 이르게 되기도 한다. 지난 10여 년간 자산증식에 가장 성공적인 연령대는 40대였고, 최근 몇 년간 자산 상위계층이 가장 증가한 연령대는 바로 30대다. 이것이 가능했던 하나의 중요한 이유는 이전의 역사적 시기에 형성된 자산 불평등이 지금 세대 간 부의 이전으로 전승되고 있기 때문이다. 즉 한국사회의 거시적인 불평등 구조의 재생산이 미시적인 계층세습을 매개로 한다는 것이다.

그렇게 본다면 세대 간 불평등의 서사는 고령층부터 청장년층까지 넓게 펼쳐진 우리 사회 하이클래스의 세대 간 동맹을 은닉할 뿐 아니라, 젊은 세대의 새로운 상층계급이 사회적 견제를 피해 우리 사회 내에 지배적 위치를 공고히 할 수 있는 안전한 환경을 마련해주고 있는지도 모른다. 우리 사회가 '기성세대'라는 모호한 관념을 향해 비난하고 있는 동안, 청장년 세대 내의 불평등이 사회적 주목을 받지 못한 채로 계속 깊어져 간다는 것이다. 지금 한국의 정치권은 그런 시대적 문제를 풀어나갈 준비와 능력이 되어 있을까? 뒤이어, 나는 한국정치의 고령화 추세에서 문제는 그들의 나이가 아니라 구조적 폐쇄성에 있음을 보여줄 것이다.

정치권 '고인물'은 왜 고였나?

지금까지 우리는 학력, 직업, 고용, 소득, 주거, 자산 등 여러 면에서 한국사회 불평등 구조의 핵심이 세대문제라고 보기 어렵다는 점을 여러 각도에서 확인했다. 그러나 유독 하나의 분야, 즉 정치의 영역에서 특정 세대로의 쏠림은 명백해 보인다. 정치는 언제나 가장 많이 대중에게 노출되는 사회부문일 뿐만 아니라 가장 적나라한 지배와 통치의 심급이다. 그렇기 때문에 정치권력의 중심인 국회가 세대, 학벌, 계급, 성별 등 측면에서 어떻게 구성되어 있는지가 곧 사회 전체 지배구조의 특성을 말해주는 것으로 생각하기 쉽다. 물론 파워엘리트의 인적 구성은 의미가 없지 않다. 하지만 파워엘리트의 성격을 평가하는 것 보다 본질적인 기준은 그들이 어떤 세력을 대변하며 누구의 이익에 봉사하느냐다. 그래

서 권력중심부의 인적 구성은 물론 그 구조적 성격도 함께 봐야
한다.

그런 관점에서 한국정치의 중심부가 세대적 특성을 갖는다고
봐야 할 것인가? 아니면 문제는 세대가 아닌 것인가? 결론부터 말
하자면 한국정치는 그 인적 구성에서 50~60대 중·노년층의 세
대 쏠림이 장기적으로 계속 강화되어왔지만, 그 의미는 1987년
민주화 이후 양대 정당 정치엘리트들 간에 폐쇄적인 경쟁구조가
지속되어왔다는 데 있다는 것이다. 그러므로 이러한 인적·구조
적 상황에서 '세대교체'의 논리는 기성정치에 실망한 대중들의 일
시적인 기대를 끌어낼 수 있겠지만, 젊은 정치인들이 기성정치를
바꿀 구상과 세력을 갖고 있지 않다면 '세대교체'란 동일한 기성
정치 구조의 담지자들이 나이만 바뀌는 것 이상이 아닐 것이다.
왜 그러한지 하나씩 따져보자.

우선 현상적으로 눈에 띄는 것은 국회의 인적 구성의 고령화
추세다. 대한민국 국회의 고령화는 충격적이게도 1948년 제1대
국회부터 70년 이상 진행되어왔는데, 흥미롭게도 특히 1987년 민
주화 이후 더 심해졌다. 중앙선거관리위원회 선거통계시스템의
자료를 보면, 역대 국회의원의 평균 연령은 제1대에 47세에서 출
발하여 1981년 제11대 국회까지 평균 40대 후반이나 50세 수준
을 유지했다. 그런데 1992년 제14대 국회, 1996년 제15대 국회에
서 각각 53.7세, 54.0세까지 크게 올라선 후 평균 50대 중반 수준
을 지속했다. 2020년 제21대 국회에서도 평균 54.9세였다. 정치

엘리트의 고령화는 민주화 직후에 고착되어 30여 년째 지속된 현상인 것이다.

그런데 시기별 국회의원의 연령 구성을 연령대별로 더 자세히 들여다보면 정치권 고령화의 진정한 문제가 무엇인지 보인다. 1950년대생 정치인들은 그들이 40대였던 2000년에 국회 전체 의석의 26%, 다수가 50대가 된 2008년에 49%, 60대가 된 2020년에 26%를 점했다. 한편 1960년대생 정치인들은 다수가 40대였던 2008년에 31%를 차지했고, 50대가 된 2020년에 62%를 점하고 있다. 이렇게 봤을 때 지금 '586 정치권'이라고 불리고 있는 1960년대생이 동일 연령대에 가장 많은 비율의 의석을 점해온 것이 사실이다. 그런 의미에서 이른바 '586 장기권력'론은 객관적 근거가 없지 않다.

그러나 1950년대생과 1960년대생의 차이를 비교하여 누가 더 많이 가졌는지를 따지는 것보다 더 본질적인 문제가 있다. 이 두 연령집단이 국회 권력을 분점하는 가운데, 1970~80년대생 정치인들은 30대나 40대 나이에 국회 내에 최소한의 세력을 형성하는 데에 완전히 실패했다는 사실이 그것이다. 한국정치의 세대 쏠림이라는 면에서 봤을 때, 40대 나이에 국회의 26%를 차지한 1950년대생과 31%를 차지한 1960년대생 사이의 다툼이 더 중요한지, 아니면 40대에 11%밖에 지분이 없는 1970년대생과 30대에 고작 2%를 가진 1980년대생의 문제가 더 심각한지 생각해봐야 한다.

먼저 '586 장기권력'론의 의미를 생각해보자. 이른바 '86세대'

정치인들의 끈질긴 생명력이 그들의 응집력과 네트워크, 또는 선동 능력 덕분이라는 등의 다양한 해석이 있지만, 실은 때이른 성공, 갑작스런 몰락, 예상치 않은 부활로 이어진 그들의 역사는 그들 자신의 정치력에 의한 것이라기보다는 급변하는 정치환경의 물결에 떠밀려온 면이 더 크다고 볼 수도 있다.

2004년 총선은 노무현 대통령에 대한 국회의 탄핵 시도가 다수 여론의 반발에 부딪친 가운데 실시되었고, 거기서 열린우리당이 선거 몇 달 전만 해도 상상도 할 수 없었던 과반수 의석으로 압승을 거두면서 '86세대' 젊은 정치인들이 대거 국회로 진입했다. 하지만 이 선거는 민주화 이후 지속된 국회 고령화 추이에서 예외적인 사건이었고, 바로 다음 선거인 2008년 총선에서 한나라당이 큰 승리를 거두면서 언론에서는 '386의 몰락'이라는 평가가 나왔다.[85] 그후 10년 가까이 보수 정권이 집권한 뒤에 2017년 박근혜 전 대통령의 탄핵과 문재인 대통령의 당선, 2020년 총선에서 더불어민주당의 압승으로 '586 정치인' 세력이 갑자기 다시 확장됐다.

여기서 주의해서 볼 점은 이처럼 2000/2004년 총선, 2008/2012년 총선, 2016/2020년 총선에서 산업화 세대 보수 정치세력과 민주화운동 세대 정치세력이 밀고 당기는 진자운동을 반복하는 동안에 한국 정치고령화의 진짜 문제가 깊어졌다는 사실이다. 국회에서 50세 이상의 구성비는 민주화 이후 첫 총선인 1988년에 59%에 불과했으나, 1992년과 1996년에 75%로 치솟았고

2020년 제21대 국회에선 88%에 달했다. 이 과정에서 1970년대생 정치인들은 그 윗세대 정치인들과 달리 40대 나이에 국회에서 나름의 점유율을 확보하는 데 완전히 실패하여 주변화 되어갔다.

2010년 이후 국회에서 40대 정치인의 비중은 2012년에 27%, 2016년에 17%, 2020년에 11%로 계속 감소해갔고, 30대 정치인의 비중은 2004년 9%에서 2008년에 심지어 1.6%까지 급락한 후에 지금까지 3%조차 넘은 적이 없다. 세대 관점에서 한국정치 고령화의 본질적 문제는 '586세대'와 '산업화세대' 중에 누가 더 많이 누렸느냐가 아니라, 1970년대 및 그 이후 출생한 정치인들이 두 앞세대 정치세력이 만들어놓은 판을 흔들고 재편할 주체 역량을 전혀 쌓아갈 수 없었다는 사실에 있는 것이다. 이는 젊은 세대의 의지나 능력 부족 때문이라기보다는 거대양당의 앞세대 정치인들이 공천, 당직, 공직을 자기들 사이에서 나누고 다투는 구조를 공고히 다져왔다는 데에 기인하는 면이 크다.

이 문제는 국회의 원내 권력구조 문제로 국한되지 않는다. 원외의 개혁적인 소수정당, 사회운동, 시민단체, 학계에서 두각을 나타내고 개인적인 자산을 쌓은 젊은 리더들이 이를 발판으로 삼아 양대 정당 중 한쪽으로 진출하는 경로가 하나의 패턴처럼 정립되었다. 당사자들은 집권하고 있거나 집권 가능성이 있는 정당으로 가서 현실적인 개혁을 하겠다는 포부를 가질 수도 있겠다. 하지만 많은 경우 이들은 노련한 기성 정치인들이 장악하고 있는 정치게임의 작은 부품으로 편입되었다.

이런 구조의 본질은 그러므로 '나이'가 아니다. 이미 권력자원을 점하고 있는 기성 정치세력들이 현존하는 정치질서의 근간을 위협하지 않으면서 개혁적 에너지를 흡수하여 체제를 지속하는 체제, 안토니오 그람시가 '변형주의transformism'라고 불렀던 반反개혁 정치가 그 본질이다. 폐쇄된 링에서 자기들끼리 권력투쟁을 하는 기성 정치세력들이 서로 간의 경쟁에서 승리하기 위해, 세력화되지 않은 신진 정치인들이나 링 밖의 젊은 인재들을 각각의 텐트로 끌어들여 기존 게임의 룰에 맞는 존재들로 재창조하는 것이다.

한국은 민주화 이후 이제 겨우 30여 년이 지난 짧은 민주주의 역사를 갖기 때문에, 위와 같은 양대 정당의 경쟁구조에서 양쪽 모두 신뢰를 상실하거나 통치 능력의 한계를 드러낼 때 '세대교체의 지연'이라는 외형으로 나타난다. 민주적으로 경쟁하는 정치세력들의 통치체제가 성립된 지 오래 되지 않았으니, 민주화 이후 첫 집권 세대인 1950년대생과 1960년대생 정치인들이 아직 계속 권력을 쥐고 있는 양상으로 나타나는 것이다.

이런 현실은 권력 중심부에 진입하여 뜻을 펼치고 싶은 젊은 야심가들에게 커다란 불의로 다가올지 모른다. 모든 기성 정치세력에 신뢰를 잃은 유권자들도 세대교체에 한번 기대를 걸어볼 수 있다. 그러나 점점 확대되고 있는 젊은 정치인 세대는 유권자들의 정치에 대한 신뢰를 높이는 주인공이 되지 못하고 있다. 이들 중엔 개인적인 역량이 뛰어난 사람들이 있지만, 그런 역량은 기성세대 정치인들의 권력 쟁취와 유지에 사용되고 있을 뿐 새로운 세력을 만들어내는 리더십으로 전환되지 못하고 있다. 2022년 대선을 앞둔 양당 경쟁 과정에서 많은 젊은 정치인과 전문가들이 각 캠프에서 큰 역할을 했지만, 우리는 어디서도 그들이 낡은 정치를 넘어설 대안세력으로서 잠재성을 보여줬다는 기억이 없다.

우리가 잊지 않아야 할 것은, 지금 낡은 세대로 지탄 받고 있는 세력들도 모두 젊은 시절에 세대교체를 외치며 권력에 진입했다는 사실이다. 그들이 젊었을 때 지금보다 더 나은 정치를 했는지는 전혀 분명하지 않다. '산업화 세대' 정치인들은 노태우·김영삼 시대에 지금보다 괜찮은 정치를 했었나? 그 시대는 1997년 IMF 구제금융으로 막을 내렸다. '586세대' 정치인들은 그들이 한창 젊었던 김대중·노무현 시대에 사회불평등을 완화하고 빈곤을 줄이는 데에 지금보다 유능했었나? 비정규직, 소득격차, 자살률 등 많은 면에서 그 시절의 상황은 지금보다 더 심각했다. 이렇듯 마치 지금 나이 든 세대들이 젊었을 때 좋은 정치를 하다가 나이가 들어 정체되고 타락한 것처럼 말하는 것은 현실에 부합하지 않는다.

이 문제를 지난 수십 년간 한국정치에서 계속되어온 '혁명과 반혁명의 변증법'이라는 역사적 맥락에서 접근하지 않는다면, 세대교체가 결코 그 자체로 정치 개혁을 뜻하지 않는다는 사실을 인식할 수 없다. 여기서 혁명과 반혁명의 변증법이란 한때 지배층에 저항하며 변혁을 추구하는 운동에 참여했던 정치집단이, 이후 그 자신이 권력중심부에 진입하는 데 성공하면 곧 개혁성을 상실하고 지배블록의 일부로 변질되어 또 다른 개혁적 주변부 정치집단에 의해 도전받는 위치에 놓이게 되는 역학을 뜻한다.

대구대 사회학과 김두식 교수는 대한민국 정부수립부터 2000년대까지 사회운동 참여 세대와 국회 정치엘리트 변화에 관한 중요한 연구를 수행했는데,[86] 이 연구는 1960년 4·19혁명, 1965년 6·3항쟁, 1970년대 유신반대 투쟁, 1980년대 민주화운동의 주체 세력들이 이후 일정 시기 동안 정치권력의 중심부에 진입하고 다음 세대에 자리를 내어주는 장기적 역학을 보여준다. 1948년 시작된 1대 국회부터 6대(1963~1967)까지는 독립운동 출신이 전체 의원의 30.1%(1대)에서 11%(6대)까지 상당한 부분을 차지했다면, 민주화운동 출신은 11대(1981~85)에 처음 10%를 넘었고 민주화 이후인 14대(1992~1996)부터 2008년 18대 총선에서 한나라당이 압승하기 전까지 30% 내외의 높은 의석 비율을 유지했다.

민주화운동의 세대들을 구분해보면, 4·19세대가 1980년대의 11대~13대 국회에서 5~10%를 차지했다면 박정희시대 민주화운동 세대는 13대(1988~92)부터 17대(2004~08) 국회까지 10~20%였고, 전두환시대 민주화운동 출신은 13대부터 17대까지 20% 이상을 차지했다. 2022년 현재도 국회와 청와대는 민주화운동 출신이 권력을 쥐고 있는데, 이들은 담론과 수사, 주관적 신념의 측면에서 개혁적 색채를 띠지만 실제 얼마만큼 개혁적 정책을 펼치고 사회개혁에 성과를 냈는지에 대한 여론의 평가가 부정적이다.

이런 역사적 맥락에서 한국정치의 미래를 결정하는 관건은 단지 생물학적 세대교체나 상징적인 젊은 인재 영입 이벤트는 아닐 것이다. 중요한 것은 소진된 개혁적 에너지를 다시 불러일으키고, 현 양대 정당의 지배권을 넘어서는 대안세력과 체제 대안의 비전이 등장할 수 있느냐일 것이다. 젊은 세대 정치인이 중년·노년의 자리에 들어앉는다 한들 그들이 지금 반혁명이 된 정치에 혁명적 변화를 일으키지 않는다면, 지금까지 정치가 무시해온 우리 사회의 목소리와 처지들을 대변해주는 통로가 되어주지 않는다면 세대교체가 대체 무슨 의미가 있겠는가? 문제는 나이가 아니다.

변화하는 사회환경과 심각한 사회문제 현실에 대응하는 혁신이 좀처럼 일어나지 않는 한국정치의 폐쇄구조는, 앞의 여러 장에서 살펴본 바와 같은 한국사회의 학벌, 직업, 자산 불평등 구조와 긴밀하게 연결되어 있다. 그중 학벌사회의 승자독식 구조가 정치권의 지배체제와 어떻게 맞물려 있는지 보자. 한국사회 차별과 불평등의 가장 깊은 원천인 학벌체제에서 극소수 최상위집단이 정치권력까지도 얼마나 독점하고 있는지를 보자는 것이다.

중앙정치 무대의 경우를 보면 서울대·고려대·연세대·성균관대·한양대·이화여대 등 몇 안 되는 대학 출신들이 대한민국 국회 의석의 절반을 차지하고 있는 구조가 지속되고 있다. 이들 사이에서 아무리 격한 갈등과 경쟁이 벌어진다 해도, 이들이 한국사회 주요 계급·계층을 얼마만큼 실질적으로 대표할 수 있는지 의문이다. 지금까지 수십 년 동안 이 작은 원환圓環 내에서 세대교

18대(2008년)		19대(2012년)		20대(2016년)		21대(2020년)	
서울대	39%	서울대	27%	서울대	27%	서울대	21%
고려대	9%	연세대	9%	고려대	12%	고려대	9%
연세대	9%	고려대	8%	성균관대	9%	연세대	7%
성균관대	6%	한양대	4%	연세대	8%	성균관대	7%
이화여대	4%	성균관대	4%	이화여대	3%	이화여대	4%
합계	67%	합계	52%	합계	59%	합계	48%

<도표 17> 대한민국 국회의원의 상위 5개 출신대학 점유율[87]

체를 부르짖으며 대를 이어 지배권력을 지속해왔다. 그러니 2022년 현재에도 세대교체를 선도한다는 정치인들이 모두 극소수 '서울 소재 명문대'나 '해외 명문대' 출신이라는 사실은 전혀 새롭지도 놀랍지도 않다.

이렇게 한국정치는 지금 외형적으로 심각한 고령화 문제를 안고 있는 것은 사실이지만, 그것의 원인이 되는 본질은 1987년 민주화 이후 아직 30여 년밖에 지나지 않은 젊은 민주주의 사회에서 첫번째 세대의 권력을 구축한 양대 정당의 기득권 집단이 아직까지 정치적 수명을 다하지 않았다는 사실에 있다. 산업화세대의 장기집권이냐 민주화세대의 장기집권이냐를 놓고 다투는 것은 그들끼리의 싸움이지, 오늘날 한국정치의 폐쇄적 엘리트순환 구조 자체의 본질적 문제를 드러내는 것은 아니다.

양대 정당의 정치엘리트들 모두 그동안 한국사회의 심각한 불평등과 경제적 불안정 문제를 해결하는 데에 큰 한계를 드러냈고, 심지어 통치계급으로서 최소한의 신뢰와 권위도 국민들로부터 부여받지 못하고 있음에도 불구하고 여러 내·외부적 기제에 의해 계속해서 지배권을 유지할 수 있었다. 그 결과가 지금 2022년 대선 경쟁에서 겪고 있는 "저쪽이 싫어서 투표하는 민주주의"다.[88] 이와 같이 한국 정치의 인적 구성만 보면 중년과 노년의 '고인물'이 빠지지 않고 있는 생물학적 고령화가 문제인 듯이 보이지만, 그것의 구조적 의미는 폐쇄적 양당 경쟁구조에 도전할 만한 새로운 세력이 생겨나지 못하고 있다는 데 있다. 국회의원 선거든 지방선거든, 양대 정당 후보 중 승자가 권력을 다 가져가는 현실이다 보니, 양당의 기성 정치권에 어떻게든 잘 보여야 정치 커리어를 시작할 수 있다. 그러니 이런 현실에 순응하고 적응하여 들어오는 자는 그의 나이가 몇 살이든 기존 구조의 일부가 되는 것이다. 흐르지 않는 물길에 고인물은 오래 되어서 고인물이 아니라 처음부터 고인물이다.

제5장

누가 왜 '청년'을 말하는가?

정치적 각축장이 된 청년담론

지금까지 우리는 청년에서 중년과 노년에 이르기까지 각 세대 내 각기 다른 계층들의 사회경제적 현황, 그리고 한국사회 불평등 구조의 복합적인 세대 구성을 검토했다. 이제 5장과 6장에서는 우리 사회의 최근 세대담론들이 언제부터 어떻게 생겨났으며, 그것들이 전형적으로 보여주는 특성은 무엇인지를 살펴보겠다. 지금 범람하는 세대담론들은 언제부터, 누구에 의해, 어떤 사건을 계기로, 어떤 의도와 의미로 대량생산되고 확산되었는가? 세대담론에서 '청년'은 어떤 존재로 그려져왔는가? 청년들이 겪는 노동과 불평등, 불공정의 사회현실이 어떤 식으로 해석되었는가? 청년담론의 장에서 청년 당사자들의 사회운동과 정치권·언론·기업들이 어떻게 각축해왔으며 누가 주도권을 쥐었는가?

이런 질문들을 가지고 5장과 6장에서 각각 '청년세대' 담론과 '586세대' 담론의 구조와 계보를 분석해보고자 한다. 먼저 이번 장에서는 최근에 '청년' '20대' '2030세대' 'MZ세대' 'Z세대' '이대남' '이대녀' 등 다양한 명칭으로 청년세대를 말하는 여러 담론들, 그리고 'X세대' '신세대' '88만원 세대' 'IMF세대' 등 과거의 청년담론들을 포괄적으로 다룬다. 지난 20~30년 동안 청년 담론들의 양적 추이, 상징체계, 정치사회적 맥락, 발화의 주체와 의도를 체계적으로 추적하는 것이 여기서의 과제다.

최근 '청년'을 단일한 집합적 주체처럼 묘사하는 많은 담론은 청년세대에 대한 여러 상반되고 모순된 규정을 쏟아내고 있다. 한편으로 청년은 불평등 시대의 희생자, 우리 사회의 미래 희망이지만 약하고 미성숙한 존재, 그래서 '기성세대'가 미안해하고 반성하고 지지하고 양보해줘야 할 양육의 대상처럼 다뤄진다. 사람들은 청년들의 일자리, 노동, 주거, 경제, 미래 전망과 같은 주제들을 다룰 때, 청년세대가 취약하고 불안정한 집단이며 윗세대가 만들어놓은 사회구조의 수동적인 희생양인 듯이 대하곤 한다.[89]

다른 한편으로 '청년'은 뭔가 도무지 이해할 수 없고 다른 세대들과 너무 다른, 그래서 너무나 낯선 외계의 존재, 절대적 타자처럼 그려진다. 더구나 청년들의 이 낯선 특성들은 기성세대의 시선에서 봤을 때 걱정스럽고 한탄스러운 것들이다. 능력주의, 서열주의, 경쟁주의, 이기주의, 탈정치, 보수화, 극우화, 여혐, 남성우월주의, 과격페미니즘 등 이 모든 청년성의 재현물들은 어떤 바람직한 것으로부터의 이탈, 그것의 과잉 또는 결핍으로서 계몽과 교정의 대상이 된다는 공통점을 갖는다.

만약 이런 담론들이 사회 현실을 단순히 '반영'하는 것이라고 추측한다면, 그것은 담론의 본질을 잘못 이해한 것이다. 어떤 담론이 널리 존재한다는 사실이 곧 그 담론의 진실성과 타당성을 뜻한다고 여기는 것은 위험하다. 그런 식으로 생각한다면 혐오와 차별 담론이 확산된다는 것은 곧 '혐오 받고 차별당할 만한 이유가 없진 않기 때문'이라는 소리가 될 것이다. 지역차별, 학력차별, 직업차별, 성차별 등 얼마나 많은 담론이 그런 식으로 정당화되었는가? 그러나 담론은 문자와 음성으로 조직된 물질적 텍스트이며, 대량의 텍스트는 제도화된 담론생산 수단에 의해 만들어질 수 있다. 커다란 마이크와 스피커를 가진 자들만이 많은 사람의 귀에다 자신의 이야기를 들려줄 수 있다. 담론은 사회적 산물이며 그 자체가 권력이다.

그런데 우리 사회의 가장 큰 마이크와 스피커를 가진 집단은 비정규직 청년, 쪽방촌 청년, 구직자 청년, 중소공장 노동자 청년이 아니라 정치·경제·문화 등 여러 분야의 거대권력을 쥔 자들이다. 그리고 최근 이들은 '청년'을 소리 높여 말함으로써 기대할 만한 이익이 많다는 것을 점차 인식하기 시작했다. 정치인과 정당들은 청년 유권자들의 표를 얻기 위해 '청년'의 이름으로 환심을 사려고 하고, 정적政敵을 '청년의 적'으로 만들어 대중의 분노로 상처 입게 만드는 것이 유용하다고 느끼고 있다. 기업들은 'MZ세대'가 자신을 위한 소비를 즐기고 미래를 위해 적극적으로 투자하는 세대라고 대대적으로 홍보하여 고객을 모으는 일에 관심이 많다. 또한 언론에서 청년에 관한 담론들을 생산한 주체의 대다수는 서울에 소재한 중·고령층 엘리트 집단이었다.

이처럼 정치, 경제, 문화, 학력, 성별, 지역 등 여러 면에서 초기 득권층에 집중된 담론생산권력은 다른 계층들이 청년에 관한 담론 지형에서 소외된 존재가 되게끔 만들고 있다.[90] 원래 한국사회에서 '청년'에 관한 이야기를 시작한 사람들은 오늘날 많은 청년이 겪고 있는 노동의 현실과 빈곤, 불안, 차별, 불평등, 인간적 존엄의 파괴라는 문제를 사회적 이슈로 제기한 청년 당사자들이었다. 2010년경부터 활성화된 청년 노동운동과 주거권 운동, 지역공동체 활동, 청년협동조합, 그리고 수많은 공부모임에 참여한 청년들이 자신들의 이야기를 통해 한국사회의 위기를 고발했다. '청년' 담론이 불평등·인권·사회권의 담론과 함께 부상한 맥락이다.[91]

그러나 이러한 청년들의 이야기가 많은 사람의 공감과 공명을 얻기 시작함에 따라, 몇 년 전부터 정치권과 기업, 언론, 그리고 야심찬 청년 정치인들과 기업가 등 다양한 권력집단이 청년담론의 장에 뛰어들어 주도권 경쟁을 하고 있다. 청년 당사자의 삶을 통해 그들의 어머니와 아버지, 폐지 줍는 노인, 청소 아주머니, 경비원 할아버지, 옆에서 같이 기계 돌리는 아저씨의 이야기를 함께 나누는 것이 아니라 '기성세대'가 불평등 사회를 만들었고, 무능하면서 기득권을 붙잡고 있으며, 자식 세대의 가난을 대가로 해서 자신들의 배를 불리고 있다는 이야기가 도처에 넘쳐나게 되었다. 그 바람에 '청년'은 뭔가 이상한 것이 되어가고 있다.

이처럼 지금 청년들이 어떤 사람들이고, 어떤 상태에 있으며, 무엇을 원하고 있고, 무엇이 행해져야 하는지에 관한 지식을 누가 생산하는가라는 질문은 여러 결의 사회불평등과 권력관계가 교차하는 정치적 문제다. 그렇기 때문에 청년들의 일자리와 소득, 인간적인 주거, 더 많은 발언권, 보다 안정된 미래를 모색하는 모든 진지한 노력은 정치·경제·언론·지식산업의 중심부 집단이 만들어낸 청년담론들에 대한 비판적 인식과 더불어 대안적인 서사와 논리를 고민해야 할 때다. 이 과제가 쉽지 않은 이유는, 이미 만들어져 있는 청년담론과 관련 제도의 거대한 판에 뛰어들어 곳곳에 단단히 박혀 있는 잘못된 표지판들과 다퉈야 한다는 데 있다.[92]

그와 같은 대안적 담론과 실천의 공간을 확장하기 위해서는 '청년' '20대' '2030' 'Z세대' 'MZ세대'가 누구인가, '여혐 이대남'과 '랫펨 이대녀'는 왜 탄생했는가 등과 같이, 어떤 세대 개념을 이미 하나의 실체로 전제하는 식의 질문을 던지고 답하는 것을 '일단 멈춤' 해야 한다. 그 대신에 바로 이러한 질문과 대답들이 대체 언제부터 우리 눈과 귀에 쏟아져 들어오기 시작했으며, 바로 그런 방식으로 질문한다는 것이 무엇을 의미하며, 어떤 사회적 의미를 갖는지를 성찰하는 것이 필요하다. 이처럼 담론의 구체적인 유래와 계보를 추적함으로써 우리는 지배적 담론이 말해주는 대로 생각하기를 멈추고 주체적 판단을 할 수 있게 된다.

그처럼 비판적인 담론 이해를 위해, 여기서는 우선 무엇보다 신문과 방송을 포함한 각종 언론매체에서 생산하는 글과 말을 분석해보기로 하자. 현대사회에서 개인들은 매일 텔레비전과 신문, 인터넷과 같은 미디어를 통해 일상적인 생활반경 너머의 넓은 세상에 관한 관점과 태도를 형성한다. 그래서 언론매체에서 생산되는 세대담론은 사회적으로 특별한 중요성을 갖고 있다. 보도기사, 칼럼, 사설, 인터뷰, 토론회 등을 포함하는 신문·방송의 담론은 언론사뿐 아니라 다양한 주체들의 목소리를 포함한다. 그래서 담론 분석은 신문·방송 텍스트에 대한 여러 분석을 포함하지만, 그 중점 목표는 언론사와 같은 매체의 성향을 분석하는 것이 아니라 매체에 형성된 담론의 장discursive fields을 규명하는 것이다.

분석의 첫 단계로 한국언론재단의 뉴스 검색 및 분석 프로그램인 〈빅카인즈〉에 데이터를 제공하는 모든 중앙 및 지역의 신문·방송 매체를 통틀어서 2020년 10월 1일부터 2021년 9월 31일까지 1년 동안 '청년'을 언급한 전체 기사들을 분석해봤다.[93] 분석 결과 1년 사이에 총 8만2798건의 '청년'에 관한 보도가 나왔다. 우리 사회는 매일 평균 무려 226건의 청년 관련 신문기사나 방송 보도를 접하고 있는 것이다. 같은 시기에 '소득'에 관한 총 기사 건수가 7만6837건, '주거'에 관한 기사가 5만7998건, '노동'을 다룬 기사 건수가 3만9373건이니 '청년'이 얼마나 많이 언급되었는지를 가늠할 수 있다.

초점을 더 좁혀서 '청년'과 '세대'가 함께 언급된 1만2009건의 전체 기사 원문도 분석해보았다. 가장 빈번히 등장한 단어 상위 20위는 놀랍게도 대부분 정치 일정에 관한 것이었다. 1위부터 열거하자면 후보, 경선, 출마, 민주당, 국민, 이재명, 선언, 윤석열, 공약, 이낙연, 주자, 의원, 정치, 대표, 지방, 지사, 선거, 총장, 기자 순이다. 충격적이게도 청년들의 실질적인 관심사들은 완전히 뒷전이었다. 빈도 순위가 '부동산'은 127번째, '일자리'는 1497번째, '주거'는 1876번째, '실업'은 5580번째, '비정규직'은 7833번째였다.[94] 지금 '청년'은 무엇보다 정치권력과 가장 가까이 있는 담론이 되었다. 이런 상황은 청년세대 리더들의 권력화를 위한 기회를 제공하기도 하지만, 다른 한편으로 애초에 한국에서 청년 이슈를 확장시켰던 청년 당사자들의 주체성을 위협하는 도전이기도 하다.

그렇다면 언제부터 청년담론이 이렇게 많아졌으며 이토록 정치의 단골 액세서리가 되었는지를 더 장기적인 시간적 지평에서 분석해보자. 〈도표 18〉은 1990년부터 2020년까지 30년 동안 한국의 모든 중앙지와 경제지에서 '청년'에 관한 기사와 '20대 세대'에 관한 기사의 연간 총 건수를 분석한 결과다.[95] 여기서 우리는 청년담론의 빈도가 급등하기 시작한 것이 2010년대 이후이며, 더구나 '청년' 담론은 최근 4~5년 사이에, '20대' 담론은 불과 2년 전부터 갑작스럽게 증가 폭이 엄청나게 커졌다는 것을 볼 수 있다. 매년 총 기사 건수 중 해당 기사 건수의 비율로 측정해도 유사

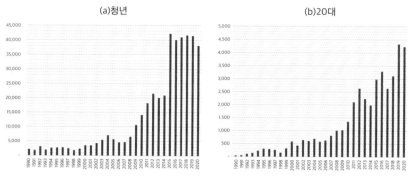

<도표 18> '청년'과 '20대'에 관한 기사 건수 추이, 1990-2020

한 추이가 확인된다.

청년담론의 이 같은 양적 추이는 여러 궁금증을 유발한다. 왜 불과 몇 년 전부터 청년에 관한 담론이 이렇게 폭발적으로 증가한 것일까? 왜 담론의 양적 변화가 불규칙한 단선형이나 파동 형태가 아니라 계단형으로 급증했는가? 최근 한국에서 청년에 관련된 전례 없는 사회변동이 일어난 것인가? 아니면 구체적인 정치적 맥락들이 있는 것인가?

사실 위의 분석이 대상으로 삼은 지난 30년 내내 우리 사회는 청년에 대한 관심이 높아질 만한 여러 이유를 갖고 있었다. 1990년대에는 민주화 이후 청년기에 접어든 최초의 포스트민주화 세대의 등장이 한국정치의 유권자 구성에 중대한 변화를 가져왔고, 2000년대에는 1997년 IMF 구제금융 사태를 청소년기에 맞아 부모님과 경제적 고통을 함께 겪으며 트라우마를 갖게 된 수많은 청년이 있었다. 또한 월드컵 '붉은 악마', 미선·효순 추모 촛불집회, 노무현 대통령 당선 등 큰 사건이 한꺼번에 일어난 2002년의 청년들은 지금까지도 그 흔적이 깊게 남아 있는 강렬한 생애경험을 했을 만하다.

이 모든 청년 현실에 대한 담론의 팽창이 없지 않았다. 'X세대' '신세대' '88만원 세대' 'IMF 세대' 등 여러 명칭으로 각 시기의 청년들에 대한 이야기가 미디어 공론장에서 한동안 많이 오고가다가 소멸하곤 했다. 이 장의 뒷부분에서 나는 이 같은 과거 시기의 청년담론들에 대해 상세한 분석 결과를 보여줄 것이다. 하지만 〈도표 18〉에서 확인할 수 있듯이, 최근 몇 년간에 청년담론의 양적 팽창은 전례가 없는 수준이다. 2010년대 중반 이후 청년담론의 폭발과 2019년 이후 '20대' 담론의 갑작스런 비약적 증가는 궁금증을 유발하는 흥미로운 현상인 것이다. 무엇 때문이었을까?

이 질문에 대한 첫번째 열쇠는 2010년대 이후 청년담론의 양적 증가가 계단형으로 전개되었다는 사실에 주목함으로써 찾아낼 수 있다. 특정 시점에 예외적으로 청년담론의 양이 폭증하면 그 후에 이전 수준으로 돌아가지 않고 유사한 빈도 수준을 유지하거나 점진적으로 증가 추이를 지속했다. 어떤 시점에 수개월 동안 '청년'에 관한 특정한 내용의 기사, 칼럼·사설·방송이 수천 건 방출되면 사람들은 '청년'을 말하는 어떤 거대한 담론의 물결 안에 놓이게 된다. 그러므로 그와 같은 담론의 폭발이 일어난 시점에 어떤 사회적 상황이나 사건이 있었으며 그때 생산된 청년담

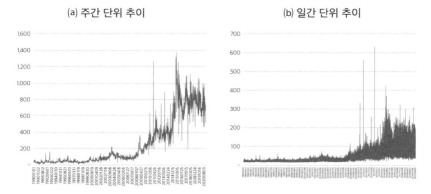

| (a) 주간 단위 추이 | (b) 일간 단위 추이 |

<도표 19> '청년' 기사 건수의 주간 및 일간 추이, 1990-2020

론이 어떤 특성을 갖고 있었는지를 보는 것은, 오늘날 우리가 익숙해져 있는 청년담론들의 실제 유래를 이해하는 데 도움이 될 것이다.

청년담론이 폭발적으로 급증한 시점을 정확히 추적하기 위해서 1990년부터 2020년까지 30년간 국내 모든 중앙지와 경제지에서 '청년'이라는 단어가 등장한 모든 텍스트의 빈도 추이를 주간과 일간 단위로 분석한 결과가 〈도표 19〉이다. 우리는 앞의 연간 단위 분석 결과에서 청년담론이 2010년대의 어느 시점부터 계단형으로 증가한 추이를 보았는데, 이를 주간 및 일간 단위로 세분화해서 보면 지난 30년 동안 몇 차례에 걸쳐 청년담론이 대단히 이례적으로 대량생산된 명확한 시점들이 있다는 흥미로운 사실을 발견하게 된다. 이때 무슨 일이 있었고, 청년에 관해 어떤 담론들이 쏟아져 나왔는지 들여다보자.

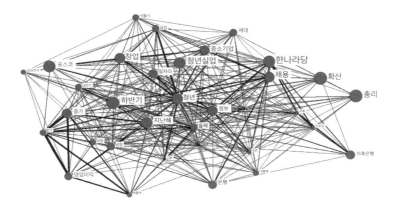

<도표 20> 2011년 '청년세대' 담론의 상위빈도 단어 연결망

청년담론의 빈도가 이례적으로 폭증한 시점에 기사·사설·칼럼 등의 계기가 된 사건들을 분석해보았다. 청년 관련 드라마 비평 등 지엽적인 사례들을 걸러내고 보면 무엇보다도 2011년 8월, 2015년 8~9월, 2019년 9~10월이 지난 30년 동안 가장 의미 있는 청년담론의 폭발기였음을 찾아내게 된다[96] 이 세 시점에 각각 수천 건에 달한 청년 관련 보도의 내용을 체계적으로 파악하기 위해서 상위빈도 단어들이 같은 텍스트 안에서 동시출현한 연결망 구조를 분석했다. 단어 연결망 이미지에서 원과 단어의 크기는 출현빈도를 나타내며, 원들을 연결하는 선의 굵기는 연결된 단어들의 동시출현 빈도를 뜻한다.[97]

먼저 〈도표 20〉은 2011년 8월의 청년 관련 텍스트의 단어연결망이다. '청년실업' '일자리' '채용' '창업'이라는 주제어가 도드라진다. 기사 내용은 기업들의 하반기 채용공고 등 정례적인 내용도 적지 않았지만, 정부의 청년창업 지원정책이나 서울시장선거와 같이 '청년'에 대한 정책적 관심을 반영하는 기사가 상당하다. 또한 『서울경제』의 청년실업 연속특집기사 등 탐사보도 사례도 여럿 등장했다. 즉 정부, 기업, 언론 등이 다양한 방식으로 청년들의 일자리와 경제 문제를 집중적으로 다루고 있었다.

그런데 왜 2011년 8월인가? 이 시점 직전에 한국사회와 정치에서 청년담론의 급증에 영향을 미칠 만한 여러 사건들이 집중적으로 일어났다. 무엇보다 2010년 동시지방선거를 전후하여 보편복지/선별복지 대논쟁이 일어났고, 그 하나의 구체적 이슈로 '친환경무상급식 운동'이 전국적으로 확산됐다. 그 맥락에서 2011년 오세훈 당시 서울시장이 학교 무상급식 반대를 천명하며 주민투표를 실시했다가 패배하여 시장직에서 물러났고, 이어진 선거에서 박원순 후보가 서울시장으로 당선되었는데 이는 한국에서 청년운동과 청년담론의 성장에 획기적인 전환점이 되었다.

또한 이 시점에 빠뜨릴 수 없는 것이 반값등록금 이슈다. 2008년부터 꾸준히 계속된 '반값등록금 운동'은 2011년 4월부터 격화되었고, 6월에는 대규모 촛불집회가 연일 개최되면서 청년들의 경제적 어려움에 관한 많은 보도가 나오고 있었다. 당시 이명박 대통령은 끝까지 대학생 복지예산 확대에 반대의 뜻을 표했지만, 여당이었던 한나라당은 2012년 총선을 앞두고 태도를 바꾸어 2011년에 1조9000억 원 규모의 국가장학금제도 도입 등 전향적

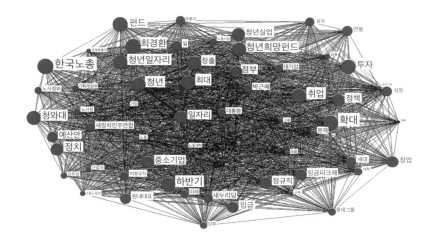

<도표 21> 2015년 '청년세대' 담론의 상위빈도 단어 연결망

인 정책을 결정했다.[98] 말하자면 2011년에 청년담론의 급증은 보다 장기적으로 청년층의 고용, 교육, 복지, 그리고 미래에 관한 사회적 관심과 운동이 고조되고 있던 맥락과 직결되는 것이다.

우리가 〈도표 18〉에서 보았듯이 2010~11년경에 이러한 맥락에서 청년담론이 확장되기 시작한 이후로 몇 년에 걸쳐 증가 추세가 계속되었다. 그런데 2015년에 청년담론의 빈도가 한 단계 더 높아지는 또 한 번의 비약적 증가가 일어났는데, 이때가 한국 사회 청년담론의 성격 변화에서 결정적인 전환점이다. 뒤에서 자세히 보게 되지만, 박근혜 정부 중반기인 2015년은 세대주의적 공정성 담론, 세대불평등 담론, 반反노동 담론의 계보가 시작되는 대단히 중요한 해였다. 먼저 〈도표 21〉에서 이 시점에 핵심어들의 동시출현 연결망 구조를 보자.

2011년과 마찬가지로 여기서도 청년담론의 중심은 '일자리'이며, '창업' '투자' '기업'에 관한 언급들이 있지만 새로 등장한 중요한 담론적 특징이 뚜렷이 보인다. 그것은 바로 정규직과 비정규직, 대기업과 중소기업 종사자 간의 격차 등 임금근로자 내의 분열 이슈가 부각되고, 나아가 이것이 청년세대와 기성세대 간의 세대갈등 문제로 전치되어 담론화된다는 사실이다. 이러한 담론은 박근혜 정부가 2014년부터 추진한 이른바 '노동개혁'의 맥락에서 만들어지고 언론에 대대적으로 보도되면서 이후 한국사회 청년담론의 중심에 자리잡게 된다. 청년들의 경제적 어려움을 세대갈등 문제로 담론화하여 정부정책에 대한 청년들의 지지를 동원하려는 시도가 이 시기부터 본격화된 것이다.

박근혜 정부는 2014년 하반기에 '2015년 경제정책방향', 노동·공공·금융·교육 등 이른바 '4대 개혁과제' 등을 발표하고 강력히 추진했는데 이중 노동개혁안에는 기간제·파견제 등 비정규직 확대, 일반해고 도입으로 노동자 해고요건 완화, '사회통념상 합리성'을 기준으로 사측이 임의로 취업규칙을 변경할 수 있게 한 지침, 성과연봉제로 노동자 간 경쟁 강화, 저성과자에게 재교육·배치전환 등 기회를 준 뒤 개선이 없으면 해고할 수 있게 한 저성과자 해고지침 등 사측의 편이성과 노동자의 성과 압력을 극대화하는 내용이 대거 포함되어 있어서 거센 사회적 저항을 불러일으켰다. 그런데 이에 대한 노동계의 저항이 언론에서 '기성세대의 기득권 지키기'로 낙인찍히면서, 마치 노동자 고용보호가 청년들의 일자리 뺏기와 동일한 의미처럼 되어버렸다.

이와 같은 역사적 맥락에서 봤을 때, 2019년 이후 폭발적으로 확산된 '불평등'과 '세대'를 연결시키는 담론들은 노동자 내부의 갈등 이슈를 부각시키며, 이를 다시 늙은 기성세대와 푸른 청년세대의 갈등 문제로 전치시키는 것을 핵심으로 한다는 점에서 박근혜 정부의 정치담론을 계승하는 계보 안에 있다. 보수언론과 경제신문들이 열광적으로 세대불평등 담론을 소비하고 생산한 것은 그 역사적 배경이 구체적으로 있는 것이다.

여기서 담론사의 관점에서 중요한 점은, 이처럼 2015년을 기점으로 청년담론이 정치경제적 권력집단의 이익에 봉사하는 기능이 증폭됨에 따라, 2011년경부터 개혁적 청년운동들과 박원순 서울시의 진보적 청년정책 및 거버넌스 기구들에 주로 결부되어 있던 청년담론에 중대한 내적 균열과 긴장이 발생했다는 사실이다. '청년'은 이때부터 명료한 사회적 메시지를 전달하는 담론이 아니라, 서로 대립하는 세력들 간의 권력경쟁과 이념갈등의 전장戰場이 됐다. 청년담론은 청년세대와 한국사회 현실에 대한 상이한 서사와 해석, 상반된 진단과 해법이 경합하는 장소가 되었다는 것이다. '청년'은 한편으로 의미의 과잉으로 특징지어지며, 다른 한편으로는 바로 그런 해석의 정치로 인해 어떠한 명확한 의미도 갖지 않는 혼돈의 담론이 되었다.

실제로 2015년 이후에 한편으로는 기성세대 책임론, 세대불평등론 등 박근혜식 청년담론이 확산되는 가운데, 다른 편에서는 박원순 시장의 서울시 청년정책과 청년당사자 사회운동 등 다른 맥락의 청년담론도 심화·확대되었다. 한국보건사회연구원 연구진이 2010년 이후 언론의 청년담론 추이에 대한 토픽모델링을 수행한 결과에 의하면, 2015년 이후에 청년들의 소득·노동·주거 지원정책에 관련되는 담론들이 꾸준히 증가했다.[99] 뿐만 아니라 서울시의 2015년 청년기본조례 제정, 2016년 청년활동지원센터 개관 등은 서울시뿐 아니라 전국적으로 청년단체들과 청년정책의 질적 도약을 촉진한 사건이었으며, 그것은 청년담론의 확장에 큰 영향을 미쳤다.

그처럼 2010년대에 박근혜식 청년담론과 박원순식 청년담론 간의 각축이 진행되어온 맥락에서, 2019년 청년담론의 또 한 번의 대폭발은 박근혜 정부 노동정책의 연장선상에 있는 세대갈등과 세대불평등 담론이 완전한 주도권을 갖게 된 사건이었다. 2019년의 '조국 사태' 또는 '검란檢亂'이라고 불리는 격렬한 갈등의 국면에서 청년담론은 한편으로 정치적·이념적 투쟁의 장으로 더욱 깊숙이 들어가게 되었고, 다른 한편으로는 세대 간의 관계를 사회경제적 불평등 구조로 프레이밍하는 담론이 전면에 등장하게 된다. 무엇보다 세대담론의 정치화, 그리고 정치문제의 세대문제화 경향이 서로 긴밀히 얽히게 되었다는 것이 변화의 핵심이다.

〈도표 22〉는 2019년 9~10월의 상위 빈도 단어들의 연결망 구조를 분석한 것이다. 조국 전 민정수석의 법무장관 임명을 둘러싼

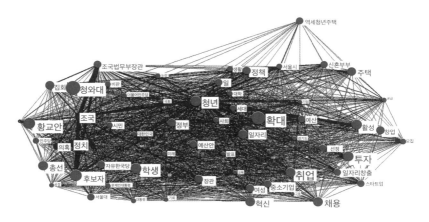

<도표 22> 2019년 '청년세대' 담론의 상위 빈도 단어 연결망

논란과 자유한국당 및 황교안 대표에 연결된 단어군이 좌측에 크게 자리잡고 있다. 여기서 우리의 관심사는 단순히 조국 전 법무장관에 관한 보도량이 아니다. 문제는 그 이슈가 '청년세대'와 '기성세대'를 모호하게 대립시키는 세대갈등론으로 연결되고 있었다는 사실이다.

〈도표 22〉의 정중앙에 있는 '청년'이라는 단어는 우측으로 주택, 일자리, 취업, 창업 등의 정책현안에 연결되고 있지만, 좌측으로 조국 법무부장관을 둘러싼 청와대, 민주당, 자유한국당 간의 정치공방으로 연결되고 있었다.

더 중요한 사실은 이 시기의 세대담론이 '청년'과 '조국'의 대립 구도에 국한되지 않고, 조국 전 장관의 이슈를 일반 국민들의 세대갈등과 세대 간 불공정 프레임으로 비약시켰다는 사실이다.

2018년과 2019년 사이의 변화를 추적해보면, 국내 총 18개 중앙지와 경제지, 4대 방송사에서 '세대갈등'을 언급한 기사 건수는 2018년에 2529건에서 2019년에 3964건으로 1.5배가 증가했고, '세대'와 '공정성' 또는 '불공정'을 연결시키는 기사의 건수는 2018년 579건에서 2019년에 1131건으로 무려 2배로 뛰었다. 이것은 '조국'이라는 변수가 아니고서는 설명될 수 없는 현상이다. 여기서 반反민주당이나 반反문재인정부 같은 정치적 프레임이 반反기성세대라는 사회학적 세대갈등론으로 연결되고 있는 지점이 우리의 관심을 끄는 것이다.

이렇게 '청년'의 이름으로 구체제와 권력에 반대하는 담론은 과거에는 진보세력의 전유물이었으나, 2019년에 와서 보수세력이 청년담론의 정치적 주도권을 뺏는 데에 처음으로 성공한다. 2010년 이후 청년당사자 사회운동을 주도한 주체들이 문재인 정부 시기에 다양한 거버넌스 기구를 통해서 제도화된 권력기구로 많이 진입한 반면에, 보수우파의 정치행위자들이 청년담론의 장으로 대거 들어와서 이를 권력 비판의 핵심 병기兵器로 전환시켰다. 이때 이후로 더불어민주당과 정의당 역시 청년과 세대 이슈의 정치적 중요성을 자각하여 청년담론과 청년정치의 장에 적극적으로 뛰어들게 된다. '청년'이 과거에는 개혁적 사회운동의 가장 중요한 정체성 언어였다면, 이제는 제도정치 세력들 간의 경쟁과 갈등의 중심에 놓이게 된 것이다.

어느 청년의 공정인가?

앞에 서술한 맥락에서 청년세대 담론의 정치화를 더 세밀히 들여다보기 위해, 여기서는 특히 '노동'과 '공정'이라는 문제가 언제부터, 어떤 방식으로 '세대' 문제로 담론화되었는지 추적해보자. '노동'과 '공정'이라는 이슈는 그 자체로는 특정 세대에만 해당되거나 특별히 세대 간 관계에 관련되는 것이 아니다. 현대 자본주의 사회에서 노동과 사회적 정의는 본질적으로 계급의 문제다. 그런데 오늘날 한국에서는 실업과 비정규직 등 노동의 문제나 정치사회적 불공정 문제가 특별히 청년세대의 문제거나, 청년세대와 기성세대 간 이익갈등의 문제인 것처럼 간주하는 담론이 많아지고 있다. 그러한 '청년-노동' 또는 '청년-공정' 담론들은 언제, 누구에게서 유래한 것일까? 이 이슈를 놓고 어떤 집단들의, 어떤 청

'청년'기사 건수

'청년+노동' '청년+기성세대' 기사 건수

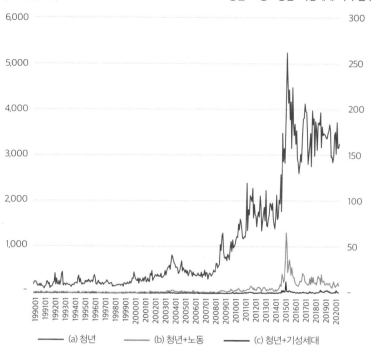

<도표 23> '청년'과 '노동'의 세대주의적 담론화, 1990-2020

년담론들이 경합하고 있을까?

먼저 청년들의 노동문제에 관해 말하는 많은 담론 가운데 양적
으로 가장 지배적인 담론 유형을 찾아서 분석해보았다. 〈도표 23〉
은 청년의 노동 현실이 언론에서 언제부터, 얼마나 빈번하게 등장
했으며 어떤 맥락과 의미에서 다뤄졌는지를 보여준다. 세 개의 그
래프는 국내 총 18개 중앙지와 경제지에서 (a) '청년'에 관한 기사,
(b) '청년'과 '노동'이 함께 등장한 기사, (c) '청년'과 '기성세대'라

는 세대론적 용어가 함께 등장한 기사의 월간 건수 추이다. 여기서 발견되는 흥미로운 사실은 '청년' '청년-노동' '청년-기성세대'를 말하는 세 종류 담론의 증감이 거의 함께 움직이며, 지난 30년 사이에 가장 큰 폭으로 증가한 시점도 모두 2015년 7~9월로 정확히 일치한다는 것이다.

우리는 이미 앞에서 이 시점이 청년담론의 양적 폭증과 성격 변화에서 중대한 전환점이었다는 것을 확인한 바 있다. 그러한 전환의 중핵이 바로 '노동문제'와 '세대불평등'의 담론적 접합이었다. 그 논리란, 노동 현실의 가장 큰 문제는 기업 · 재벌 · 고용주가 아니라 노동자 내부의 불평등에 있으며, 무엇보다 기성세대의 과도한 자원 점유가 청년세대의 취업난, 비정규직, 빈곤의 원인이기 때문에 중년 노동자의 고용, 임금, 조직을 약화시켜야 청년들이 차지할 자리가 생긴다는 것이다. 이러한 논리를 세련화하고 감정적으로 만드는 수많은 담론과 서사가 탄생하여 신문지면과 방송에서 대량으로 확산되었다.

노동문제에서 주제를 더 확대하여 한국사회 전반의 '공정성'에 관한 담론에서 청년담론이 어떤 위상과 의미를 갖고 있는가라는 질문으로 나아가 보자. 우리는 앞의 여러 장에서 한국사회의 교육 · 고용 · 소득 · 자산 등의 불평등과 불공정이 모든 세대를 관통하고 있으며, 한국사회 분배공정성에 대한 인식 역시 세대에 따른 뚜렷한 차이를 발견할 수 없다는 것을 보았다. 그런데 지난 30년을 대상으로 한편으로 공정성에 관한 기사 건수, 다른 한편으로

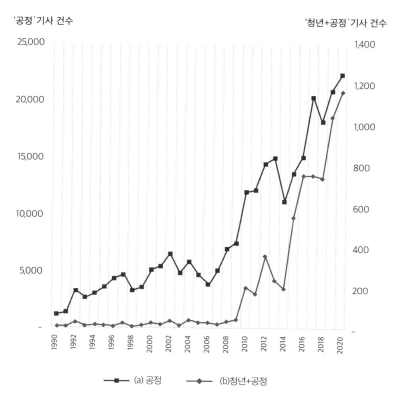

'공정'기사 건수

'청년+공정'기사 건수

<도표 24> '청년' 담론과 '공정' 담론의 기사 건수, 1990-2020

공정성과 '청년'을 함께 다룬 기사 건수를 나란히 분석해보면 흥미로운 추이를 발견하게 된다. 〈도표 24〉는 '공정' 담론이 언제나 '청년'을 함께 거론하면서 증가해왔음을 보여준다. 현실에서는 특정 세대의 문제가 아닌 공정성 이슈가 담론에서는 청년세대 문제로서 다뤄져온 경향이 강하게 존재한 것이다.[100]

그렇다면 '청년-공정'의 담론적 접합이 어떤 내용적 특징을 갖고 있으며, 지난 10여 년 동안 어떤 방향으로 변해왔는지를 더 자세히 보자. 〈도표 24〉를 보면 '청년-공정' 담론의 빈도가 처음 증가하기 시작한 시점은 2010년과 2012년이다. 그러나 월간·주간·일간 단위로 추적해본 결과, 이 시기에 '청년'과 '공정' 담론은 아직까지 따로따로 증가하고 있었을 뿐 의미 있게 연결되지는 않고 있었다. 예를 들어 2010년에 이명박 대통령이 라디오 연설에서 '청년실업' 문제를 언급한 뒤에 다른 맥락에서 상거래나 농수산물 유통구조의 '불공정'을 언급한 사례 등이다. 또한 2012년 대선 후에 박근혜 대통령은 '청년'과 '공정성/불공정'을 자주 언급했지만 양자가 연결된 경우는 아직 많지 않았다. 『한겨레』『경향신문』 등 진보 성향 언론에서는 '청년'과 '공정성/불공정'은 거의 함께 등장하지 않아서 2010년 한 해 동안 총 34건에 불과했다.

양자를 의미 있게 연결하는 담론이 폭증한 결정적 계기는 2015~16년과 2019~20년이었다. 이 시기를 정밀히 분석해보면 '청년-공정' 담론이 각 연도의 전체 시기에 고르게 분포한 것이 아니라, 특정 시점에 특히 예외적인 양적 증가가 일어나고 그 뒤로 전반적인 담론의 빈도를 한 단계 높이는 결과를 낳는 패턴을 보인다. 앞서 살펴본 '청년' 담론의 계단형 증가와 동일한 형태인 것이다. 이처럼 장기적인 담론 변화에서 특정한 '사건'이 깊은 구조적 영향을 남긴다는 사실을 우리는 반복해서 보고 있다.

월간 단위로 빈도 추이를 분석해보면 '청년-공정' 연계 담론의 빈도가 날카롭게 솟은 네 시점은 ⓐ 2015년 7월, ⓑ 2016년 3월,

(a) 2015년 7~9월

노동시장 비정규직 정부 한국노총
기자회견 경제단체 중소기업중앙회
노동 **노동개혁** 노사정 경제 한국경제인연합회
대기업 재용 새정치민주연합
일자리 공정 **청년** 일 불공정 대한상공회의소
한국경영자총협회 **국회** 새누리당 기업 취업

(b) 2016년 3~5월

중소기업 불공정 **의원** 청년비례대표
비례대표 새누리당 더민주 정부
공천국회 공약 **청년** 공정
정의당 대표 발표 **후보** 지역구 예비후보
더불어민주당 정당 논란 **총선** 경선
비방자 대기업 경제민주 경제

(c) 2019년 9~11월

자유한국당 사회추구 **대통령**
사퇴 **문재인대통령** 더불어민주당
청년 민주당 논란
총선 개혁 감찰개혁 불공정 **공정** 서울대
비판 **국회** 일몰 세대 집회
후보자 훌불이든 장관 **조국**
분노 **조국법무부장관** 사퇴
광화문 사회

(d) 2020년 6~9월

폭력 **인국공** 불공정
일자리 분노
논란공정 정규직전환 공공부문
보안검색요원 더불어민주당 **청년** 추미애법무부장관
기득권 **비정규직** 국민의힘
문재인대통령정부 재용 **인천국제공항공사**
조국 **정규직**

<도표 25> '청년'과 '공정'의 연계 담론의 워드클라우드

ⓒ 2019년 10월, ⓓ 2020년 9월이다. 각 시점에 가장 빈번하게 동
시출현한 연관어들을 워드클라우드로 시각화한 결과가 〈도표 25〉
에 제시되어 있다. 각 단어의 크기는 출현 빈도를 뜻하며, 연결망
분석과 달리 여기서 단어들 간의 거리는 특별한 의미를 갖지 않
는다.[101]

　여기서 우리는 2015~16년의 담론 폭증기와 2019~20년 폭증
기 사이에 주목할 만한 차이가 있음을 보게 된다. 2015~16년에는
〈도표 25〉의 ⓐ와 ⓑ에 집약되어 있는 것처럼, 한편으로 당시 박
근혜 정부 및 집권 새누리당과 다른 한편으로 야당인 더불어민주
당 사이에 청년문제와 한국사회 공정성 문제를 연결시켜 담론과
정책 경쟁에서 주도권을 쥐기 위한 경합이 격렬히 일어나고 있었

다. 2015년은 우리가 이미 살펴본 바와 같이 박근혜 정부의 노동개혁 맥락이 지배적이었다. 그런 맥락에서 2016년에는 4월 총선을 전후하여 더불어민주당이 '청년'과 한국사회 불공정 문제를 집중적으로 연결시키고 있었다.

이렇게 정치권이 경쟁적으로 '청년'과 '공정'에 호소하기 시작한 것은 애초에는 보다 넓은 사회적 맥락이 그 배경에 작용하고 있었다. 2009~2010년의 무상급식 논쟁, 2010년 청년유니온 설립과 그에 뒤이은 여러 청년 개혁운동단체의 확대, 2011년 반값등록금 운동의 고조, 2013년 대학가의 '안녕들 하십니까' 캠페인, 2014년의 세월호 참사, 2015년 온라인상의 '헬조선' 현상의 확산으로 이어진 저변의 사회적 분위기가 그 배경이다. 이 맥락에서 청년담론들은 취업난과 실업, 노동인권 현황, 주거 현실, 소득 단절, 한국사회의 불평등 현실 등의 문제를 제기하고 있었다.

그런데 2019~2020년에 와서 '청년'과 '공정'을 연계하는 담론은 거의 문재인 정부와 그 이념 및 정책에 대한 공격의 의미로 채워졌다. '청년-공정' 담론의 폭증은 2019년 9~11월과 2020년 6~9월에 일어났는데, 전자는 조국 전 법무장관에 대한 비난에, 후자는 인천국제공항공사 비정규직 사원의 정규직화 정책에 대한 비판에 관련된다. 이 두 사건은 '청년'과 '공정'을 연계하는 새로운 두 가지 방식을 탄생시켰다.

첫번째는 〈도표 25〉 (c)에서 볼 수 있는 것처럼, 2019년에 조국 전 법무장관의 '공정' 문제에 대한 비난을 문재인 대통령과 더불어민주당에 대한 비난으로 확장시킨 다음, 이를 '청년세대'와 적대적 관계에 위치시키는 담론 구조다. 여기서 '청년–공정'은 정부 여당에 대한 정치적 비난 담론에 너무나 깊숙이 연루된 나머지, 더불어민주당과 자유한국당 간의 진영 갈등 구도에 갇혀 버렸다. 그와 더불어 문재인 정부 집권세력에 대한 비난을 '586세대'에 대한 비난으로 확대하는 담론적 연계는, 청년문제에 대한 진단과 해법을 세대갈등과 정치갈등의 틀을 넘어서는 관점에서 토론할 수 있는 공간을 대단히 좁게 만들었다.

두번째로 2020년에 전면에 등장한 '청년–공정' 담론은 〈도표 25〉 (d)의 핵심어 워드클라우드가 보여주는 것처럼, 인천국제공항공사 비정규직 사원의 정규직 전환 정책에 대한 정규직 사원들의 반발로부터 촉발되었다. 이 시기의 담론 분석 결과에서 '인국공' 담론의 지배력은 예상보다 훨씬 강했다. 문재인 정부 출범일 이후 2021년 9월 30일까지 전체 시기 동안 '청년'과 '공정'이 함께 언급된 모든 중앙지·경제지 기사를 대상으로 LDA 토픽모델링이라는 분석 기법으로 '청년'과 '공정'이 연계된 텍스트의 핵심 주제들을 추출해보니 놀랍게도 인국공 이슈가 대단히 큰 비중을 차지하고 있었다.[102] 추출한 총 5개 주제 가운데 2개가 인국공 관련 주제였는데, 그 중 하나는 2017년 1차 인국공 논란, 다른 하나는 보안 업무 비정규직 사원의 정규직화가 완료된 2020년의 2차 인국공 논란이었다. 이 분석 결과는 예상치 않은 것이었으며 충격적이었다.

일부 공공부문 비정규직 사원을 정규직으로 전환하는 것이 청년 비정규직 문제를 해결하는 데에 얼마나 효과적이며, 민간부문으로 파급효과가 얼마나 될지는 이견의 여지가 있다. 그런데 2020년의 담론 지형과 관련하여 주목하게 되는 것은, 몇몇 공공부문 기업에서 비정규직 사원의 정규직 전환 정책이 마치 오늘날 한국 청년들이 겪고 있는 사회적 불공정 문제의 가장 중요한 쟁점인 것처럼 어마어마한 양의 기사가 생산되었다는 사실이다.

담론의 정치학에서 '무엇을 말하느냐'는 '무엇을 말하지 않느냐'와 분리될 수 없다. 인국공 이슈에 언론들이 이토록 많은 지면을 할애했다는 사실의 이면은 무엇인가? '꿈의 직장'으로 불리는 일부 공공부문 회사 정규직 사원들의 공정론 너머에 훨씬 더 많은 청년들에게 관련되는 자본주의 사회의 불공정성 문제가 있음에도 '청년-공정' 담론의 장에서 말해지지 않고 있다는 뜻이다.

정말 그러한지를 보기 위해 문재인 정부가 출범한 이후 2020년까지 언론에서 앞의 분석과 같은 조건으로 '청년'과 '비정규'가 동시출현한 기사들을 분석해보았다. 문재인 정부가 출범한 직후인 2017년 5월에 청년 비정규직에 관한 기사들에서 최상위 빈도의 단어는 '양극화' '최저임금 인상' '일자리 창출' '청년 고용률' '구의역' 등이었다. 그런데 2020년 8월에는 청년 비정규직 기사들의 단어연결망 중심에 '정규직화' '인천국제공항공사' '인국공' '불공정'이 있었고, 여기 연결된 단어는 '보안검색' '정규직 전환 논란' '취업준비생' '취준생' '공개모집' '필기시험 합격' '로또 당첨'

등이다.

이는 무엇을 의미하는가? 청년 비정규직에 관한 담론이 완전히 '시험=공정'이라는 내용으로 장악되었다는 뜻이다. 그에 반해 20대의 높은 비정규직 비율을 초래하는 한국 기업의 고용 관행, 더 나아가 한국사회 전반의 고용불안정 문제는 지금 담론의 장에서 주변적인 위치에 머물 뿐이다. 즉 한국사회 공정성 문제의 핵심은 바로 '누가 정규직이 될 자격이 있는가?'의 기준을 센티미터까지 정교하게 정립하는 것으로 이해되고 있었다. 2020년의 이러한 '청년-공정' 담론은, 2010년 청년유니온의 창립 이후에 노동인권 보호와 불평등 해결을 중심에 뒀던 '청년-공정' 담론과 대조되는 계급적 시선을 담지하고 있는 것이다. 이리하여 '청년을 위한 공정'이라는 말은 이제 기업과 노동자, 정규직과 비정규직, 고학력과 저학력, 보수와 진보, 우파와 좌파가 서로 각자의 의미를 생산하고 확산시키기 위해 경합하는 담론투쟁, 해석투쟁, 정치투쟁의 장소가 되었다.

'MZ세대' 담론의 정치적 유래와 상업화

지금까지 살펴본 바와 같이 민주화 이후 지난 30여 년을 돌아봤을 때, 2010년대 초반부터 양적 확대가 시작된 청년담론은 처음엔 청년들의 일자리, 소득, 교육, 주거, 미래전망 등 여러 면에서 악화되고 있었던 현실을 개선하기 위한 청년당사자 사회운동들과 시민사회의 대안담론에 많은 영향을 받았다. 하지만 2010년대 중반 이후 청년담론과 세대론은 점차 청년 유권자의 표를 얻고, 정권을 홍보하거나 정부정책을 정당화하고, 경쟁 정당과 정치인을 공격하기 위한 수단으로 변해갔다. 청년담론과 세대담론의 장을 지배하는 주도권이 시민사회에서 정치권으로 넘어가게 되었거나, 최소한 두 제도적 장이 경합하는 형국이 되었다.

단적인 예로 최근 '20대'에 관한 담론의 폭증은 거의 모두 정치권 내의 공방에 관련된다. 문재인 정부 시기에 '20대' 담론의 세 차례 폭증 시점이 있는데, 첫번째인 2019년 2월말은 20대 유권자의 여권 지지율이 하락하자 이에 대해 더불어민주당 설훈 최고위원과 홍익표 수석대변인이 이명박·박근혜 정부 하에서 잘못된 교육을 받은 때문이라고 발언한 데 따른 논란이다. 두번째인 2020년 4월 초중반은 국회의원 총선 후 연령대별 유권자의 투표선택에 대한 보도였으며, 세번째인 2021년 3월말~4월은 서울·부산 시장 보궐선거를 앞둔 여론조사 결과와 선거 결과 보도다. 특히 2021년 보궐선거 이후에는 여야 정치권에서 2022년 3월 대통령 선거를 앞두고 20대 내의 성별 정치성향 차이와 '이대남'에 대한 관심이 폭발적으로 커졌다. 청년담론과 세대담론은 이렇게 정치인과 정당들이 벌이는 여론정치의 자장磁場 밖으로 나가기 힘들어졌다.

청년과 세대에 관한 사회적 담론들이 실은 순전히 정치적인 맥락에서 생겨난 것이었음을 보여주는 대표적인 예가 바로 '2030세대'와 'MZ세대' 담론이다. 지금 많은 사람이 '2030세대'와 'MZ세대'가 뭔가 심오한 문화적 동질성이나 생애사적 공통점이 있는 사회학적 범주인 것처럼 생각하면서 이 용어를 사용하고 있지만, 실은 '20+30' 'M+Z'라는 이 묶음은 2021년 4월 보궐선거의 유권자 표심에 대한 세대론적 독해 또는 오독에서 생겨난 결과일 뿐이다. 〈도표 26〉은 문재인 정부 출범일인 2017년 5월 9일부터 2021년 9월 30일까지 총 18개 중앙지·경제지에서 '2030세대'와 '3040

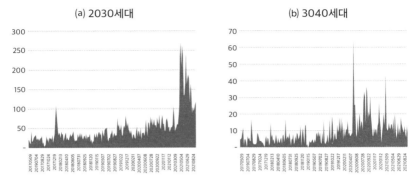

<표 26> '2030' 세대묶음과 '3040' 세대묶음 비교 (단위: 건)

세대'의 주간 보도량이다.

〈도표 26〉 ⒜는 지금 많은 사람이 전혀 어색함을 느끼지 못하고 사용하고 있는 '2030세대'라는 용어가 20대와 30대 연령층의 실제적인 공통점을 반영하는 것이 아니라, 특정 시점부터 갑자기 폭증한 결과라는 사실을 보여준다. 말하자면 '20대'과 '30대'를 묶어서 '2030세대'라고 부르는 명칭은 별로 사용되지 않다가, 2021년 4 · 7 보궐선거를 앞두고 여론조사 결과가 공개되기 시작한 3월 말부터 '2030세대'에 관한 기사 건수가 1주일에 250건 가까운 양으로 치솟은 것이다. 그 이전까지는 1980년대생부터 1990년대생까지 20년에 걸친 연령대 인구가 삶의 상황과 경험, 인식, 가치 등 어떤 면에서 공통점을 지닌 집단이라는 인식이 전혀 강하지 않았다. 그런데 문재인 정부 4년 동안 높은 여권 지지율을 유지한 30대와 40대 유권자 중에서 30대가 2021년 상반기의 전반적인

여권 지지율 하락 추세 속에서 40대보다 더 많이 이탈하자 '3040'에서 떼어내어 '2030'으로 묶이기 시작한 것이다.

〈도표 26〉 (b)는 이 추론이 꽤 설득력이 있음을 보여주는 또 하나의 증거다. 더불어민주당이 대승을 거둔 2020년 국회의원 총선거 시기엔 여당 180석을 만들어준 주역인 '3040세대'를 보도하는 기사가 폭발했다. 그해 7~8월까지 '3040세대'에 관한 여러 기획기사와 보도가 다량으로 쏟아졌다. 그 후에 2021년 2월의 '3040세대' 보도의 증가는 정부가 부동산 가격 폭등에 따른 지지층 이반을 우려하여 30~40대의 내 집 장만 기회를 확대하는 청약제도 개선안을 발표한 데 따른 것이었다. 이때가 바로 '30+40'의 세대 묶음 담론이 마지막 불꽃을 태운 순간이다. 바로 다음달의 여론조사 결과가 나오면서 '3040' 담론은 해체되고 '2030' 담론이 대세가 된다.

여기서 우리가 특별한 관심을 둬야 하는 것은, 이처럼 단기적인 정치여론 변화의 영향으로 생긴 세대 인식이 마치 심오하고 장기지속하는 사회구조와 문화변동의 반영인 듯이 오인하게 되는 경향이다. 그런 잘못된 인식은 개인 심리의 내면에만 있는 것이 아니라 객관적으로 관찰 가능한 담론의 양적 증가와 질적 확장을 통해 확인할 수 있는 바다. 즉 '2030세대' 담론은 정세 변화에서 생겨난 것이지만, 점차 정치여론에 국한되지 않고 온갖 사회문화 현상을 해석하는 틀로 당연시된다. 마치 20대에서 30대에 이르는 인구집단이 유사한 문화, 의식, 취향, 경제적 상황과 기반을 가진 사람들인 것처럼 말이다. 담론의 정치적 유래가 희미해지고 문화의 향수가 뿌려지는 바로 이 지점부터 세대담론은 상업화의 길로 나아가게 된다. 담론의 주인이 정치권에서 기업들로 넘어가게 되는 것이다.

그 대표적인 예가 'MZ세대'다. 'MZ세대'라는 용어는 '밀레니얼 세대'과 'Z세대'를 합친 말로서, 두 용어 모두 그 자체로는 당연히 2021년 대한민국의 서울·부산시장 보궐선거와 상관없이 생겨난 국제적 유행어다. 밀레니얼 세대는 2000년대에 성인기에 접어든 최초의 출생세대를 가리키는 용어로서, 1980년대 초에 태어난 세대부터 좁게는 1990년대 중반까지, 넓게는 2000년대 초반까지 태어난 세대를 포괄한다. 한편 Z세대는 1990년대 중반 이후에 출생한 오늘날의 가장 젊은 청년층을 가리킨다. 밀레니얼 세대의 맏이는 2020년에 마흔 살, Z세대의 막내는 스무 살이다. 같은 세대로 묶기엔 꽤 멀다.

'Z세대' 담론은 2019년에 미국의 퓨Pew 연구센터에서 처음 사용하기 시작하여 국제적으로 빠르게 확대되었고, 한국에서도 2019년에 사용되기 시작했다. 그와 달리 'MZ세대'는 2021년에 한국에서 갑자기 폭발적으로 증가했는데 그 시발점은 전혀 심오하지도 구조적이지도 않다. 4·7 보궐선거다. 2021년 3월 이전 시기를 대상으로 구글에서 'Generation MZ'를 검색하면 이 용어가 거의 나오지 않는다. 즉 'MZ세대'는 한국정치의 신조어인 것이다.

이처럼 20년에 걸친 연령층을 묶는 'MZ세대'론이 미디어와 정

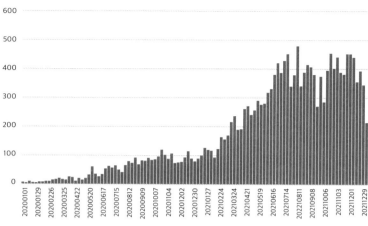

<도표 27> 'MZ세대' 기사의 주간 총 건수, 2020-2021

치권, 나중엔 학계와 정책 부문까지 무분별하게 확산되면서 정작 당사자들은 난감해하고 있다. 『중앙일보』가 2021년 7월에 청년층을 대상으로 수행한 조사의 주관식 질문에서 많은 응답자는 MZ세대론에 불편함을 토로하고 있었다. "MZ세대라는 이름하에 묶기엔 … 저만 해도 주식이나 코인에는 아무 관심 없는 20대니까요!" "'MZ세대'라는 하나의 범주로 편입하여 몇 가지 문장으로 그 특성을 축약하는 시도가 과연 가능한가요?" "일반화를 통한 세대론을 정립하기에 앞서, 서로 다른 개인에 대해 남녀노소를 불문한 인정과 존중이 필요해 보입니다" "MZ세대 보고 플렉스 한다고들 그러는데 플렉스 할 돈이 있어야 플렉스를 하죠" 등이다.[103]

이렇게 'MZ세대'라는 세대묶음의 출발점은 정치적 맥락이었

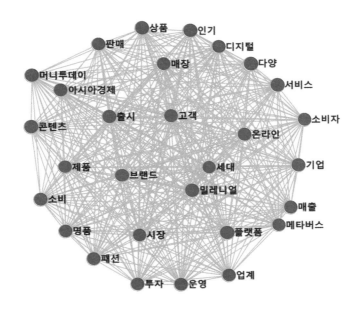

<도표 28> 'MZ세대' 담론의 주요 단어 매트릭스 차트

는데, 그 후 이 담론은 흥미로운 변신을 했다. 〈도표 28〉은 2021
년 4월부터 9월 30일까지 국내 19개 중앙지 · 경제지에 'MZ세대'
가 언급된 기사의 단어연결망인데, 'MZ세대' 담론이 폭증한 뒤
불과 몇 달 만에 순식간에 상업화되었음을 볼 수 있다. 명품 소비
시장, 브랜드 제품 출시, 인기 상품 매장, 서비스 소비자, 메타버스
매출 등의 담론요소들이 'MZ세대'에 속하는 인구집단을 젊고 역
동적인 소비자, 투자자, 창업자, 혁신가로 불러낸다.

이러한 새로운 담론의 질서는 현실에서 'MZ세대'가 어떤 공통
점을 갖는 행위자 집단으로 존재하기 때문에 생겨난 것이 아니지

만, 이 담론들이 사회와 일상의 구석구석까지 확산됨에 따라 그것은 1980~90년대 출생자들의 자기정체성을 'MZ세대'로 구성하는 주체화 효과를 발휘할 수 있게 된다. 버스 안 광고지, 택시 조수석 뒷면의 광고 비디오, 텔레비전 프로그램, 신문 기사와 칼럼 제목, 정치인들의 말, 책 제목과 광고, 건물 벽에 걸린 플래카드, 정부와 지자체의 정책 홍보물 등 수많은 곳에서 "당신은 MZ세대"라는 말을 보고 듣는 것이다. 그러한 정체성 형성의 토대 위에서 그 'MZ세대'의 의미가 소비자, 투자자, 개인주의자, 시장, 경쟁, 시험, 실력, 공정 등으로 채워질 수 있다면, 그러한 정체성 정치는 실제로 이 세대의 '주류'를 형성할 수 있는 강력한 힘을 발휘할 수 있게 될 것이다.

이처럼 'MZ세대' 담론의 전체 장은 무엇보다 상류층과 중산층 청년들을 소비 주체, 투자 주체, 기술진보에 대한 낙관주의를 담지한 사회집단으로 구성하는 경향에 의해 지배되고 있는데, 이러한 정체성 담론의 헤게모니적 위력을 엿볼 수 있는 하나의 흥미로운 사례가 'MZ세대 노조'라는 주변부 담론이다. 2021년에 국내 주요 중앙지·경제지·지역종합지·방송사를 통틀어서 MZ세대 노조를 다룬 총 기사 건수가 515건인데, 2021년 1월만 해도 'MZ세대 노조'라는 말은 단 1건도 등장하지 않다가 보궐선거 여론조사 결과가 발표된 3월에 22건, 선거가 치러진 4월에 79건, 선거 후인 6월에는 110건까지 뛰어올랐다.

그런데 이 'MZ세대 노조' 담론을 주변부 담론이라고 말하는 이유는 같은 시기에 MZ세대를 다룬 총 1만3175건의 상업적·소비적 대세에 작은 노동 담론 하나가 따라온 것에 불과하기 때문이다. 이런 'MZ세대 노조' 담론은 많은 경우 앞에서 살펴본 'MZ세대 공정론'과 유사한 세대 이미지를 젊은 노조원들에게 투사하는데, 이런 인식틀로는 예를 들어 고학력 사무직 노조와 서비스부문 노조의 젊은 노조원들 삶의 조건과 문화와 인식이 어떻게 다른지를 분별할 수 없다. 그것은 언론과 기업들이 생산한 세대 이미지를 그저 노동계로 옮겨온 것이기 때문이다.

또 하나 주목할 점은 'MZ세대'라는 용어가 정작 '알바' '실업' '비정규직' 등 많은 청년이 중요시하는 삶의 문제들과 함께 사용된 빈도는 대단히 낮다는 사실이다. 위의 'MZ세대 노조'와 동일한 검색조건에서 'MZ세대'가 '알바' '실업' '비정규직' 등과 함께 언급된 보도량은 불과 142건이었다. 전체 'MZ세대' 보도량의 1%에 불과하다.[104] 'MZ세대'는 압도적으로 경제력과 문화자본을 가진 상류층과 중산층 청년들에 접속하는 청년담론인 것이다.

그런 맥락에서 보면 'MZ세대 노조'라는 명칭은 이미 정치적·상업적 목적에 강하게 결부된 지배담론의 옷을 노동자들에게 입혀놓은 데 불과하다. 인국공 노조, LG사무직 노조, 청년유니온, 알바노조, 배달노조, 특성화고 노조 등 다양한 노조에서 청년 노동자의 상황과 요구는 각기 다르다. 그런데 이를 'MZ세대'로 명명하는 순간 이 담론에 내포된 강력한 세대주의적 연상작용에 포획된 왜곡을 피할 수 없다. 어떤 청년담론을 어떤 의도로 말하건 간에, 그것은 강력한 정치경제 권력에 의해 장악된 담론의 장 안에 있다. 만약 세대론의 판에 뛰어들어 판을 바꾸고자 한다면, 이미 그 판을 지배하고 있는 권력과 싸울 대안담론의 무기를 장착해야 한다.

'X세대'와 '신세대' 담론의 생애

　이렇듯 우리를 공기처럼 에워싸고 있는, 그래서 익숙해지기 쉬운 담론들의 실제 계보도와 지형도를 그려봄으로써 우리는 여러 종류의 놀라움을 느끼게 된다. 어떤 때는 옛날부터 당연했던 이야기인 줄 착각하고 있던 것이, 실은 얼마 전에 갑자기 확산된 담론임을 깨닫게 된다. '2030세대' 'Z세대' 'MZ세대' 등 각종 최근 청년담론들이 그러했다. 그와 반대로 뭔가 대단히 새로운 것인 줄 알았던 이야기들이 실은 과거에 이미 여러 번 떠들썩했던 이야기의 복사판임을 알고 당혹스럽게 되기도 한다. 'X세대'와 '신세대'의 이야기가 그렇다.

　한국사회는 지금 '청년' '20대' 'Z세대' 'MZ세대'를 마치 외계인처럼 호기심 가득하게 탐구하는 중이지만, 실은 그처럼 절대적

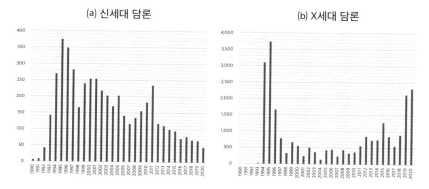

(a) 신세대 담론　　　　　(b) X세대 담론

<도표 29> '신세대'와 'X세대' 관련 기사 건수, 1990-2020

으로 낯설고 다른 새로운 종족, 새로운 인간형의 탄생이라는 허구적 상상은 이미 30년 전에 한국의 미디어를 매일 가득 채운 바 있다. 1990년대 중반에 유행했던 'X세대'와 '신세대' 이야기는 많은 면에서 2020년대의 'Z세대' 'MZ세대' 이야기와 꼭 닮았다. '개인주의 세대의 탄생' '끈끈한 관계는 싫어요' '수평적, 민주적 소통' '칼퇴근하는 신입사원' '회식 자리엔 부장님만' '탈이념·탈정치 세대' '나를 위한 투자' '당당한 커리어 여성' 등의 이야기들은 아마도 지금 40대의 많은 사람에게 익숙한 청년기의 기억일 것이다.

'X세대Generation X'는 다양한 방식으로 정의되지만 대략 1970년대생부터 1980년대 중반 출생 세대까지를 지칭한다. 한국에서는 민주화 이후에 성인기를 맞이한 첫번째 세대인 이들은 1990년대에 '서태지 세대' '락카페 세대' '오렌지족 세대' 등의 명칭으로도 불리면서 개인주의·탈권위주의·자유해방주의·대중문화·

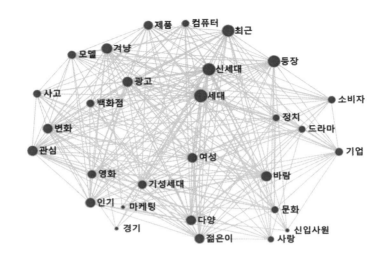

<도표 30> 1994~95년 'X세대' 기사의 주요 단어 매트릭스 차트

소비문화를 추구하는 새로운 세대로 인식되었고, 그에 따라 1980년대 민주화운동 세대와 달리 탈이념·탈정치 성향을 보일 것으로 예측되기도 했다.

'MZ세대' 'Z세대' 담론은 이제 막 생겨난 것이지만, 'X세대'와 '신세대' 담론은 이미 30년 가까이 탄생-죽음-부활의 파란만장한 생애를 겪었다. 이 담론의 운명을 되돌아보는 것은 현재 'MZ세대' 담론의 열풍을 우리가 객관적 거리를 갖고 대하는 데에 도움을 줄 것이다. 〈도표 29〉에서 보듯이 (a) '신세대' 담론은 1990년대 중반에 확산되었다가 20여 년 동안 꾸준히 감소하여 지금은 거의 사멸에 이르렀고, (b) 'X세대' 담론도 마찬가지로 1990년대 중반에 갑자기 폭증했다가 순식간에 소멸했는데, 2019년부터 세

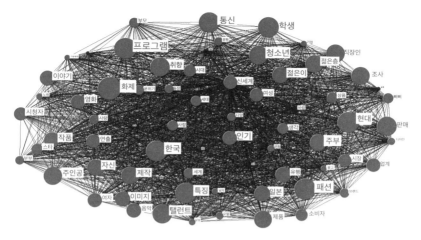

<도표 31> 1994~95년 '신세대' 관련 기사의 상징연결망

대담론이 대폭발을 일으킬 때 역사에 다시 소환되어 중·장년의 나이에 얼떨결에 'Z세대' 'MZ세대'와 비교 대상이 되었다.

1990년대에 'X세대' 담론은 어떤 내용을 갖고 있었을까? 그것은 당시 'X세대'로 불린 1970~80년대생들에게 어떤 관심과 의도로 말을 걸고 있었을까? 이 담론은 김영삼 정부 중반인 1994~1995년에 집중되어 있는데, 18개 중앙지·경제지와 4개 방송사의 자료를 분석해보면 1990~2020년 시기 동안 'X세대'에 관해 나온 모든 보도량의 25.8%가 이 두 해에 쏟아져 나왔다. 이때 국내 신문·방송에서 나온 'X세대' 기사의 주요 단어 매트릭스 차트를 작성해보면 〈도표 30〉과 같이 상업적 관심이 압도적임을 보게 된다. 방금 위에서 본 'MZ세대' 담론과 놀라운 유사성을 보여준다.

'신세대' 담론은 'X세대'보다 양적으로 훨씬 많아서 1990~2020년에 무려 5만9590건의 기사가 나왔고, 또한 'X세대' 담론과 달리 1997년 경제위기 이후에도 급격히 줄어들지 않고 이후 20년 동안 점진적으로 감소해왔다. '신세대' 담론 역시 1994~95년에 가장 고조되어 두 해 동안 무려 8124건의 보도기사·사설·칼럼이 '신세대'를 언급하고 있었다. 이는 'X세대'의 지난 30년간의 전체 기사량을 넘어서는 것으로, '신세대' 담론이 당시에 정치·기업·노동·문화와 일상의 변화를 해석하거나 촉구하는 데에 중심 상징의 위치에 있었음을 짐작하게 해준다.

〈도표 31〉은 '신세대' 담론에서 가장 빈번하게 등장한 단어들 간의 연결망을 분석한 것이다. 여기서 우리는 '신세대'에 관한 전체 담론의 장 내에서 압도적 지배력을 갖고 있었던 것이 '소비자'로서 신세대를 호명하는 유형이었음을 확인하게 된다. 좌측에 넓게 드라마 등 방송 프로그램의 소비자로서, 우측 상단에 새로운 정보통신매체의 소비자, 우측 하단에 새로운 패션 상품의 소비자로서 '신세대'를 불러내고 있다.

그러나 '신세대' 담론은 실제로 정치와 이념의 시대, 갈등의 시대가 가고 소비와 자기실현의 시대가 도래한 현실을 반영하는 것은 아니었다. '신세대'는 정치·기업·언론의 지배엘리트들이 담론적으로 구성해내고 싶었던 청년의 상이었을 뿐이다. 1994~95년에 발랄한 신세대 담론이 대유행을 한 직후인 1996년엔 '백골단'과 전투경찰 부대가 대학 교정에 난입하여 수천 명의 학생을 연행해간 이른바 '연세대 사태'가 터졌고, 같은 해에 노동계는 김영삼 정부의 노동정책에 맞서 총파업을 포함한 노동법 개정 투쟁을 벌이는 등 격렬한 충돌이 일어났다. 무엇보다 1997년 아시아 금융위기와 IMF 구제금융 사태를 맞아 '신세대'의 낭만은 가능하지 않게 되었다.

뿐만 아니라 '신세대'로 불린 그 청년들의 이후 정치적 삶은 신세대 담론이 그렸던 상과는 많이 달랐다. 2022년 현재 30대 중반에서 50대 초반까지의 연령대인 이들 1970~80년대생 가운데 많은 사람은 '탈정치'가 아니라 2000년대 여러 촛불집회에 유모차를 끌고 나온 주인공이 되었다. 또한 이들은 '탈이념'이 아니라 2020년대에 진보적 가치에 대한 가장 폭넓은 지지층을 포함한 세대가 되어 있다. 지난 몇 년간 진보적 투표성향이 거의 동요 없이 지속된 유권자 세대가 바로 이들인데, 이들이 20대였을 때 지금의 20대와 거의 같은 사회적 시선을 받고 있었던 것이다.

세대론은 정치와 이념의 영역뿐 아니라 다른 여러 사회 영역에서도 하나의 도전이자 갈등의 장이었는데, 그러한 역동이 격렬히 일어난 또 하나의 대표적 영역이 여성운동과 페미니즘 부문이었다. 1990년대의 이른바 '포스트 페미니즘post-feminism'의 바람은 '신세대' 'X세대' '신인류'의 세대담론들과 밀접히 연결되어 있었다. 포스트페미니즘의 대중문화는 가부장적 질서에 위축되지 않고, 남성들이 독점해온 지위와 권력과 명망을 당당하게 욕망하고 쟁취하는 '신세대 커리어우먼'의 이미지를 그려냈다. 페미니즘적 정체성과 세대론, 신자유주의적 성공신화와 자기계발의 이데올로기를 조합한 이 문화적 조류는 드라마·영화·광고·서적 등 다양한 매체와 장르로 물질화되어 확산됐다.

문화평론가 손희정 교수는 포스트페미니즘의 핵심이 "'페미니즘은 이미 그 목표를 성취하였다'는 성급한 진단 속에서 소비 자본주의에 적극적으로 동참"하며 "자기 경영 신화 속에서 공사 영역 모두에서의 성공을 추구하는 신자유주의적 여성성"을 지향했다는 데 있다고 보았다. 이처럼 1990년대 중반 이후로 대중문화와 담론의 영역이 더 이상 여성에 대한 억압의 장치이기만 한 것이 아니라, 여성의 자유와 주체성과 능동성에 호소하면서 여성을 소비의 주체이자 성공지향적 자기계발의 주체로 구성하기 시작했다는 사실이 페미니스트 정치학과 정체성에 대한 새로운 도전이 되었다고 사회학자 김보명 교수는 평가했다.[105]

이러한 포스트페미니즘 조류는 대략 1980년대 후반부터 1990년대까지 세계적으로 유행한 'X세대'론과 연결되어서, 여성주체를 하나의 세대 단위로 구성하고 있었다. 서울대 영문과의 조선정 교수는 이러한 세대주의 담론이 페미니즘에 본질적 의미를 갖는 다양한 차이들을 주변화시키고, 젠더문제를 세대문제로 치환함으로써 페미니즘적 언어와 관점의 빈곤을 초래했으며, 사회불평등과 차별과 폭력 등 페미니즘이 중요시해온 핵심 의제들을 지워버리게 만들었다고 비판했다.[106]

마찬가지의 위험을 우리는 오늘날 'MZ세대'의 정체성 담론에서 발견할 수 있을 것이다. 청년기 연령대의 노동자, 여성, 성소수자, 비수도권 거주자의 정체성과 구조적 위치성을 모두 해체시킨 뒤에 'MZ세대'로 재구성하고, 그 공허한 세대적 자기정체성을 정치적·상업적 필요에 따라 임의로 채워넣는 담론적 실천이 도처에서 조직적으로 행해지고 있다. 신문, 방송, 광고, 대중서, 소셜미디어, 온라인 커뮤니티와 대면적 일상대화 등 수많은 장르와 매체를 통해 매일매일 우리의 눈과 귀로 그러한 담론들이 주입되고 있는 것이다.

일찍이 안토니오 그람시가 '헤게모니'라고 말했던 지배양식이 여기서 작동하고 있다. 청년들의 퇴직금을 떼먹고 인권 침해를 일삼는 것은 고용주가 아니라 기성세대라고, 비정규직 일자리를 양산하는 것은 기업이 아니라 기득권 세대 노조라고, 집값 폭등으로 떼돈을 번 것은 다주택자와 토건업체가 아니라 중년들이라고, 그들에게 분노하라고, 아니 청년들은 이미 그들에게 분노하고 있다고 속삭이는 이 목소리들은 누구에게도 강요하지 않는다. 그것은 사람들에게 "자발적인 방식으로 강력한 매력"을 행사한다.[107]

우리는 그 담론이 재현하는 현실의 상이 의심의 여지없는 객관적 현실 자체인 것으로 믿으며, 그 안에서 사고하고 말하고 느끼고 행동한다. 그래서 그러한 담론들의 실제적인 유래를 추적하고 그 의미와 타당성을 묻는 것은, 지배적 담론과 인식틀이 배제하고 지워버린 삶들과 목소리들을 살려내어 공적 무대에 세우기 위한 하나의 출발점이 되는 것이다.

제6장
정치담론과 세대담론의 융합

세대 혐오담론이 된 '586세대'

평택항 부두에서 스물세 살 노동자 이선호씨가 비극적인 산업재해로 세상을 떠났다. 이런 사건이 발생할 때 우리 사회는 대체 언제까지 기성세대들이 청년들을 죽음으로 내몰 것인가 묻는다. 그러나 이선호씨가 아버지와 같은 일터에서 일하고 있었음을 많은 사람이 기억하고 있지 않다. 해마다 우리나라에서 산업재해 사망자가 2000명이 넘고, 산업재해 사망자의 40%가 60대 이상이며, 30%가 50대 연령대의 노동자다.

선진국 중 최악의 산업재해사망률이라는 참혹한 한국사회 현실은 특정 세대의 고통이 아니다. 그런데 우리 사회는 왜 '청년'의 희생을 그토록 애틋해 하면서 그의 아버지, 누나, 삼촌, 그와 함께 일하던 중년과 노년의 '노동자'가 흘린 피에 대해 침묵하는가? 왜 우리는 여기 노동자가 쓰러져 있다고 하면 돌아보지 않고, 여기 청년이 아프다고 해야 돌아보는가? 애도는커녕 세상에 알려지지도 않은 청년·중년·노년 노동자들의 죽음을 먹으며 번창하는 한국 자본주의에 '기성세대'가 책임이 있다며 탄식하는 이야기들을 어떻게 봐야 할 것인가? 그런 담론을 누가, 왜, 언제부터 확산시켜 왔는가?

앞에서 청년담론의 역사와 특징에 대한 논의에 이어서 여기서는 '기성세대'에 관한 담론, 그중에서도 특히 386, 486, 586으로 진화해온 '86세대' 담론을 누가, 언제, 어떤 맥락에서 대량생산했는지, 각 시기에 기성세대를 묘사하는 전형적인 서사와 언어들은 어떤 특징을 보여주는지, 그리고 특정 정치인 그룹을 비판하는 담론이 언제부터, 어떻게 해서 중년층이나 1960년대 출생 세대를 기득권 안정계층으로 규정하는 세대론과 융합하게 되었는지를 볼 것이다.[108] 먼저 이 절에서는 1990년부터 2020년까지 '586세대' 담론의 30년 변천사를 살펴보도록 하자.

지금의 '586세대' 담론은 '386세대' 담론에서 시작되었다. 1960년대에 출생하고 1980년대에 대학을 다녀서 80년대 학번인 사람들이 30대 나이였던 1990년대 후반, 2000년대 초반에 이 담론이 처음으로 우리나라 정치담론과 언론담론에 크게 확산되기 시작했다. 그 이후로 '386' '486' '586'이라는 단어가 지시하는 대상이 계속 변해왔으며, 그 결과 오늘날 '586세대'라는 하나의 언어 안에는 전혀 다른 집단 범주에 관련되는 의미들이 혼재한 상태다.

'86세대'의 지시대상의 변화는 이 담론의 정치사회적 의미에 큰 변화를 함축하기 때문에 특별한 관심을 기울일 만하다. '60년대생 엘리트' '민주당 586세대 정치인' '80년대 민주화운동 세력' '1960년대 태어난 세대'라는 것은 근본적으로 다른 대상들이기 때문이다. 그런데 '86세대' 담론이 386에서 486, 586으로 넘어오면서 이런 상이한 지시대상들이 서로 뒤섞인 채로 이 담론의 영향력이 커져왔다. 도대체 그 사이에 어떤 변화가 있었고 왜 변했으며, 이 변화가 어떤 사회적 결과를 초래했는가?

'386'이라는 용어가 미디어에서 등장하기 시작한 1990년대에 그것은 주로 1980년대에 대학을 다닌 새로운 세대의 정치계 · 경제계 · 문화계 엘리트층을 가리켰다. 그러나 노무현 정부에서 진보세력이 정치권력의 중심부에 진입하기 시작하면서 '386' 또는 '486'은 80년대 민주화운동을 주도했고 민주화 이후 제도정치권으로 들어온 정치인 집단, 그리고 학계, 언론, 법조, 문화예술계 등 다양한 사회 부문에서 중요한 위치에 올라서기 시작한 진보적 엘리트층을 뜻하는 용어로 그 의미가 변했다. 한편으로는 정치권 밖으로까지 대상이 넓어지고, 다른 한편으로는 진보성향 세력으로 좁혀진 것이다.

이 의미 변화는 오늘날까지도 지속되어서, 예를 들어 삼성전자 이재용 부회장, 신세계 정용진 부회장, 원희룡 제주지사, 나경원 전 국민의힘 의원 같은 사람들이 모두 1960년대생이고 80년대 학번이지만 '586세대'를 언급하는 이야기에 이들이 포함되는 경우는 없다. 또한 이들이 어떤 이유로 사회적 비난의 대상이 될 때도 그것이 '586세대'에 대한 비난 담론으로 확장되는 경우는 없다. 심지어 '586세대'의 위선과 무능을 격하게 비난하는 발화자들 중에 많은 이는, 그 자신이 언론계·학계·정계에 몸담은 '50대-80년대 학번-60년대생' 엘리트들이다. 그러나 이들이 '586세대'를 가리켜 '그들'이라고 비난할 때 자기성찰의 맥락은 전혀 포함되어 있지 않다.

이처럼 '86세대' 담론의 성격이 애초의 '386 엘리트'에 대한 긍정적 기대 담론에서 '진보 486'에 대한 정치적 비난 담론으로 변화한 이후, 보다 최근에 와서 또 한 번의 중요한 의미 변화가 일어났다. 즉 사회학적 세대갈등, 세대불평등 담론이 확산되는 맥락에서 '기득권 기성세대' '갑질·꼰대 50대' '운 좋은 베이비붐 세대' 등 특정 인구집단을 지칭하는 용어들의 자리에 같은 의미로 들어갈 수 있는 용어로 '586세대'가 사용되기 시작했다. 그리하여 2000년대에 '486 진보 정치인'을 위선, 오만, 무능, 기득권, 권력 남용, 패거리 문화 등의 속성으로 묘사하던 담론이 그런 정치권과 상관없는 '50대' 인구집단에게 그대로 전이될 수 있게 되었다.

말하자면 이제 '586세대'는 하나의 명확한 지시대상을 갖는 실체적 개념이 아니라, 그때그때 전혀 다른 집단 범주를 가리킬 수 있는 극도로 다의적인 용어가 된 것이다. 따라서 이 담론을 말하는 발화자는 민주당 정치인, 80년대 운동권 출신, 진보 시민사회, 민주노총, 50대 엘리트, 1960년대 출생 세대 등 전혀 다른 범주를 오가며 고무줄처럼 지시대상을 움직일 수 있다. 이러한 의미의 모호성·임의성·유동성이야말로 그때그때 상황에 따라 자유자재로 프레임을 변용할 수 있는 넓은 가능성의 공간을 허락하며, 그것이 바로 이 담론의 도구적 효용을 극대화하는 핵심 속성이다.

예를 들어 '586'으로 불리는 정치인 그룹 중 특정인의 특권·특혜·부패·위선이 드러난 사건이 일어나면, 이를 계기로 80년대에 대학을 다녔고 진보성향인 학자, 언론인, 문화예술인, 사회운동단체들까지 그들과 같은 '586세대'의 범주로 묶어 공격할 수 있다. 또한 20~30대 청년층이 회사 내 50대 상사의 비인격적 대우에 대해 평소 품고 있던 불만을 '기득권 586세대'라는 프레임으로 규정할 수도 있다. 회사의 청소노동자, 회사 앞의 상인, 회사 근처 공사장 노무자 중 많은 사람이 50대 남녀임에도, 그들의 존재는 이 '50대 세대'의 담론에 포함되지 않는다.

이처럼 이질적이고 유동하는 의미들이 어떤 과정을 거쳐, 무슨 사건을 계기로, 어떤 방식으로 지금의 '586세대'라는 기호 안에 응축되고 집적될 수 있었던 것일까? '586세대'의 역사와 계보를 체계적으로 추적하기 위해 '386' 담론이 처음 등장한 1990년대 초부터 2020년까지 30년 동안 과연 누가, 어떤 정치사회적 상황에서 열정적으로 이 담론을 생산했으며, 그 내용은 어떤 특성들을 갖고 있었는지를 분석했다.

총 19개 중앙지·경제지와 4개 방송사(KBS, MBC, SBS, YTN)를 대상으로 386, 486, 586 세대에 관한 언급이 있는 텍스트를 분

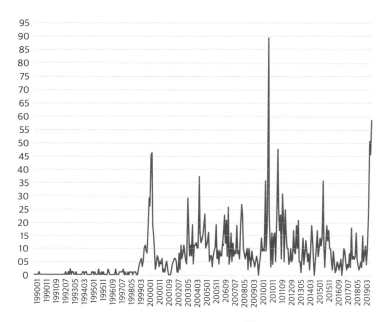

<도표 32> 국내 언론의 '86세대' 기사의 월별 건수, 1990-2020[110]

석했는데, 이 자료에는 보도기사뿐 아니라 사설, 칼럼 등 모든 텍스트 유형이 포함된다. 따라서 담론생산의 주체 역시 언론인뿐 아니라 정치인, 기업인, 연구자, 문예인, 시민사회 관계자 등을 모두 포함한다. 언론이 생산한 담론이 아니라, 언론에 등장한 담론인 것이다.[109] 우선 기본적인 텍스트 빈도 추이는 〈도표 32〉와 같다.

〈도표 32〉를 보면 '386세대'에 관련되는 기사는 김대중 정부 초반기에 해당하는 1990년대 후반부터 급증하기 시작했는데 이후 2020년까지 30년 동안 '386' '486' '586' 세대에 관한 텍스트의 빈도는 일정 수준에서 완만한 등락을 반복하거나 한 방향으로 꾸

준히 증감하는 것이 아니라, 몇 차례의 두드러진 고조기를 겪으면서 큰 폭으로 진동하고 있음을 알 수 있다.

이는 '86세대' 담론이 어떤 장기적인 사회구조 변화의 추이를 반영하여 지속되거나 점진적으로 확장되어온 것이 아님을 보여준다. 이 담론은 여러 시점의 특정한 '사건'들을 계기로 하여 폭발적으로 증가했다가, 그 사건에 연관된 상황이 종료되면서 다시 갑작스럽게 소멸하는 단절적 과정을 반복해왔다. 그리고 이처럼 변칙적인 변화는, '86세대' 담론 내에서 전혀 새로운 상징과 의미들이 불연속적으로 탄생하고 확산되면서 이전 시기에 생성된 것들에 중첩되고 접합되어왔을 가능성을 뜻하기도 한다.

그렇다면 그 같은 단절적 역사에서 중요한 전환점이 되었던 결정적 사건은 무엇이었을까? 위의 〈도표 32〉에서 '386' '486' '586'으로 이어지는 '86세대' 담론의 양적 폭발은 크게 네 차례 일어났다. 2000년, 2004년, 2010년, 2019년이다. 그것은 각각 ① 2000년 4·13 제16대 국회의원 총선거 ② 2004년 4·15 제17대 국회의원 총선거 ③ 2010년 6·2 전국동시지방선거와 2011년 민주통합당 창당 ④ 2019년 8~10월의 조국 전 법무부장관을 둘러싼 논란에 관련된다. 최근 '586' 담론은 50대-1960년대생과 지금 청년세대 간의 사회경제적 세대불평등론의 성격을 띠는데, 사실은 '586'이라는 기호에 위선·무능·부패·기득권 등 여러 부정적 의미와 서사가 응축되어온 과정은 철저히 '정치적'인 성격이었다. 그럼 이제 각 국면의 성격을 상세히 보도록 하자.

첫째, '386세대' 담론의 빈도가 처음으로 급등하기 시작한 때는 김대중 대통령 집권 전반기인 1999년 3월이다. 이때 '386세대'는 진보냐 보수냐를 막론하고 젊은 세대의 정치사회 엘리트를 가리켰다. 이 시기부터『조선일보』『한국일보』등 여러 매체가 '386세대' 특집을 싣기 시작했고, 1999년 하반기에 와서는 '386세대'가 정치권 담론으로 급부상했다. 우선 2000년 4월의 제16대 국회의원 총선거를 앞두고, 1999년 11월에 '386세대' 주자들이 경쟁에 뛰어들어 큰 주목을 끌었다. 1999년 하반기에 개시된 '386세대' 담론의 폭발은 이듬해 8월까지 1년 동안 지속됐다. 총선에서는 한나라당(133석)과 새천년민주당(115석) 및 자민련(17석)이 치열하게 경합했고, 시민사회단체들이 대거 참여한 '낙천낙선운동'이 뜨거웠던 데다 '386세대' 정치인들이 대거 국회에 입성했다.

둘째, 2004년 7월에 다시 한 번 '386세대' 담론이 고조된 적이 있는데, 이때는 제17대 4·15 총선에서 열린우리당(152석)이 압승하면서 이제 '486'이 된 민주화운동 출신 정치인들이 약진했고 노무현 대통령 탄핵 기각 후에 참여정부 청와대 핵심으로 자리 잡았다. 이때부터 '86세대'는 주로 진보-자유주의 진영의 정치인 집단을 지칭하게 됐다. 이 시기는 '86세대'를 정치적, 이념적, 또는 도덕적으로 공격하는 보수진영의 담론이 생겨나기 시작한 시점이라는 점에서 매우 중요하다. 이때는 또한 많은 반공단체와 '뉴라이트' 단체들이 결성되어 활발히 활동한 시점이기도 하다. 2000년대에 '86세대'에 대한 비난 담론의 폭발은 이들 우익단체들과 불가분의 관계에 있다.

셋째, 다음으로 '486세대' 담론이 폭발한 때는 이명박 정부 하의 2010년~2011년의 시기다. 2010년 6월에 먼저 한 번의 고조기가 왔는데, 이때는 6·2 지방선거 후에 야권의 '40대 트로이카'(송영길 인천시장, 안희정 충남지사, 이광재 강원지사)를 포함하여 '4말5초' 세대 정치인 그룹이 부상했던 때다. 그 직후인 8~9월에 민주당 10·3 전당대회를 앞두고 '486세대' 담론이 터져 나왔다. 민주당 대표와 최고위원에 도전하는 '486세대' 후보의 단일화 문제, '486세대 정치'의 진통과 갈등, 윗세대와의 경쟁과 갈등 등이 이 시기에 '86세대' 담론의 핵심 이슈였다. 2011년 하반기에서 2012년 상반기에 이르는 시기에도 계속해서 '486' 담론이 빈번했는데, 민주통합당 창당을 전후하여 '친노' 또는 '친문' 세력의 당권 장악여부 등이 주요 관심사였다.

넷째, '586세대' 담론의 대폭발이 일어난 때는 2019년 8~10월로서, 조국 전 법무장관이 그 촉발 사건이었다. 그 직전에 출간된 몇몇 대중적 출간물이 정치담론과 이념담론을 세대불평등 담론과 연계시킬 논리와 서사를 준비해주기도 했다. 담론 생산의 맥락이라는 측면에서 가장 주목할 점은, 이것이 선거나 정당 공천 혹은 전당대회 등 스케줄과 관련되지 않고 '86세대' 담론이 폭발한 최초의 사건이었다는 점이다.

1990년대 이후 2018년까지 '586세대' 담론이 대량생산된 시점은 예외 없이 선거(특히 국회의원 총선과 지방선거) 또는 정당(전당대회, 후보 공천, 당대표·최고위원 선출 등) 일정과 직결되어 있었다. 그에 반해 오직 2019년에만 조국 전 민정수석의 법무장관 임명이라는 1인의 이슈로 지난 30년간 '386' 담론이 처음 터져 나온 2000년 다음으로 강력한 '86세대' 담론의 대폭발이 일어났다.

하지만 2019년이 특별한 전환점인 더욱 중요한 이유는, 세대론적 비난 담론의 표적이 정치권을 훨씬 뛰어넘어 '1960년대생' '50대' '베이비부머' '기성세대' 등 우리 사회의 특정 인구집단으로 비약적으로 확장된 해라는 점에 있다. 인구고령화, 복지부담, 고용불안, 기후위기 등 많은 사회구조적 이슈에서 '청년세대'를 우리 사회의 희망이자 희생자로, '기성세대'를 사회문제를 만든 책임이 있거나 그 존재 자체가 사회문제인 인구집단으로 정의하는 프레임이 빠르게 확산되는 가운데 '586세대'가 악의 축으로 지목되었다.

이처럼 원래 정치담론이었던 '586세대' 담론이 세대담론으로서 성격을 겸하게 되면서, 사회학적인 세대불평등 담론은 예리한 정치적·이념적 공격성을 갖추게 되었다. 정치담론이자, 세대담론의 성격을 겸한 '586세대' 담론을 매개로 하여 '기득권' '무책임' '무능' '꼰대' '갑질' '권력' '오만' '독선' '위선' 등과 같이 정적政敵을 공격하는 데 등장했던 숱한 거친 언어들이 언제부턴가 '기성세대'를 공격하는 언어로 변신하게 되었기 때문이다.

정치의 세대화, 세대의 정치화

앞에서 우리는 '86세대' 담론이 애초에 1987년 민주화 이후 한국사회에서 새로운 세대의 엘리트 집단이 어떤 역할을 할 것인지에 대한 관심과 기대를 담은 담론으로 시작되었지만 이후 몇 차례에 걸쳐 심대한 성격 변화를 겪었음을 보았다. 그러한 담론 변화들 가운데서 가장 의미심장한 것은, 2000년대에 두 번에 걸친 새로운 담론 폭발의 사건을 계기로 긍정적인 기대 담론에서 부정적인 비난 담론으로서의 성격을 짙게 띠게 되었다는 사실이다.

그 첫번째 전환점은 '86세대' 담론이 당파적인 정치적 비난이나 이념 공세의 성격을 띠는 담론으로 변형되는 때였다. 노무현 정부 시기에 '386세대' 또는 '486세대' 담론은 진보성향 정치인 그룹과 학계 · 언론 · 법조 · 시민사회 세력을 공격하는 정치담론의 성격을 갖게 되었다. 두번째 전환은 앞에서 보았듯이 사회학적 세대론의 차원에서 비난 담론이 추가된 시점이다. 문재인 정부 시기에 '586세대' 담론은 세대갈등론이나 세대불평등론과 연결되어, 특정 정치권의 기득권·위선·무능이 '기성세대' 전반의 문제로 확대 해석되는 동시에 '청년세대'가 희생자화되었다.

오늘날 '586세대' 담론은 위와 같은 여러 단계의 변화 과정을 거쳐서 한편으로 정치담론의 성격, 다른 한편으로 세대담론의 성격이 모호하게 혼재된 복합적 비난 담론이 된 것으로 볼 수 있다. 더 구체적인 실상을 파악하기 위해서 실제로 '586세대' 담론이 얼마나 강하게 정치적 환경과 동기에 결부되어 있었는지, 그리고 또한 그러한 정치담론이 이후에 세대갈등이나 세대불평등 담론과 얼마나 활발하게 연계되었는지를 분석해보았다.

우선 '386' '486' '586' 세대에 관한 언급이 '좌파'라는 정치적·이념적 공격의 언어와 함께 사용되는 텍스트의 빈도가 노무현 및 문재인 정부 시기에만 유독 급증했는지를 보았다. 만약 그게 사실이라면, 이 담론이 당파적인 정치담론으로서 성격을 띠고 있다고 볼 수 있을 것이다. 이 목적을 위해 먼저 '386' 담론의 최초의 폭증이 있었던 2000년부터 2020년까지 18개 중앙지와 경제지에서 같은 텍스트 안에 '386' '486' 또는 '586' 세대에 관한 언급이 '좌파'와 함께 등장한 기사의 연간 빈도를 분석한 결과가 〈도표 33〉이다.[111]

이런 분석 결과에서 우리는 '86세대'의 담론이 이념적 공격의

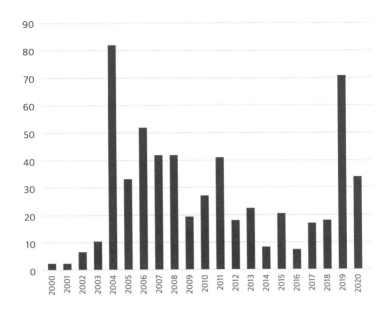

<도표 33> '86세대'가 '좌파'가 함께 등장한 빈도, 2000-2020

함의를 갖는 '좌파'라는 언어와 같은 텍스트 안에서 함께 등장한 사례들이 실제로 노무현 정부 및 문재인 정부 시기에 급증했음을 확인할 수 있다. 이를 월간 단위로 더 세밀하게 쪼개어 빈도가 고조된 시점의 구체적인 맥락을 하나하나 분석해보면 세 번의 두드러진 고조기가 나타난다. 첫째는 2004년 총선에서 열린우리당의 압승 직후 수개월 동안, 둘째는 2007년 대선을 앞둔 시점, 셋째는 2019년 9월에 조국 전 법무장관을 둘러싼 논란이 끓어오르던 시점이 지난 20년 사이에 '좌파 486세대' '좌파 586세대'를 비난하는 담론이 가장 집중적으로 생산된 때다.

이렇게 민주당이 집권하면 '86세대'를 '좌파'라고 공격하는 담론이 터져 나오고 보수정당이 집권하면 금세 사그라진다는 사실은, 이 담론을 생산하는 주체와 동기, 담론의 효과에 당파적 색채가 진하게 배어 있음을 의미한다. 그러한 당파적 관점과 입장에 동의하고 안 하고는 각자의 판단이다. 여기서 사회학적으로 중요한 점은 앞에서 얘기한 바와 같은 '586세대' 담론의 모호성 때문에, 그것의 지시대상에 포함되는 모든 세대 구성원들까지 정치적·이념적 공격에 연루된다는 사실이다.

실제로 그러한 담론 간 연계가 얼마나 활발했으며 언제부터 그렇게 되었는지를 보기 위해 '386' '486' '586' 세대에 관한 언급이 '청년'이라는 인구집단에 대한 언급, 그리고 '불평등' 또는 '불공정'이라는 도덕적 비난의 언어와 함께 출현하는 텍스트가 언제부터 대량으로 등장했는지를 분석했다. 〈도표 34〉는 '86세대'에 대한 비난을 '청년'이라는 인구집단과 연계시키는 담론 유형이 2019년에 갑작스럽게 급증했음을 보여준다.[112]

월간 단위로 더 정교히 분석해보면 조국 전 장관을 둘러싼 논란이 폭발한 2019년 8월부터 2020년 12월 사이에 지난 20년간 한국 언론에서 나온 '86세대'-'청년'-'불평등' 담론의 총량 중 45%가 나왔음을 확인할 수 있다. 바로 이 시점에 민주당-진보-좌파를 비난하는 '86세대' 담론은 한국사회의 불평등·불공정 현실에 대한 청년의 분노를 정치·이념 투쟁의 맥락 안으로 끌어들이는 물길을 발견한 것이다.

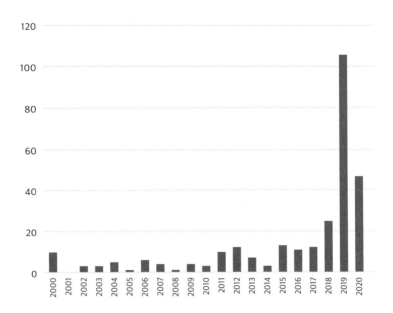

<도표 34> '586'이 세대불평등과 함께 등장한 빈도, 2000-2020

　　이때 생산된 '586세대' 담론의 텍스트들이 정확히 어떤 중심 상징과 담론 유형을 담고 있었는지, 특히 정치담론과 세대담론이 어떻게 연결되고 있는지를 파악하는 것이 중요하다. 2019년도가 이전 시기와 구분되는 어떤 특성을 갖고 있는지를 확인하기 위해서, 한쪽에는 1990년~2019년의 전체 시기 동안 '86세대' 텍스트에서 출현 빈도가 가장 높았던 핵심어의 목록을, 다른 쪽에는 2019년도에 '86세대' 담론을 가장 많이 생산한 『조선일보』『중앙일보』『동아일보』『한겨레』『경향신문』의 5개 언론사에서 최고 빈도로 나타난 핵심어 목록을 놓고 비교해보았다. 그 결과가 〈도표

1990~2019년		2019년	
상위출현 단어	TF-IDF 지수	상위출현 단어	TF-IDF 지수
세대	1924.82	조국	176.93
의원	1665.07	세대	158.09
정치	1568.93	사회	112.05
민주당	1450.33	386세대	109.24
후보	1395.99	한국	90.73
대통령	1256.18	장관	82.85
대표	1061.18	의원	74.96
총선	931.72	정치	74.17
386세대	913.49	청년	71.95
대선	756.39	대통령	68.45
386	710.18	사태	66.54
노무현	705.64	진보	66.54
정치인	694.82	386	66.29
청와대	625.68	국민	66.19
전당대회	595.66	법무부	64.25
한나라	590.35	문재인	56.48
국회	586.43	불평등	52.53
청년	581.40	정부	48.05
국민	577.14	대표	48.05
출마	564.81	황교안	47.96
민주화	561.66	국회	44.85
이인영	549.10	꼰대	44.85
선거	543.79	보수	43.82
민주	499.49	더불어민주당	43.81
진보	497.55	총선	42.85
비판	496.94	좌파	42.85
당선자	490.99	원내대표	42.85
세대교체	455.37	분노	40.58
최고위원	453.73	이인영	40.58
운동권	443.34	정권	40.45

<도표 35> 1990~2019년 시기와 2019년도의 핵심어 목록 비교

35〉에 제시되어 있다.[113]

이 표에서 우리는 2019년 들어 '586세대' 담론에 이전 시기에는 없었거나 빈도 상위에 위치하지 않았던 몇 개의 언어들이 이제 가장 중요한 단어로 부상했음을 볼 수 있다. 과거에는 '86세대' 담론이 주로 선거나 정당 일정에서 정치인 간의 세력다툼이나 세대교체에 관련되었다면, 2019년의 새로운 '586세대' 담론에서는 세 가지 새로운 특징이 전면에 부상했다.

첫째, '불평등'과 '분노'라는 도덕적 프레임이 중심에 놓이게 되었고, 둘째, '꼰대'와 '청년'이라는 세대갈등 프레임이 부상했으며, 셋째, '진보'에 대한 이념적 공격과 도덕적 비난의 성격이 강해졌다. 이 세 가지 특성을 조합하여 서사를 구성해보면, '한국사회 불평등 현실을 만든 꼰대 기성세대와 진보·좌파에게 청년들은 분노하고 있다'는 것이다. 바로 이러한 상징연계를 통해 정치담론으로서 '586세대' 담론과 세대담론으로서 '586세대' 담론이 결합된다.

그렇다면 실제로 그러한 중심 단어들이 같은 텍스트 안에서 동시에 출현하여 서로 연결되는 방식을 살펴보기로 하자. 이 목적을 위해 같은 기사 내에 핵심어들이 함께 등장하는 정도를 분석한 결과가 〈도표 36〉에 제시되어 있다. 먼저 1990~2019년 기간 동안 총 18개 신문사의 '586세대' 관련 기사에서 상징연결망의 형태를 보면, 대부분 민주당 의원들의 후보 공천, 386세대 정치인의 출마, 노무현 대통령과 국회·정부·청와대 등과 같은 제도정치

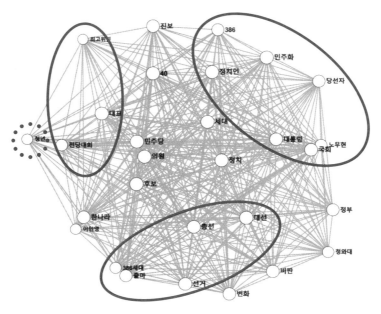

<도표 36> '586세대' 기사의 상징연결망, 1990~2019

내의 이슈들과 관련되어 담론이 구성되는 특성이 보인다.

그에 반해 〈도표 37〉에 제시된 2019년의 '586세대' 담론에서는 변화된 특성들을 발견할 수 있다. 여전히 과거와 같이 '민주당' '청와대' '대통령' 등 정치세력과 '총선'과 같은 정치 일정에 대한 언급이 주변적으로 포함되지만, 그러한 제도정치 차원을 훨씬 넘어서 '진보'와 '민주화'를 '기득권' '불평등'과 연결시키는 새로운 담론 유형이 지배적 특성으로 등장하고 있다는 것이 첫번째 새로운 점이다. 다음으로, 이처럼 이념화된 '586' 담론은 또한 의미심장하게도 세대담론과 결합된다는 점이 두번째 새로운 점이다.

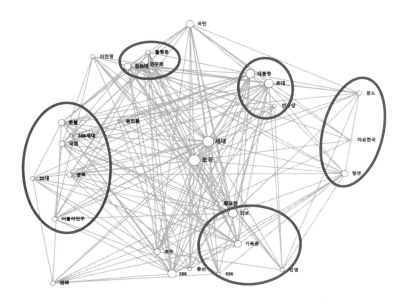

<도표 37> 2019년 조·중·동·한·경의 '586 세대' 기사의 상징연결망

〈도표 37〉에서 우리는 '청년'과 '분노'라는 언어가 '진보' '꼰대' '기득권'에 연결되어 동일 텍스트에 빈번히 함께 등장하는 것을 볼 수 있다.

　마지막으로, 위와 같은 전반적인 담론구조의 변화가 언론매체의 성향 차이를 넘어서 일반화되었는지를 보기 위해 2019년에 '586' 담론의 빈도가 유난히 낮았던 『동아일보』를 제외하고 『조선일보』 『중앙일보』 『경향신문』 『한겨레』의 최상위 빈도 단어를 워드클라우드로 시각화해보았다. 〈도표 38〉을 보면 보수성향의 『조선일보』 『중앙일보』와 진보 성향의 『한겨레』 『경향신문』의 지면

<도표 38> 4개 주요 신문의 2019년 '586세대' 텍스트의 개념지도

에 나온 '586세대' 담론의 중심 상징들은 흥미로운 유사성을 보여 준다. '586세대'는 '비리' '이중성' '불평등' '위계' '헬조선' 등 한국 사회의 많은 구조적 문제들과 연결되었고, 또다시 '분노'한 '청년' 이 그 대척점에 놓여 있다.

물론 이 시기에 보수와 진보 언론에 등장한 '586' 담론의 맥락 은 차이가 있다. 보수 언론에서는 진보적 가치를 표방해온 세력 전반에 대한 도덕적 비난과 이념적 공격이 중심이었다면, 진보 언 론에서는 한국사회의 구조적 문제들에 관한 비판 담론이 중심에 있고 '586세대'에게 그에 대한 일정한 책임을 묻는다. 그러나 담론사의 관점에서 봤을 때 중요한 사실은, 2019년에 보수와 진보를 막론하고 세대불평등이라는 프레임이 넓게 퍼졌으며, 특정 권력집단에 대한 비판을 뉴라이트에 기원을 둔 '586세대' 정치담론의 언어에 의존해서 표현하는 경향이 진보 매체에서도 광범위하게 나타나기 시작했다는 사실이다.

이상과 같은 분석 결과는 각 언론사의 정책이나 입장을 뜻하는 것은 아니다. 왜냐하면 신문과 방송의 기사 · 칼럼 · 특집 등에 등장하는 담론은 그 매체의 언론인들이 생산한 것만이 아니라, 사회의 다양한 행위자들의 말과 글과 사건을 전달한 내용도 포함하기 때문이다. 그러므로 2019년 이후 진보 매체의 담론 변화는 언론사의 변화가 아니라 진보진영 담론장의 변화로 보아야 한다. 많은 진보주의자가 한국사회의 제반 문제를 '586세대 때문'이라고 생각하고 말하고 쓰기 시작했다는 것이다.

과거에는 세대의 언어로 말하고 인식하지 않았던 문제들, 예를 들어 민주당 비판, 진보단체의 내부 문제, 비정규직 문제, 대공장 정규직 노조 비판 등이 모두 '586세대' 문제로 정의되는 양상이 나타나기 시작했다. 이로써 진보주의자들은 고도로 정치화되어 있고, 지극히 모호한 '586' 담론의 장에 들어서게 되었고, 또 그에 상응하는 많은 질문에 직면하게 되었다. 지금 비난하는 그 '586세대'는 대체 누구인가? 그것은 진정 세대문제인가? 세대문제가 아니라고 생각한다면 왜 세대의 언어로 말하는가? 세대의 틀로 현실을 해석하고 현실에 반응하는 것을 통해 얻는 건 무엇이고 잃는 건 무엇인가? 얻는 것과 잃는 것 중에 무엇이 더 큰가?

정치적 세대담론의 서사들

이제 담론의 질적 내용으로 들어가서 '386세대'부터 '586세대'까지 담론들의 전형적인 서사들을 규명하고 그러한 전형성 typicality이 언제, 어떤 정치사회적 맥락에서 형성되었는지를 보기로 하자. 이를 위해 '386세대' 담론이 처음 등장한 1990년대 이후 지난 30년 동안, 특히 '86세대'와 '청년세대' 간의 세대 간 관계에 관한 담론에 초점을 맞추어 핵심 상징과 대표적 서사들의 유형화를 시도해보았다.

먼저 '386' '486' '586', 그리고 '청년'을 검색어로 하여 1990년 ~2019년 시기의 보도기사·사설·칼럼의 텍스트를 수집했고, 그 중에서 단순한 사실보도 텍스트를 모두 제외하고 일정한 분량의 서사적 언술이 포함되어 있는 텍스트만 따로 아카이빙 하여 분석

대상으로 삼았다. 여기서의 관심사는 언론사의 입장이 아니라 언론 지면에 등장한 담론이므로 외부기고자의 칼럼도 당연히 분석 대상에 포함했다.

최초로 정치적 의미를 갖는 '386세대'의 호명이 나타난 시간, 장소, 주체를 100% 확신을 갖고 말할 수는 없겠지만, 〈빅카인즈〉 뉴스 검색 프로그램으로 추출한 자료들을 분석한 결과로 판단한다면 그것은 1997년 11월 13일, 『한겨레신문』에 실린 고故 구본준 기자의 기사였다. 이 기사는 "80년대 민주화운동을 위해 거리로 나섰던 '모래시계' 세대들이" 대통령선거를 앞두고 "30대 나이, 80년대 학번, 60년대 출생한 이른바 '386'세대 1422명이 서명한 '정권교체를 열망하는 청년선언'을 발표"한 사건을 보도하고 있다.[114]

이후 여러 매체에서 '386세대' 담론이 부상하기 시작한 시점은 김대중 대통령 집권 초기인 1999년인데, 그해 3월에 『서울신문』에 당시 민주언론운동시민연합 이사장이었던 고 성유보씨가 쓴 「386세대」라는 제목의 특별기고가 실렸다.[115] 여기서 필자는 '386세대'가 "정의감이 가장 민감한 청소년기에 '광주사태'를 보았고, '민주주의를 외치며 도서관에서 투신해 죽어가는 선배들을 직접 눈으로 보았"기 때문에 "'민주적 사회의식'의 형성, 이것이 '386세대'가 집단적으로 체득할 수밖에 없었던 자아의식인 것"이라고 이해하고 있다. 성유보씨는 "'386세대'여, … 그대들은 지금의 '젊은 정열'을 오래오래 가슴에 담으면서 자기 분야에서 전문성을

'486' '586'으로 계속 '업그레이드'해나가기를 바란다"는 바람으로 글을 마쳤다.

이 시기에는 『조선일보』도 정치 · 경제 · 언론 · 교육 등 모든 분야에서 '386세대'에 대한 기대를 아낌없이 표현했다. 1999년에 『조선일보』는 "한국의 주력 386세대"를 주제로 무려 38회짜리 특별기획을 내보냈는데, 그 주제는 「닫힌 공무원조직 열어 제쳐라」(1999년 4월 19일), 「'열린 학교' 우리가 만든다」(1999년 5월 24일), 「"땡전 뉴스"는 박물관에나 가라」(1999년 9월 27일), 「'대의'를 위해 '나'를 던졌다」(1999년 10월 25일) 등이었다. 이 시기에는 강기정, 김부겸, 우상호, 이인영, 임종석, 최재성 등 민주당 계열 정치인뿐 아니라 원희룡, 남경필 등 보수 정치인들도 '386세대'의 이름으로 함께 거론되었고 '여야 386'이라는 용어도 흔하게 사용되었다.[116]

이런 맥락 위에서 2000년 4월의 제16대 국회의원 총선을 앞두고 1999년 말에 '여야 386' 정치인들이 대거 앞세대 기성정치인들과의 경쟁에 뛰어들었다. 임종석 전 전대협 의장, 우상호 전 연세대총학생회장, 이인영 · 오영식 전 고려대총학생회장 등이 대표적이며, 보수 쪽에서는 원희룡, 박종운, 정태근 등 한나라당 정치인들이 '386 주자'로 거론되고 있었다. 그러나 당시 제16대 총선 후보를 분석한 기사에 따르면, 전체 후보자 중 60대 이상의 비율이 22.1%로 제15대의 두 배 이상이었고, '386세대'로 불리는 30대 후보자는 13.3%로 제15대의 15.6%보다 하락했다. '386 정치인'의 부상은 단순히 60년대 출생 연령층의 양적 비율이 아니라,

정치권 세대교체라는 의미에서 그들이 갖는 중량감에 기인했음을 시사한다.[117]

요약하자면 '386' 담론이 처음 탄생한 1990년대 말에서 2000년대 초에 이르는 시기 동안 '386'은 진보·보수 등의 특정 이념이나 정치 진영에 국한되지 않은 세대 개념이었고, 그 중 특히 1980년대에 대학을 다니고 사회 각 부문으로 진출한 엘리트 세대집단을 지칭했다. 그리고 그들은 민주화운동이라는 공동의 경험, 민주주의라는 공동의 가치지향을 갖고 있는 세대집단으로서 권위주의 체제에 익숙한 당시의 중·노년층, 특히 정치사회 부문의 기득권 집단과 구분되며 또한 그들에 도전하는 세대로 의미화되었다.

2002년 대선부터 1960년대생 유권자들이 직업·소득·학력 등의 차이에도 불구하고 당시 권위주의적인 중·노년층에 비해 확연히 진보적인 이념성향과 투표선호를 보였고, 이 시기의 '청년 386'에 대한 담론들이 정치권의 신진 세력을 지칭하는 의미를 갖고 있었다는 점에서 이 단계의 '386'과 '청년' 세대담론은 당시의 객관적 정치균열과 어느 정도 일치하는 현실의 상을 보여주고 있었다고 볼 수 있다.

이러한 정치권 세대담론들이 보수 진영의 이념적·정치적 공격수단 중 하나로 동원되기 시작하는 것은 노무현 정부 때부터다. 특히 정권 후반기에 노무현 대통령과 열린우리당의 지지율이 현저히 추락하고 2006년 지방선거에서 한나라당이 모든 지자체장을 석권하는 압승을 거둔 후부터 '86세대' 정치엘리트를 비난하고 조롱하는 담론이 보수언론을 중심으로 쏟아져 나왔다.

노무현 정부 시기에 정립된 '86세대' 비난 담론의 전형적인 서사구조를 몇 가지 유형으로 분류해볼 수 있다. 먼저 (a) 기득권론은 '86세대'가 민주화운동 경험과 변혁적 가치를 표방하면서도 실제로는 이제 오만한 지배권력이 되었다는 이야기다. 다음으로 (b) 무능론은 이들 '86세대'가 실력은 없으면서 패거리 네트워크로 그들의 기득권을 유지한다는 것이며, (c) 청년착취론은 이들 무능한 기성세대가 그러한 기득권 유지에 의해서 청년들의 기회와 미래를 희생시키고 있다는 이야기다.

이 책의 2장에서 4장까지 우리는 '한국사회 기득권' '무능한 지배권력' '청년들의 기회와 미래의 박탈'이 모두 중요한 문제들임에도 불구하고 그것은 '세대' 문제로 해석될 수 없음을 상세히 살펴보았다. 더구나 불과 몇 년 전까지만 하더라도 한국사회에서 이런 제반 문제들을 세대의 언어로 이야기하는 경우는 매우 드물었다는 사실도 확인한 바 있다. 그렇다면 한국 정치와 사회의 제반 문제를 '86세대'라는 하나의 핵심어로 설명하는 이 서사를 누가, 어떤 맥락에서, 어떤 방식으로 만들어냈는지를 유형별로 살펴보기로 하자.

(a) **기득권론**: 노무현 전 대통령과 열린우리당에 대한 지지도가 추락했던 집권 후반기인 2007년 당시 『조선일보』 문화부 차장대우였던 이한우씨는 「'정치하는 386'의 굴욕」이라는 제목의 칼럼

을 썼는데 이 텍스트는 이후 10여 년 동안 확대·진화하는 정치적 386담론의 시초 중 하나다. 여기서 필자는 노무현 대통령 당선이 "386세대와 포스트386의 연합"의 결과였지만 "대선 이후 386들이 보여준 오만과 독선으로 인해 N세대는 점차 등을 돌리기 시작했"고, "열정만 있고 실무능력은 떨어지는 386의 패거리 지향은 어느새 개인 중심의 가치관으로 무장한 20대들의 혐오대상이 됐"다고 주장했다. 또한 "'정치하는 386'과 '생활하는 386'의 분화"가 일어났고 "'생활하는 386'이 '정치하는 386'에 대해 갖는 감정은 어쩔 수 없이 애증愛憎"이라고 하면서, 세대 간 분리('386 패거리' 대 '개인 중심 20대')와 세대 내 분리('정치하는 386' 대 '생활하는 386')의 담론을 결합시켰다.[118] '진보 386 정치엘리트'를 동세대 모든 다른 계층, 그리고 청년세대에 대립시키는 구도다.

그러나 '기득권 386'과 '생활인 386'을 구분하는 담론은 그리 확산되지 못했고, 시간이 지날수록 '386 기득권' 담론은 1960년대생 전체에 대한 세대론적 비난 담론과 모호하게 중첩되었다. 그러한 담론적 확장 과정을 박근혜 대통령 집권 첫해인 2013년에 여러 기사에서 발견할 수 있다. 그해에 한국의 교육현실을 보도하는 『조선일보』의 한 기사는 "자본주의와 교육열이 만들어낸 '사교육 메카' 서울 대치동, 21세기 들어 대치동을 더욱 대치동답게 만든 건 386세대였다"고 하면서 진보운동 참여경험을 가진 '생활인 386' 삶의 모순과 비루함을 적어 나갔다.[119]

같은 해 『조선일보』의 또 다른 기사는 세대불평등의 의미에서 비난의 대상을 진보적 '생활인 386'에서 더 넓혀 '1960년대생' 전체로 확대하고 있다. 이 기사는 '60세 정년'을 규정하는 고령자 고용촉진법의 국회 통과를 보도하면서, '386세대'가 "한국사의 음지가 양지로 변하는 변동기에 늘 시대의 문을 열고 들어간" "대한민국 최대 행운아"이며, 고교평준화, 졸업정원제, 민주화 성공, 졸업 후 3저 호황기, 사교육 열풍의 수혜, 노무현 시대의 권력까지 이 모든 좋은 것을 순전히 운으로 가져간 집단으로 묘사하고 있다.[120]

2019년에 선풍적인 인기를 끈 여러 세대론적 대중서들이 이와 똑같은 역사인식을 갖고 있는데, 그 사유의 기본틀은 대부분 노무현 정부 시기에 『조선일보』 지면에서 탄생하고 다듬어진 서사들에서 유래하는 것이다. 우리는 이 책의 3장과 4장에서 1960년대 출생 세대나 베이비붐 세대의 구성원들 가운데, 이러한 세대 담론이 말하는 것처럼 4년제 대학을 졸업하고 3저 호황의 혜택을 받고 사교육 열풍의 수혜를 입은 계층이 참으로 소수에 불과하다는 사실을 여러 객관적 지표를 통해 확인한 바 있다. 그러나 그 소수를 전체 세대의 표상으로 삼는 담론이 한국사회 정치·언론·학계 엘리트들 내에서 이토록 질긴 생명력을 갖고 전승되고 있는 것이다.

(b) **무능론**: '386세대' 또는 '진보386'을 능력도 없으면서 권력만 있는 집단으로 묘사하는 담론들 역시 노무현 정부 후반기에 정권 지지율이 하락하던 시점에 집중적으로 터져 나왔다. 참여정부 마지막 해인 2007년 당시 《빅뉴스》 대표였던 변희재씨는 『조

선일보』칼럼에서, 사상이나 가치보다 "386세대의 더 중요한 공통점은 오히려 그들의 패거리 문화에 있다. 이는 … 한국사회의 출세와 권력의 법칙이다. … 운동권 시절부터 이어온 끈끈한 학맥과 지연으로 얽히면서, 386세대는 거대한 지배그룹을 형성·유지해왔다. … 실력이 안 되는 자들, 소비자로부터 버림받은 자들이 퇴출당하지 않는 이유이기도 하다"고 주장했다.[121]

변희재씨는 "1970년대 이후 태생, 이른바 '포스트386세대'는 문화의식에서부터 386세대와 판이"하며, "조직도, 깃발도, 리더도 없는 포스트386세대의 민주적 절차와 시장에 의한 세대교체 혁명이 이뤄질 날도 얼마 남지 않았다"고 했다.[122] 오늘날 'MZ세대'에 속한다는 30대가 마치 40대와 근본적으로 다른 듯이 말하는 담론들이 유행하고 있는 것처럼, 여기서 변희재씨도 70년대생과 60년대생 사이에 어떤 심연이 놓인 듯이 말하면서 '386세대'를 낡고 늙은 존재로 규정하고 있다. 그러나 실제로는 바로 이 70년대생들이야말로 '386' 정치권에 대한 지지층이 가장 넓은 유권자 세대였다.

한편 이명박 정부가 들어선 뒤에는 '진보386' 담론의 비난 대상이 정치권의 특정 집단의 범위를 훨씬 넘어서 사회 전반의 진보적 엘리트 집단 전체로 확대되었다. 주목하게 되는 사례는 『조선일보』논설위원 권대열씨가 2010년에 쓴 칼럼인데,[123] 여기서 그는 '기득권 진보좌파 386'의 범위를 정치권을 훨씬 넘어 정부, 법원, 언론, 대학 등 모든 사회분야로 확대시키고 있다. "386은 민주·민중·민족·자주·반미·주사(주체사상)·분배·평등·저항과 같은 단어들과 함께 자랐다. … 그 사이 세월이 흘러 386은 이제 모두 486(40대)이 됐다. 직책도 부장판사, 부장검사, 중앙부처 국장급, 대기업 이사, 책임 PD급, 보직교수로 올랐다. 마침내 '세상을 움직일 위치' 언저리로 업그레이드된 것이다."

이처럼 '386세대'는 단지 정치권뿐 아니라 사회 모든 부문에서 기득권층이 되었다는 것인데, 이러한 담론이 참으로 혼란스러운 것은 '386세대'가 부장검사, 부장판사, 대기업 이사, 정부관료가 되어 기득권층이 됐다고 비난하면서, 그와 동시에 '386세대'가 민중, 민족, 자주, 반미, 분배, 평등의 사상을 신봉한다고 공격하고 있다는 것이다. 민중과 평등을 지향하는 진보주의자들은 그 누구보다도 검사, 관료, 기업권력에 대항해왔는데, 이들을 같은 세대 범주로 묶어서 '진보주의 386 세대가 실은 검사, 판사, 기업임원의 기득권을 차지하고 있다'고 비난하는 기이한 담론을 만들어내고 있는 것이다. 최근 유행하고 있는 '586세대' 비판 담론들 역시 이처럼 비논리적인 '386세대' 담론을 그대로 답습하고 있어서, 비판의 논점이 대체 무엇인지 알 수 없는 혼돈 상태에 있다.

(c) **청년착취론**: 이명박 정부 시기에 들어와서 일어난 또 하나의 중요한 담론적 변화는 '386 무능론'에 '청년착취론'이 덧입혀졌다는 점이다. 2008년 당시 『조선일보』 파리특파원이었던 강경희씨는 프랑스 68세대와 한국 386세대를 비교하는 칼럼에서 "기득권층을 행해 돌을 던진 68세대는 정작 기득권층이 되어 후대에

빚만 떠넘긴 이기적인 세대라는 악평을 받게 됐다"고 하면서, 그 점에서 한국에서 "민주화의 주역이라는 … 386세대도 정작 기득권층이 되어서는 그리 신통치 못한 통치 능력을 보였다"고 적고 있다.[124]

이러한 담론은 '진보 대 보수'의 정치적·이념적 갈등관계와 '기성세대 대 청년세대'의 세대론 프레임을 교차시키고, '진보=기득권 기성세대'라는 등식을 매개로 하여 궁극적으로 '진보 대 청년세대'라는 정치화된 세대론의 구조를 만들어내고 있다. 이러한 논리가 담론의 수용자들에게 공명을 불러일으킬 수 있는 조건은, 과거 청년기 때에 체제비판적이었던 진보주의 세력이 이후 나이가 들면서 그 사회의 여러 분야에서 제도적 지위를 획득하면서 체제 내 개혁세력으로 자리잡게 되는 역사적 맥락이다. 유럽과 북미의 '68세대'와 한국의 '86세대', 일본의 '전공투 세대' 등이 각기 다양한 방식과 정도로 이러한 경로를 거쳐 갔는데, 그 과정에서 거의 보편적으로 보수우파들은 위와 같은 식으로 그들의 진보적 경쟁자들을 공격하는 담론을 구사해왔다.

이명박 정부 첫 해인 2008년에 『조선일보』 논설실장이던 송희영씨는 한 칼럼에서 "현재 20대 근로자의 절반이 비정규직이고, 20대 초반의 경우 3명 중 2명이 비정규직"이라면서 '청년'에 호소하며 다음과 같이 쓰고 있다. "골칫거리 베이비붐 세대를 떠맡을 그 세대는 알바나 파견사원으로 평생을 보낼지 모른다는 절망감에 싸여 있다. 이 얼마나 끔찍한 미래인가." 그러면서 "그 [청년] 세대는

386들까지 기득권층으로 몰아세우고, … 그들의 촛불이 언제 횃불이 되고, 이어 짱돌과 화염병으로 변할지 알 수 없을 지경"이라고 하여 '기득권 386'과 '절망적 20대'를 대립시키고 있다.[125]

일단 통계청 자료에 의하면 2008년 20대 근로자 중 비정규직은 31%였다는 사실관계를 지적할 필요가 있고, 고령층을 제외하면 비정규직이 가장 많았던 연령대는 '골칫거리 베이비붐 세대'가 다수를 차지하는 50대로서 비정규직 비율이 40%에 이르렀다. 위의 칼럼과 같이 청년세대는 '비정규직'이고 다른 세대는 '기득권층'이라는 식의 청년착취 서사는 사회현실의 자연스러운 반영이 아니라 사회현실을 세대론의 틀로 그려낸 담론생산물이라 할 수 있다.

이 같은 담론 변화는 어떤 집단의 통일된 전략에 의해 조직적으로 감행되는 것이 아니기 때문에, 이 시기에 어떤 사회세력이 단일한 진영을 갖추어 일사불란하게 담론 전환을 도모한 것으로 이해하면 안 된다. 2007~2010년의 담론 전환기에 보수진영 내에서 여전히 초기 '386 담론'을 발화하는 영향력 있는 행위자도 있었다. 그 한 예로 원희룡 당시 한나라당 의원은 한 신문기고에서 박연차 사건에 대한 검찰 수사와 관련하여 "노무현 전 대통령에 대한 검찰 수사가 몇몇 386 정치인에게 비화되면서 386이 부패·무능 집단이라는 부정적인 이미지로 부각되는 것에 안타까움을 금할 수 없다"는 심정을 토로하면서, 그러나 "대다수 386세대는 우리 사회의 '허리 세대'로 각 분야에서 자기 책임을 다하고 있"고

"이제 우리 세대의 책임과 역할을 다하기 위해서는 뼈를 깎는 자성이 선행돼야 한다"고 호소하기도 했다.[126]

한편『한겨레』같은 진보 성향의 언론에서는 '조국 사태' 이전까지는 세대갈등보다 세대연대를 강조하는 담론이 지배적이었다. 예를 들어 보수언론에서 '386' 비난 담론이 최초로 폭발했던 2007년에 서울대 국사학과 정용욱 교수는『한겨레』에 기고한 칼럼에서 "386 세대가 지향했던 정치적 민주화의 가치들을 사회적·경제적 민주화로 확대하면서 386 세대에서 엑스세대로, 또 엔세대로 이어지는 새로운 세대적 경험을 정치권에 수혈하고, 사회적으로 활용할 수 있는 정치발전의 대계를 진지하게 논의해야 할 때"임을 강조했다.[127]

대규모의 촛불집회가 일어난 2008년은 '386세대'와 '촛불세대'의 소통·공감·연대를 말하는 담론이『한겨레』에서 대대적으로 생산된 시기다. 2008년 5월의 촛불집회 보도기사는 "촛불을 들고 광장으로 쏟아져 나온 10대들의 '배후'는 누굴까? 전문가들은 이들 10대의 부모인 이른바 '386세대'를 지목한다.[128] 1980년대 민주화 시대를 거친 부모의 사회비판적 '유전자'가 자녀들한테 자연스럽게 전이됐다는 것이다"라고 보도했는데, 이때를 전후하여 연세대 김호기 교수의「쌍방향 소통 '2.0세대'」등『한겨레』지면의 여러 칼럼이 새로운 세대를 주목하면서 앞세대들의 적극적 소통과 관심을 호소했다.[129]

이처럼 세대 간 상호이해와 연대의 가능성을 이야기하는 담론들은 2008년이나 2016~17년의 대규모 촛불집회와 같이 실제로 다양한 세대의 시민들이 공동의 목표와 지향을 확인하는 사회적 사건이 일어났을 때 커다란 설득력을 가질 수 있다. 그러나 그러한 희망이 현실에서 구현되지 못하고 많은 사람이 또 다시 해법을 찾기 힘든 사회문제들에 직면하게 되었을 때 그 책임을 '기성세대'라는 실체 없는 대상에 전가하는 피상적 담론들이 가장 먼저 확산된다. 그리하여 노무현의 대통령 당선 몇 년 뒤에 탄생한 '386세대의 청년착취론'이 문재인 대통령 당선 몇 년 뒤에 똑같은 형상의 '586세대의 청년착취론'으로 부활했다.

'586세대'에 대한 비난 담론은 보수정권 재창출에 성공한 박근혜 정부 시기에 들어와서 축소되었다가, 2017년 문재인 정부가 들어선 뒤에 박근혜 전 대통령의 탄핵 여파가 어느 정도 가라앉고 북미회담이 실패로 돌아간 뒤인 2019년 초 다시금 빠르게 부상했다. 『조선일보』 경제부 김신영 차장은 2019년 초에 「싫다, 386이 만든 세상」이라는 제목의 칼럼에서 "한국 사회에 전에 없던 갈등이 벌어지고 있다. 진보 정권과 청년의 충돌이다. 문재인 대통령의 청년 지지율이 1년째 곤두박질이다"라고 상황을 규정했다.[130]

흥미로운 점은 2018년에도 대통령 국정수행 긍정평가가 한국갤럽 정례조사 결과 연평균 64%에 달했고 그 주요 지지층이 20대~40대였던 상황에서,[131] 보수언론들은 '386세대'와 '청년세대'가 극렬히 반목하고 있다는 현실의 상을 대량생산하기 시작했다는 사실이다. 지금은 20~30대의 문재인 대통령 지지율이 많이 하락했고 이 연령대의 정치성향이 심하게 변동하고 있지만, 이 시기만 해도 20대의 문대통령 지지율은 여전히 중·노년층보다 높았고 30대는 대통령 지지율이 가장 높은 연령대였다. 담론은 현실의 수동적 반영이 아니라, 현실의 재현이라는 형식을 빌어 원하는 현실을 창조하는 적극적 기획인 것이다.

'586'에 대한 비난 담론들은 세대론의 프레임을 취한 공격적 출판물들을 적극 활용하여 '50대'를 주요 희생양으로 삼아 세대 간 혐오를 증폭시켜 '청년'을 고객으로 불러들였다. '조국 사태'가 일어나기 전인 2019년 7월에 『조선일보』 Books 팀장인 이한수씨는 신간 『386 세대유감』을 주목했다.[132] "꿀 빨아먹고 헬조선 만든 세대, (후배들이 올라올) 사다리 걷어찬 세대, 무능한 꼰대 집단…"을 인용하는 것으로 시작하여 30대, 40대 저자들의 "칼날은 현 정권만이 아니라 386 세대 전체를 겨누고 있습니다. 386 세대는 매년 높은 연봉 인상으로 시드머니를 손에 쥐었고, 청약통장을 가지고 부동산 안정기에 아파트를 매입했으며, 분양가 상한제가 폐지되고 부동산 가격이 폭등하면서 엄청난 시세 차익을 누린 '로또 세대'라는 겁니다"라고 날을 세웠다. 여기서 담론사적으로 결정적인 중요성을 가진 지점은 "현 정권만이 아니라 세대 전체를 겨누고 있"다고 말하고 있는 대목이다.

그로부터 얼마 후에 주말뉴스부장 어수웅씨는 "김의겸 청와대 대변인이 대출 10억 끼고 산 흑석동 재개발 상가주택의 25억짜리

'딱지'. 그때는 마침 문재인 정권이 한참 부동산 투기와의 전쟁을 치르던 시절. 82학번 '청와대의 입'의 개인적 일탈이 아니라 386세대의 위선을 보여주는 상징적 사건이었다는 겁니다"라고 비난하면서, "80년대 후반에 태어난 밀레니얼 세대"에게서 희망을 본다며, 한편에는 불공정한 기득권을 누리고 있는 1960년대 출생 '386세대'를, 그 반대편에는 이들 기성세대 때문에 현재 정당한 보상을 받지 못하고 있는 '밀레니얼 세대'를 대립시켰다.[133]

조국 논란이 개시된 직후에 『조선일보』는 우석훈씨와의 인터뷰를 실었는데, 여기서 "요즘 청년들 사이에서 '인싸(인사이더를 줄인 말)'라는 말이 왜 유행하겠어요? 자기네(386세대)끼리 다 해먹는다, 해도 너무한다고 생각할 겁니다"라는 우석훈씨의 '청년' 대 '386' 이항대립 담론이 부각된다.[134] 같은 신문의 김윤덕 문화부장은 칼럼에서 "화염병과 짱돌로 민주화를 얻었으나 풍요 경제의 단맛을 즐기느라 자식 세대의 궁핍은 외면했다. 386은 훈장이었고, 촛불은 과거를 추억하는 놀이터였다. 부끄러움은 잊었다"라고 신랄히 비난했다.[135]

이런 담론들에서 지금 우리의 토론거리는 김의겸 전 청와대 대변인이나 조국 전 법무장관에 대한 비판이 과도했느냐 적절했느냐가 아니다. 주목할 점은 그러한 정치적 논란이 위의 김한수·어수웅씨의 글에서 표현된 것처럼 "현 정권만이 아니라 386세대 전체"의 문제며 "개인의 일탈이 아니라 386 세대의 위선을 보여주는 상징적 사건"이라고 담론화되고 있는 점이다. 이는 특정 정치인 또는 정치세력에 대한 비판을 1960년대 출생 연령대 전체의 문제로 허위일반화하는 것이며, 그렇게 해서 권력투쟁의 문제를 세대 갈등의 문제로 담론적으로 전치시키는 것이다.

주목할 만한 사실은 이 시기에 와서 『한겨레』 같은 진보언론에서도 2019년에 정치권 내 386그룹에 대한 비판을 넘어, 일반화된 세대론적 비난 담론이 등장했다는 점이다. 이 현상은 '조국 사태'가 터지기 몇 달 전인 2019년 7~8월에 대거 등장했다. 이때 나온 몇몇 세대론적 출판물을 집중 보도한 이 기사들은 「'헬조선은 386 세대가 만들었다'는 논쟁적 주장」「권력 장악 '막강 386세대' 양보해야 자녀 세대가 산다」 등의 제목을 달고 있었다.[136] 이들은 앞에 서술한 『조선일보』 지면의 세대담론과 유사한 방식으로 특정 정치세력의 문제를 '60년대생·586세대'의 문제로 확장했다. 이런 유의 담론은 『한겨레』의 지난 20여 년의 담론사에 없었던 초유의 사건으로, 비록 해당 매체의 전체 담론에서 비중이 크지 않다 해도 역사적으로 의미심장하다.

이로써 『한겨레』 내부에 이질적이고 상충되는 담론이 공존하는 구도가 형성됐다. 『한겨레』의 중견 언론인 성한용씨는 한 기고에서, "기득권 세력이 '세대'를 들고나온 것은 노무현 정부 때였다. 노무현 대통령을 둘러싼 운동권 출신 386들이 나라를 망친다고 고래고래 소리를 질렀다. 이명박·박근혜 10년을 건너뛴 문재인 정부에서도 같은 주장을 하고 있다. 조국 사태로 세대갈등론의 서식 환경이 좋아졌다고 보는 것 같다"고 비판하면서 세대론적

프레임에 분명한 반대 의견을 표명했다.[137]

외부 기고에서도 같은 시기에 유사한 대항담론이 나왔다. 양의 모씨(히토쓰바시대학)가 쓴 기고문은 "세대갈등론은 그 기만성이 입증된 주장"이고 "자식의 일자리를 아버지가 빼앗는다는 단순한 논리는 언뜻 그럴듯하게 보이지만 사회경제적 문제를 '노노 갈등'으로 만들어버리는 것으로, 자본의 책임에 면죄부를 주는 논리"라고 강하게 비판하면서 "보수언론은 그렇다고 쳐도 진보언론마저 이런 철 지난 주장을 소개하는 이유가 무엇인지 묻고 싶다"고 질타했다.[138] 노무현 정부 시기에 보수진영이 탄생시켜 키워온 '386 혐오' 담론이 약 10년 후에 진보 매체에 들어오면서 세대론을 둘러싼 담론 투쟁이 벌어지게 된 것이다.

이상의 분석에서 우리가 발견할 수 있는 사실은, 2019년의 '586세대' 담론의 주장과 논리들이 이미 참여정부 시기부터 보수 신문의 고위 언론인들과 영향력 있는 우익인사들에 의해 거의 완제품에 가깝게 준비되어왔다는 점이다. '조국 사태'는 '586세대 혐오' 담론이 폭발하는 계기가 되었지만, 그 담론의 상징과 의미 내용의 측면에서 역사적으로 새로운 것은 거의 없었다. 그것의 계보는 노무현 정부 시기까지 거슬러 올라가며, 그 원형은 그때 이미 거의 완성되어 항상 새로운 인물과 사건으로 채워졌다.

그처럼 '86세대' 담론이 애초의 기대 담론에서 점점 더 날이 선 비난 담론으로 변해간 것은 실제 현실의 맥락과 완전히 떨어져 있다고 볼 수는 없다. 한편으로 1997년 금융위기 이후 지속적으로 불평등과 불안정이 문제가 된 사회상황, 그리고 다른 한편으로는 '86세대' 엘리트 집단이 한국사회 정치·경제·문화권력의 중심부로 진입해 들어오는 과정이 맞물려서 '586세대'에 대한 비난담론의 공명에 영향을 미쳤다.

실제로 1987년 민주화 이후 30여 년, 1997년 금융위기 이후 20여 년 동안 정치적 자유와 나라 전체의 부는 신장되었지만 사회경제적 불평등 현실은 개선되지 않았거나 악화되었다. 노무현 정부 중반기 이후로 소득격차, 자산격차, 실업률, 비정규직 비율, 자살률 등 많은 지표가 급격히 악화되는 추세로 접어들어서 이후 상당 기간 지속되었다. 문재인 정부 시기에는 가처분소득의 불평등도 감소와 노동소득분배율 증가 등 한편의 개선이 있었으나, 다른 한편으로 청년과 노년층의 비정규직 증가, 무엇보다 부동산 가격 폭등과 자산 불평등 심화와 같은 부정적 경향을 막지 못했다.

이러한 시대상황에서 이 불평등의 책임을 누구에게 지울 것이며, 문제의 원인을 어떻게 진단하고 해법을 구할 것인가라는 큰 질문에 관해 여러 가지 사회적 담론이 형성되지 않을 수 없다. 바로 이 지점에서 '586세대'라는 기호를 중심으로 구성된 정치적 세대담론이 폭발적으로 확대된 것이다. 문재인 대통령과 민주당에 대한 평가는 사람마다 다를 수 있고 같은 사람도 시시각각 변할 수도 있다. 그런 정견의 차이와는 별개로 우리에게 중요한 사실은, 정치적 세대담론들에 의한 정치문제의 세대문제화, 그리고 세대담론의 정치도구화는 우리가 정치의 문제를 정확히 정의하는 데에도, 세대의 현실을 정확히 이해하는 데에도 해악을 끼친다는 것이다. 우리는 이러한 정치담론과 세대담론의 융합을 해체시키고 정치의 문제를 정치의 언어로, 세대의 문제를 세대의 언어로 정의할 수 있어야 한다.

제7장
한국 정치의 역동과 세대

젊은 민주주의의 열정

한국 정치엘리트의 최상층부에 위치한 집단들은 이 책의 4장에서 보았듯이 지난 70여 년 동안 계속 고령화되어왔다. 국회의원의 평균 연령은 특히 1990년대 이후 50대 중반을 넘는 수준을 지속해왔고, 지금은 20~30대는커녕 40대 국회의원도 찾아보기 힘들다. 21세기 첨단 한국의 권력중심부를 원로정치가 지배하고 있는 것이다. 하지만 나의 강조점은 이처럼 50~60대가 정치권력을 장악하고 있는 현실을 기성세대의 기득권 재생산이라는 관점에서만 보는 정치세대론의 접근이 피상적이라는 것이었다.

문제의 본질은 민주화 이후 30년 남짓 지난 한국의 젊은 민주주의에서, 그동안 정권을 주고받은 양대 정당의 1세대 권력집단들이 자기들끼리의 폐쇄적 경쟁구조를 구축해왔다는 점이다. 이러한 엘리트 순환구조에 도전하면서 정치의 새로운 패러다임을 기치로 내거는 세력이 형성되지 않는 한, 정치권의 세대교체는 정치의 변화가 아니라 기존 체제를 가동시키는 대리인의 교체에 불과할 것이다. 기성정치와 다르지 않은 젊은 정치인들을 점점 더 자주 보면서 우리는 문제가 나이가 아니었음을 알게 될 것이다.

정치권의 세대교체가 그런 방향으로 가지 않기 위해서는, 무엇보다 새로운 세대의 정치인들이 기성정치권에 종속되지 않는 자기 자신의 자원을 발굴할 수 있어야 할 것이다. 기성정치권은 돈, 조직, 인맥을 자원으로 갖고 있지만, 그런 면에서 취약한 새로운 세대의 정치인들은 독자세력화가 어렵고 그래서 자원의 취약성이 지속되는 악순환 구조가 있다. 그런데 이 악순환의 고리를 끊을 수 있는 기회가 없는 것이 아니다. 무엇보다 기성정치에 대한 대중의 불만이 고조되어 있고, 젊은 유권자들은 다양한 방식으로 여야 기성정치권을 벌하며 대안을 찾아 헤매고 있다. 이러한 정치적 공백은 위험한 선동정치가 클 수 있는 토양이 될 수도 있지만, 그와 반대로 기성정치를 넘어서는 새로운 정치세력이 도약의 발판으로 삼을 자원이 여기서 나올 수도 있다. 실제로 2000년대 한국정치엔 그러한 기회를 제공하는 강한 역동성이 잠재해 있었다.

한국의 젊은 민주주의를 특징짓는 것은 산업화 세대와 민주화 세대의 파워엘리트가 권력을 나눠 가진 과두적 지배구조만이 아니었다. 만약 정치인들의 나이만 가지고 그동안 한국정치가 중·

노년 정치인들의 손 안에 있었다고 평가한다면, 그리고 젊은 유권자들은 몇 년에 한 번 투표권을 행사하는 거수기나 추종자에 불과했다고 생각한다면, 그것은 지난 10여 년간 한국정치를 그토록 뜨겁고 역동적으로 만든 사회적 동력을 전혀 이해하지 못하는 일이 될 것이다. 그 동력이란 바로 민주화 이후 청년기를 맞이하여 민주주의 세상에서 정치적 사회화가 이뤄진 1970년대 및 그 이후 출생 세대들, 즉 현재 20대~40대인 젊은 유권자들이 한국 제도정치의 환경을 근본적으로 바꿔놓았다는 사실이다.

이들이 어떻게 한국정치의 지형을 바꾸었으며 제도정치 플레이어들이 유권자를 두려워하게 만들었는지를 들여다보기 위한 첫번째 순서로, 먼저 유권자층의 연령구성 변화와 연령대별 투표율 추이를 확인해둬야 할 것 같다. 시민들의 정치 여론을 판단할 때 많은 경우 지지율만 보는데, 그 이전에 다양한 세대, 성별, 계층, 출신지역 또는 거주지역의 유권자들이 전체 유권자 중에서 차지하는 비중이나 적극적인 투표 정도를 눈여겨봐야 한다.[139]

전체 유권자 중 각 연령대의 인구 비중과 각 연령대의 투표율은, 세대별 투표성향을 따지기 전에 작용하는 중요한 변수들이다. 즉 유권자의 인구 구성, 연령대별 투표율, 투표자의 투표성향이라는 세 변수를 조합해야 진정한 세대별 정치력이 도출된다. 인구 고령화와 더불어 젊은 유권자들은 약자가 될 수밖에 없다거나 정치권에서 세력을 가질 수 없다는 등의 얘기는 모두 실제 정치의 입체적 역학을 과도하게 단순화한 인구학적 셈법이다. '386 정치권'이 온 나라의 주목을 받았을 때 그들은 정치권 내에서 수적으로 소수에 불과했다. 마찬가지로 지금 20~30대는 인구학적으로 소수지만, 정치적으로 적극적이면서도 특정 정당에 충성하지 않는 비당파적 유권자가 많기 때문에 그들의 산술적 비중을 뛰어넘는 정치적 힘을 갖는 것이다. 양대 정당이 그토록 '청년'에 구애하는 이유가 거기에 있다.[140]

먼저 유권자 인구구성의 변화, 즉 인구 고령화와 젊은 유권자 비중의 감소가 한국정치의 향방에 어떤 함의를 갖는지 살펴보자. 통계청 인구동향조사 자료에 의하면 2020년에 50대가 전체 인구의 16.6%로 가장 비중이 많았고 40대가 16%로 그 다음으로 많았다. 60대 이상 노인층 모두는 전체 인구의 23%에 달했다. 20대와 30대는 각각 13.5%, 13.9%를 차지해서 요즘 '2030' 유권자라고 말하는 연령대가 합계 26% 정도 된다. 장기적 추이를 보면, 통계청 인구추계로 50세 이상 인구의 구성비가 1970년에 10.9%였던 것이 2000년에 20.4%, 2021년에는 40%가 넘게 되었다. 65세 이상 고령층만 보면 1970년에 3.1%에 불과했으나 꾸준히 증가하여 2008년에 10%를 넘었고 2020년에 15.7%에 달한다.

이렇게 전반적으로 중·고령층 유권자 구성비가 크게 높아지는 추이가 계속되고 있기 때문에 젊은 유권자들의 영향력이 절대적으로 약할 수밖에 없다는 인구결정론적 전망이 흔하게 들려온다. 그러나 연령계층이 단일한 정치세대를 구성하지 않을뿐더러 각 연령계층의 다수 유권자의 성향도 변하기 때문에, 유권자 인구

배열의 정치적 의미는 그렇게 간단하지 않다.

연령대별로 보자면 베이비붐 세대보다 더 고령층에는 노무현 정부 중반기 이후로 극도의 보수성향을 보여온 유권자 집단이 대거 분포하는데, 앞으로 1960년대생 유권자층이 고령층의 다수가 되면 노인 유권자의 보수성은 약화될 수 있다. 하지만 다른 한편으로 2차 베이비부머의 다음 세대인 지금의 20대 유권자층이 현재 대단히 유동적인 정치성향을 보이고 있어서 향후 5년 뒤, 10년 뒤 연령에 따른 유권자 지도가 어떻게 그려질지는 알 수 없다. 그러므로 고령화와 같은 인구구성상의 이유로 미래의 한국정치가 더 진보적이거나 더 보수적인 방향으로 기울게 되리라는 예단은 그 근거가 튼튼하지 않다.

다음으로, 연령별 투표율 현황과 추이가 어떤지 보자. 투표율은 선거 결과에 큰 영향을 미칠 뿐 아니라, 당선자가 어느 정도 폭의 정치적 기반을 갖는지를 말해주기도 한다. 예를 들어 2007년 대선에서 이명박 후보는 전체 유권자 중 득표율이 30.7%로 민주화 이후 역대 최저였지만, 2위 정동영 후보와는 역대 최대 격차로 대통령에 당선될 수 있었다. 당시에 여러 여론조사에서 유권자들은 일자리·부동산·교육의 양극화 해소 등 진보적 의제를 최우선 국정과제로 꼽았으나, 선거를 앞둔 몇 달 동안 진보성향 유권자들이 투표 의지를 상실했고 그 결과 63%라는 역대 최저 투표율로 대선을 치러 이명박 후보가 압승을 거두었다.[141] 마찬가지로 2021년 4월 서울시장 보궐선거에서 보수성향이 뚜렷한 강남구·

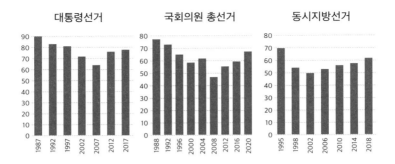

| 대통령선거 | 국회의원 총선거 | 동시지방선거 |

<도표 39> 민주화 이후 선거 투표율 추이 (단위: %)

서초구·송파구 등 강남 3구가 최대 투표율 지역이었던 데 반해, 평균 소득이 낮은 관악구·중랑구·강북구 주민들은 그들을 정치적으로 대표할 후보를 찾지 못하고 최저 투표율을 기록했다.

그렇다면 민주화 이후 수십 년 동안 연령대별로 투표율 추이가 어땠는지 보도록 하자. 우리는 청년들이 중년이나 노년 유권자보다 투표율이 낮다는 우려를 종종 듣는데, 청년들의 투표율이 상대적으로 더 낮은 것은 사실이나 한탄할 일은 아니다. 대부분의 나라, 대부분의 시대에서 연령이 낮을수록 투표율이 낮은 게 일반적이며 최근에 새로 생긴 현상도 아니다. 청년들은 아직 제도정치권의 권력지형에 덜 민감하기도 하고, 윗세대보다 더 높은 기대수준을 갖고 있기도 하며, 사회운동이나 여러 사회참여 활동 등 선거 정치 외적인 영역에 더 큰 가치를 부여하기도 한다. 투표율이 다른 연령대보다 낮다고 해서 정치에 무관심하거나 정치참여를 하지 않는다고 해석하면 안 된다는 뜻이다.

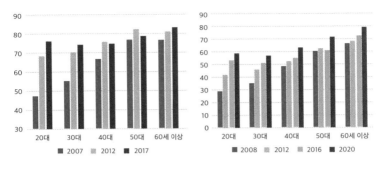

<도표 40> 대선 및 총선의 연령대별 투표율 추이, 2007~2020 (단위: %)

한국이 다소 독특한 면이 있다면, 다른 많은 나라에서 대략 60대에 투표율이 정점에 이르렀다가 이후 하락세를 보이는 데 비해 한국에서는 70대에도 투표율이 하락하지 않는 노익장이 두드러진다. 그런 면에서 대한민국은 정치적으로 열정이 식지 않는 노인 유권자들을 가진 나라다. 그러나 이것은 한국정치에서 노인 유권자의 영향이 일방적으로 크다는 뜻은 아니다. 청년층의 투표율이 지난 10여 년간 큰 폭으로 증가해온 추세라는 점도 한국정치의 다이내믹에 많은 영향을 미치고 있다. 이 점이 유권자의 단순한 인구구성으로 환원되지 않는 세대별 정치역학의 중요한 토대다.

우선 모든 연령대를 포함하는 전반적인 투표율 추이부터 확인해보자. 〈도표 39〉에서 보는 것처럼, 민주화 이후 투표율의 장기 추이를 보면 대통령선거, 국회의원 총선거, 전국동시지방선거에서 모두 2006~2008년경에 저점을 찍고 이후 계속 상승했다. 지난 2020년 4월에 치러진 제21대 국회의원 총선거에서는 세계적

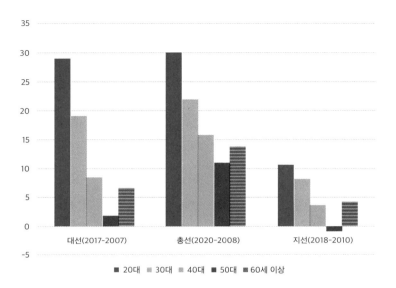

<도표 41> 2000년대 연령대별 투표율 상승폭 비교(단위: %p)

인 코로나19의 위기 상황 속에서도 무려 66.2%의 투표율로 2000
년대 총선 중 최고치를 기록했으니, 당시에 세계 여러 나라의 커
다란 주목을 끈 사건이었을 뿐 아니라 지금 한국 유권자들이 정
치적 주권의 행사를 얼마나 중시하고 있는지를 말해준 것이기도
하다.

그렇다면 이상과 같은 2000년대 중반 이후의 투표율 증가를
주도한 연령대가 누구였을까? 어떤 연령대의 투표율이 가장 많이
올랐을까? 우선 <도표 40>이 보여주는 것은 대통령선거 투표율이
최저치를 기록한 2007년부터 가장 최근 중요 선거가 치러진 2020
년까지 대선과 총선의 연령대별 투표율 추이다. 50대가 2016년

총선과 2017년 대선에서 투표율이 직전 선거보다 다소 하락한 점을 제외하고는, 모든 연령대에서 대선과 총선 투표율의 증가 추세가 가장 최근까지 지속되어왔음을 확인할 수 있다.[142]

이러한 전반적인 투표율 상승 추이 가운데 어느 연령대의 상승폭이 가장 컸는지를 확인하기 위해서, 대선·총선·지선에서 각각 가장 최근 선거와 민주화 이후 투표율이 최저였던 해의 투표율 차이를 연령대별로 분석해 보았다. 대선의 경우 2017년과 2007년, 총선의 경우 2020년과 2008년, 지선의 경우 2018년과 2010년의 투표율 차이가 거기에 해당한다. 〈도표 41〉에 제시된 분석 결과를 보면, 가장 왼쪽 그래프의 대선, 중간 그래프의 총선, 오른쪽 그래프의 지선에서 모두 젊은 연령대일수록 투표율 상승의 폭이 크다는 사실을 쉽게 확인할 수 있다. 그중에서도 40대의 상승폭은 60대와 크게 다르지 않은 데 반해, 무엇보다 20대와 30대 유권자의 투표율 상승폭이 가장 두드러지게 나타난다. 이제 서른 살이 넘은 한국의 '젊은 민주주의'가 아직 전혀 젊음을 잃지 않았다는 뜻이다.

오늘날 한국의 젊은 유권자층이 정치적으로 얼마나 적극적인 집단인지는 정치효능감sense of political efficacy이라고 불리는 지표를 통해 더 분명히 알 수 있다. 여기서 효능감이란 우리가 어떤 행동을 했을 때 뭔가가 달라질 수 있으리라는 기대를 뜻한다. 만약 어떤 행동을 해봐야 소용없다고 생각한다면 그 행동을 하지 않을 가능성이 높을 것이다. 반면 효능감이 높으면 그 행동을 할 가능

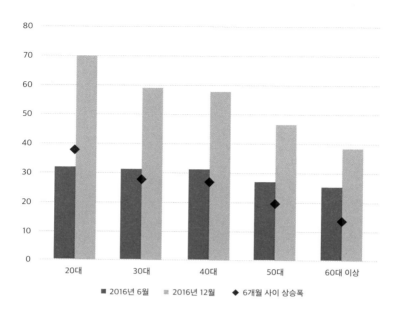

<도표 42> 2016년 탄핵촛불 시기에 연령별 정치효능감 (단위: %)

성이 높아질 것이다. 그렇기 때문에 정치효능감은 정치참여의 적
극성을 예측하는 하나의 유용한 지표로 사용된다. 정치효능감의
측정은 예를 들어 당신이 정치참여를 하면 당신 삶에 변화가 있
을 것이라고 생각하느냐, 당신이 정치적 의사 표현을 해도 정부나
정치인들은 경청하지 않을 것이라고 생각하느냐 등 다각도의 질
문을 사용한다.

　이와 관련하여 주목할 만한 자료가 박근혜 전 대통령 탄핵(또
는 하야) 촉구 촛불집회가 한창이던 2016년 12월에 연령대별 정
치효능감을 그해 6월 조사와 비교한 서강대 현대정치연구소 오세

제 교수의 연구 결과다. 〈도표 42〉에 제시되어 있듯이, 2016년 6월에 모든 연령대의 정치효능감에 큰 차이가 없었지만 12월에는 젊은 연령대로 올수록 효능감이 높아졌고, 따라서 탄핵정국과 촛불집회를 경험하면서 20대~40대 연령층의 정치효능감 상승폭이 특별히 컸다.[143]

이 효능감이 전하는 정치적 메시지는, 시민들 자신의 지지 또는 거부 행동을 통해 어떤 정치세력이든 세우거나 넘어뜨릴 수 있는 힘의 자각이다. 젊은 유권자층의 높은 정치효능감은 2016년 탄핵정국의 일시적 현상이 아니라 문재인 정부 시기까지 지속된다. 『문화일보』가 2021년 10월에 여론조사기관 엠브레인에 의뢰한 조사에서, 20대의 정치효능감이 다른 연령대에 비해 두드러지게 높은 것으로 나타났다. 20대 응답자 가운데 '투표 등 나의 정치 참여가 정치를 바꿀 수 있다'는 응답이 77.0%, '정치가 바뀌면 나의 삶도 달라질 것이다'는 응답이 72.4%에 달했다. 20대 내에서 남녀 차이는 거의 없었다.

흥미롭게도 위의 조사와 거의 같은 시점인 2021년 9월 한국 갤럽이 수행한 조사에서 20대 응답자의 50%가 '대통령감이 없다'고 응답했다. 이런 무당층 또는 유보층은 일반적으로 선거가 다가오면 감소한다. 그러나 2017년 대선을 수개월 앞두고 실시한 동일한 조사에서 '대통령감 없음/유보'는 모든 연령대에서 10~16%였다는 점을 감안하면 지금 20대의 정치적 실망은 매우 큰 편이다. 이 사실을 최근 청년 유권자들의 높은 정치효능감이라는 또 다른 사실과 나란히 놓고 그 의미를 생각해보자. 지금 청년 유권자들은 탈정치, 정치무관심, 방관자적 냉소에 빠져 있지 않다는 것이다. 다만 마음에 드는 그들의 대표자를 현재 정치권 안에서 발견하지 못하고 있을 뿐이다. 이처럼 정치적 적극성과 유보적 태도가 공존하는 양상이 지금 청년층 유권자의 정치적 존재감을 높이는 토대다. 정치에 관심과 표현이 활발한데 누구를 찍을지 불분명하니까 모든 정치세력이 경쟁적으로 '청년'에 호소하는 것이다.

지금까지 논의를 종합하자면, 21세기 한국정치의 역학은 단순하게 유권자들의 산술적 인구구성에 좌우되지 않으며 50~60대에 의해 지배되고 있지도 않다. 20대에서 40대에 이르는 젊은 유권자들은 점점 더 적극적으로 그들의 정치적 권리를 행사해왔고, 특히 지금 20~30대의 유권자들은 강한 정치효능감을 갖고 정당들과 정치인들을 무대에 올리거나 무대에서 내리고자 한다. 이들 중 다수는 2017년 대선에서 문재인을 들어올려 보수의 시대를 끝냈고, 2021년 보궐선거에서 오세훈을 들어올려 민주당에 경종을 울렸으며, 그해 국민의힘 당대표 선거에서 이준석을 들어올려 구시대 보수정치를 바꿔보려 했다. 그래도 보수가 변하지 않는다면 이들은 주저하지 않고 등을 돌릴 것이다. 한국정치는 여전히 젊고 역동적이다.

제2절
출렁이는 세대 균열

앞에서 살펴본 것처럼 한국에서 정치권의 고령화와 양대 정당의 폐쇄적 경쟁구조에도 불구하고, 이곳에서 권력의 향방을 실제로 결정하는 선거정치의 다이내믹은 기성세대 정치권의 뜻대로 움직여지지 않는다. 권력을 손에 쥔 자들의 힘이 대단한 것 같아도, 누구의 손에 권력을 쥐어주고 빼앗을지 결정하는 것은 그들 자신이 아니다. 한국의 젊은 민주주의를 움직이는 유권자들은 거의 매년 있는 선거에서 정치세력들의 생사여탈권을 행사하고 있다. 제도정치와 시민정치 간의 쌍방적 영향관계 속에서 작동하는 이 역동성을 알지 못한다면 한국정치의 변화를 설명할 수 없음은 물론, 따라갈 수조차 없을 것이다.

2002년 대선에서 대한민국 최고의 엘리트 커리어를 쌓아온 이

회창 후보를 젊은 노무현이 꺾었고, 그를 꺾으려던 2004년 국회의 대통령 탄핵 시도는 그해 총선에서 열린우리당의 과반수 의석 획득이라는 놀라운 압승으로 종결되었다. 그러나 열린우리당은 여러 이유에서 곧 지지를 상실했고, 바로 2년 뒤 2006년 동시지방선거에서 유권자들은 모든 광역자치단체장 자리를 한나라당에 줌으로써 무서운 경고를 했다. 그럼에도 불구하고 정치적 신뢰를 회복하지 못한 여권은 2007년 대선에서 이명박 후보에게 역대 최대 표차로 패배했고, 2008년 총선에서까지 한나라당에 패하여 중앙과 지방의 행정 · 입법 권력을 모조리 잃었다. 이 상황에서 오만해진 이명박 정부와 한나라당의 기를 완전히 꺾은 것이 2008년 4월 말부터 7월 초까지 지속된 대규모 촛불집회였고, 2년 뒤 지방선거에서 민주당이 압승을 거두어 보수 중앙권력과 진보 지방권력의 대치구도를 만들었다.

이처럼 민주화 이후에 한국의 권력지형은 특정 정치세력에 의해 지속적으로 지배되어온 것이 아니라, 유권자들의 정치적 선호 변화와 세력 구도에 따라서 죽은 자가 살아나고 날던 자가 떨어지는 격동을 겪어왔다. 그렇다면 유권자들의 정치성향은 얼마나 연령 또는 출생세대에 따른 균열을 보여왔는가? 민주화 이후 한국에선 '세대정치'라고 할 만한 균열이 존재했는가? 여기서 '균열cleavage'이라는 개념은 국지적이고 일시적인 갈등conflict이나 사회구조적 차원의 계층 분할division과 구분되는 의미로, 어떤 사회에서 구조적이고 장기적으로 사회세력 간의 대립구도가 존재할 때 사용하는 개념이다. 그런 의미에서 민주화 이후 한국 선거정치와 유권자 배열에서 과연, 그리고 얼마만큼 세대에 따른 균열이 있었는지 보자.

대한민국 정부 수립 이후 지난 70여 년 동안 한국의 선거정치에서 유권자 균열의 주요한 축을 몇 단계의 시기로 구분해볼 수 있다. 물론 특정 시기 또는 특정 선거에서 하나의 변수가 압도하는 경우는 없으며 여러 변수가 복합적으로 작용한다. 또한 앞시대에 강력한 영향을 미치던 균열은 세상이 많이 변한 뒤에도 새로운 강력한 변수들과 더불어 여전히 힘을 발휘한다. 예를 들어 경상도냐 전라도냐 따지는 지역주의가 지금 젊은 세대에는 옛날처럼 중요하진 않지만 선거에서 여전히 지역주의는 변수가 된다.

그런 복잡성에도 불구하고 한국 유권자들을 굵직하게 나누는 균열의 축은 시대에 따라 변해왔다. 권위주의 시대에는 도농都農 균열이 대체로 가장 커서 여촌야도與村野都, 즉 촌에서는 독재정권의 여당을 많이 찍고 도시 거주자는 재야 정당을 많이 찍는 경향이 있었다. 다음으로 1987년 민주화 이후에 10여 년 동안에는 경상도 출신, 전라도 출신 등 지역주의 투표가 강했다. 이때의 지역주의는 거주지역주의와 구분되는 의미의 출신지역주의를 뜻한다. 말하자면 서울 거주자라도 어느 지역에서 나서 자랐느냐, 가족·친지가 어디 사람이냐가 투표 결정에 크게 작용했다는 것이다.[144]

한국의 선거에서 세대 차이가 강력한 변수로 등장하기 시작한 것은 21세기 들어 첫번째 실시된 대통령선거였다. 2002년 제16

대 대선에서 노무현 후보가 당선될 때부터 유권자의 연령 변수가 큰 영향을 미치기 시작했다. 이것은 민주화 이후의 정치환경에서 20~30대 청년기를 보내는 유권자 집단과 그 이전에 출생한 유권자들 간에 이념 성향이나 가치 지향이 많이 다르다는 점과 관련이 있다. 즉 젊을수록 진보적이며, 상대적으로 더 진보적인 정치세력을 지지하는 경향이 이때부터 뚜렷해졌다는 것이다.

우리는 물론 앞의 2장과 3장에서 청년과 중년 세대를 대상으로 세대 내의 계층격차와 그에 연결된 인식 차이가 상당하다는 것을 보았다. 하지만 그에 덧붙여 강조했던 것은, 세대 내 다양성이라는 것이 추상적인 일반론이 아니라 역사적 상황의 영향에 따라 그 강도와 양상이 달라진다는 점이었다. 한국에서는 세대 내의 격차 심화가 2000년대 중·후반부터 사회 전반적인 계층격차의 악화에 의해 본격화되었다. 그렇기 때문에 노무현 정부가 탄생한 2000년대 초반만 하더라도 정치개혁이 국민 여론에서 최우선 과제로 꼽혔다. '세대' 변수가 한국 선거정치의 강력한 변수로 부상한 시점이 바로 그 때다. 경제 이슈, 부동산 이슈, 젠더 이슈 등으로 유권자 균열이 더욱 복잡해지기 이전의 상황인 것이다.[145]

이 변화의 역사적인 의미는, 1987년 민주화 이전 한국 선거의 중요 변수였던 도농都農 균열, 그리고 민주화 이후 1990년대 선거를 좌우했던 출신지역 균열에 이어서, 이제는 세대·이념·가치 등 보다 현대적인 기준들이 한국 정치의 중요한 균열축으로 부상했다는 데 있었다. 이때 이후로 젊은 세대가 더 진보성향이 많고 고령층이 더 보수성향이라는 큰 틀의 세대 차이는 2000년대 내내 타당했다.

하지만 고령층과 중년 이하 연령대 간의 큰 균열구조 내에서 각 연령대의 정치성향은 계속 이어진 것이 아니며, 선거 때마다 달라지는 게 오히려 일반적이었다. 말하자면 21세기 한국 선거정치에선 언제나 강경보수 고령층과 포스트민주화 세대로 대별되는 큰 파도가 일고 있었지만, 보다 세분화된 각 연령대에서 다수 유권자의 선택은 선거 때마다 각기 다르게 출렁였다는 것이다.

예를 들어 2002년 노무현 후보가 젊은 세대의 전폭적인 지지에다 고령층 일부의 지지까지 보태어 대통령에 극적으로 당선되었지만, 2007년 이명박 후보가 당선된 대선에서는 이 후보 개인의 경제정책 역량을 기대하는 전망 투표의 성격 외에도 유권자들의 자가 보유 여부, 보유자산 규모, 거주지역 등 부동산 변수가 투표에 상당한 영향을 미쳤다. 그러다가 보수정권을 경험한 후에 치러진 2012년과 2017년 대선에서는 다시금 세대 변수가 강력하게 부상했는데, 특히 박근혜 후보가 대통령에 당선된 2012년 대선에서는 세대 변수가 크게 부상했던 2002년 대선보다 더 뚜렷하게 젊은 유권자는 문재인 후보를, 나이 든 유권자는 박근혜 후보를 찍는 세대 차이가 드러났다. 그리고 우리는 지금 다시 노무현 정권 후반기 때처럼 문재인 정권 후반기에 세대 균열이 흔들리면서 20~30대 유권자 다수가 민주당에 실망하면서도 보수정당을 신뢰하지도 못하고 있는 상황을 목격하고 있다.

이처럼 세대에 따른 정치성향의 차이라는 것은 21세기에 들어서 한국정치의 중요 변수가 되었으면서도, 한 번도 항구적인 법칙이었던 적은 없다. 지역에 따른 투표 차이가 지속되는 가운데 세대·이념·가치 변수가, 그리고 보다 최근에는 주거·자산 등 계층 변수가 유권자의 선택과 선거 결과에 복합적으로 영향을 미치고 있다. 그래서 선거가 어떤 정권 시기에, 어떤 사회상황에서 치러지느냐에 따라 전면에 부상하는 변수가 달라진다. 그러므로 엄밀한 의미에서 한국정치에는 구조적이고 장기 지속하는 '균열'이라고 할 만한 것이 없다고도 말할 수 있다.

그렇다면 이런 큰 그림을 염두에 두고서 이제 각 세대별로 어느 정도 지속적으로 세대적 특성을 보여왔는지, 다수 세대구성원의 투표성향이 어떠했는지를 더 자세히 들여다보자. 노환희·송정민·강원택은 1997년부터 2012년까지 네 번의 대선에서 각 출생코호트의 후보 선택과 이념 성향의 추이를 분석했는데, '한국전쟁 세대'(1941년 이전 출생)와 '산업화 세대'(1942~51년 출생)는 나이가 들면서 크게 보수화되는 연령효과를 뚜렷이 보인 데 반해, '386세대'(1960~69년 출생)는 대체로 중도 또는 중도진보 성향을 유지하는 세대효과를 보였으며, 1970년대 이후 출생 세대는 일관되게 그 윗세대들보다 더 진보적이었지만 진보성의 정도는 등락이 있었던 것으로 나타났다.[146]

고려대 이내영 교수와 한국리서치 정한울 박사가 2002년~2012년 대선을 분석한 연구도 출생코호트별로 다른 세대 성향을 발견했다. 고령층인 유권자들은 나이가 들수록 급격히 보수화되는 뚜렷한 연령효과가 있었던 데 반해, 지금 '586세대'로 불리는 1960년대생 유권자들이 윗세대보다는 진보적이고 아랫세대보다는 보수적인 성향을 대체로 유지했고, 이보다 젊은 1970년대 출생 세대 역시 '586세대'보다 대체로 더 진보적인 성향을 꾸준히 보였다.[147]

하나의 '정치세대'로서 가장 주목을 받아온 '1960년대생-586세대'가 과연 얼마만큼, 어떤 종류의 세대적 특성을 갖고 있는지에 관해 여러 연구가 수행되었다. 그러한 학문적 관심은 이 연령대가 특별히 세대적 특성이 일관되고 뚜렷하기 때문이라기보다는 한국 민주주의의 연령과 이 인구집단 연령의 상대적 관계에 기인하는 바가 크다. 왜냐하면 이보다 연령이 높은 세대는 청년기를 독재체제에서 보냈기 때문에 중·노년기와 비교 가능한 민주적 환경의 청년기 정치성향에 관한 정보가 있을 수 없고, 이보다 연령이 낮은 젊은 세대는 그들의 현재 성향이 앞으로도 세대적 특성으로 지속될지 여부를 예단할 수 없기 때문이다.

선행연구들을 종합해봤을 때 1960년대생 유권자의 다수는 중도진보와 중도보수 사이를 오가는 약한 진동을 하면서 제한적으로 세대적 지속성을 보여왔다고 볼 수 있을 것 같다. 1997년~2017년의 20년간 여섯 차례 대선에서 출생코호트별 투표성향을 분석한 경상대 정외과 배진석 교수의 연구에 따르면, 1960년대생은 1997년, 2002년, 2017년에 세 차례 진보 후보를 더 많이 지지했고, 1992년, 2007년, 2012년에 마찬가지로 세 차례 보수 후보를 더 많이 지지했다. 서강대 오세제 교수의 연구도 '386세대'의 세대효과가 각 선거에서 정치적 동원의 성공 여부에 따라 조건적으로 표출된다는 점을 강조했다.[148]

그에 비해 2022년 현재 30~40대인 1970~80년대 출생 세대는 지난 20년간 '586세대'보다 언제나 진보적 성향의 유권자를 더 많이 포함하고 있었다. 부산대학교 황아란 교수의 연구에 따르면 그중 특히 1967년~1971년 출생 세대가 세대 내의 학력 차이 등 계층격차를 뛰어넘어 이념 성향의 동질성이 다른 세대보다 강하고, 높은 정치참여와 진보성향을 지속적으로 보여왔다. 황아란 교수는 또 다른 연구에서 세대별로 정치적 가치관, 정치적 관심도, 정치참여도를 분석했는데, 여기서도 1970~80년대에 출생한 세대가 자유 지향성이 강하고, 정치에 적극 관여하며, 진보성향의 정당을 많이 지지하는 특성을 보였다. 바로 이들이 문재인 정부 임기 4년차까지 가장 여권 지지율이 높았던 30~40대 유권자들이다.

그러나 바로 위에 살펴본 1960년대 출생 세대 유권자들처럼 1970~80년대생들 역시 고정된 정체성과 행태를 보이는 정치세대로 고착시켜 이해한다면 생동하는 현실을 빗겨갈 수밖에 없다. 우리가 이 책의 4장에서 민주화 이후 청년담론을 분석한 결과들을 통해서 확인할 수 있었듯이, 1970년대생들이 20대였을 때 이들을 탈정치 · 탈이념 세대로 정의하는 'X세대' '신세대' '락카페 세대'의 현란한 담론들이 넘쳤고, 그런 상상된 세대적 특성이 마치 실제인 것처럼 믿게 만드는 대중서와 여론조사 결과들이 신문 지면을 채웠다. 하지만 이들이 30~40대가 되었을 때 실제 이 세대 다수의 정치성향은 그런 세대론의 이미지와 상당히 달랐다.

한편 1980년대생의 다수가 20대였던 2007년 대통령선거에서 20대는 역대 최저의 투표율을 기록했기 때문에 당시 선거에서 패배한 민주당(대통합민주신당)의 일부 정치인들로부터 탈정치화 세대라고 비난 받기도 했다. 그러나 노무현 정부와 열린우리당 집권기는 민주화 이후 한국에서 여러 면의 경제적 불평등이 최악에 달했던 시기였음을 생각한다면, 당시 여권 정치인들의 이러한 반응은 어디서도 정치적 희망을 찾지 못한 채 비투표자나 보수투표자로 바뀐 청년 유권자들에 대한 자기중심적인 세대론적 편견으로 볼 수 있다. 그런데 바로 이들이 이후에 이명박·박근혜 정부 시기 동안 야권 유권자의 중추를 이루었고, 문재인 대통령과 더불어민주당에 대한 지지율이 가장 높은 유권자 세대이기도 했다.

이와 같이 시간의 흐름에 따라 예상보다 진보성향이 강하게 나타난 1970~80년대생 유권자들과 반대 사례는 현재 고령층인 유권자들이다. 노무현 대통령이 당선되던 2002년 대선만 해도 이 세대 유권자들 가운데는 노무현 후보를 지지한 상당수가 있었지만 노무현 정부 시기를 통과하면서 이 세대의 압도적 다수는 강경 보수로 변했다. 지금의 노년층이 이만큼 공고한 보수층이 될 것이라고는 이들이 아직 청년기였을 때 예상하기 어려웠다. 이처럼 어떤 세대의 다수 구성원이 지닌 정치적 정체성은 고정된 사물이 아니라 정치 현실과 상호작용하며 움직이는 생물과 같은 것이다.

제3절
'2030' 유권자는 어디로 가는가?

방금 언급한 것처럼 '정치는 생물'이라는 말은 정치의 속성으로 자주 언급되는 말 중 하나인데, 이는 맞는 말이지만 정치사회적 조건과 각 집단의 특성에 따라서 살아 꿈틀거리는 정도가 다르다. 세월호 참사, 촛불집회, 대통령 탄핵, 문재인 대통령 당선, 코로나19, 집값 폭등과 같은 큰 사건과 변화들을 단시간 내에 겪으면서 기대와 실망, 열정과 환멸을 압축적으로 경험한 지금 젊은 유권자들의 정치적 선호는 생명체처럼 보인다. 최근 20대와 30대 유권자들은 40대 이상 연령대와 구분되는 특성을 보이고 있는데, 그 특성이란 어떤 고정된 이념성향이나 정치성향이 아니라 고정되지 않는 변동성이다.

현재 30대가 다수인 1980년대생은 문재인 정부 중반기에 한

때 여권 지지 성향이 40대보다도 강해서 '3040세대'가 유사한 유권자 집단으로 인지되기도 했으나 정권 후반기에 들어서 지지성향의 변동성이 커졌다. 여러 여론조사에서 30대 정치성향의 분포는 때로는 보수적으로 20대에 더 가깝게, 때로는 진보적 40대에 더 가깝게 나타날 때도 많다. 한편 20대 유권자들도 2017년 대선, 2018년 지방선거, 2020년 총선에서 민주당과 정의당 투표가 많았으나 2021년 보궐선거 때 다수가 보수 투표로 이동했다. 그러나 20대 역시 대선 경쟁 과정에서 홍준표, 윤석열, 이재명, 안철수 등 상이한 성격의 정치인들 사이에서 빠르게 진동해왔다.

최종적으로 2022년 대선에서 20~30대 유권자의 다수가 어느 정도의 투표율을 기록하든, 어떤 계층 유권자의 투표율이 높게 나오든, 투표선택의 분포가 어떻게 되든 간에 대선 경쟁 과정에서 이 유권자 세대가 보인 극도의 변동성은 특정 정당이나 후보에 대한 일체감이나 충성도가 대단히 약하다는 것을 뜻하며, 이는 앞으로 한국정치의 유권자 환경에 어떤 식으로든 의미심장한 결과를 남길 것이다. 즉 2022년 대선 이후 집권세력에 실망할 경우 짧은 시간 내에 정치적 태도가 반대쪽으로 크게 기울 가능성도 있다는 것이다.

'2030' 유권자를 하나의 정치세대로 규정할 수 없게 만드는 이 같은 변동성은 단기적으로는 한국 유권자들의 세대균열에 주목할 만한 변화를 함축하고 있는 게 사실이다. 왜냐하면 보수정권이었던 이명박·박근혜 정권 시기 9년 동안 치러진 여러 선거에서 보수적 고령층 대 진보적 청장년층이라는 세대 간 대립구도가 비교적 선명했던 데 반해, 이제는 그런 명암 대비가 흐려졌기 때문이다. 이렇게 일정 기간 지속되던 과거의 균열구도가 깨졌다는 사실은, 그 다음 구도를 각자에게 유리하게 가져가기 위한 전략적 게임이 치열해지도록 만든다.

바로 이 지점에서 예를 들어 이준석 국민의힘 당대표가 20~30대와 60대 이상을 보수지지층으로 규합하여 40~50대를 포위한다고 하는 '세대포위론' 또는 '세대결합론'이라는 보수정치 전략이 대두된 것인데, 이것이 중점 전략으로 간주되고 있다는 것은 역설적이게도 20~30대가 이미 보수 우세의 유권자층으로 되어 있는 것이 아니라 앞으로 보수 우세로 만들려고 하는 전략적 표적임을 드러내는 것이다. 결국 보수정치권의 20대 보수론이든 세대포위론이든, 아니면 그에 대응하는 민주당의 2030 청년전략이든, 명백한 점은 '세대'가 정치전략의 수립을 위해 고려해야 할 사회적 환경이기만 한 것이 아니라, 정치적 전략과 개입을 통해 만들어내려 하는 미래의 기획이기도 하다는 사실이다.

'세대포위론'의 전략이 실현가능한 시나리오로 부상한 것은 2021년 4월 보궐선거였지만, 그 발상 자체는 훨씬 더 이른 시기에 등장했다. 세대정치가 세대별 유권자 성향의 수동적인 반영이 아니라 그 자체로 정치적 기획이라는 사실을 엿볼 수 있는 대목이다. 『조선일보』 2018년 7월 19일자에 실린 「꼰대 보수는 싫다, 2030 '댄디 보수'의 등장」이라는 기사는 뉴라이트의 대표 단체인

한반도선진화재단과 연계된 청년모임, "좌파 정부의 집단주의·전체주의에 반대하는" 청년모임인 '자유의새벽', 서울대학교 내 박근혜 전 대통령 탄핵 반대 대자보에서 출발한 '트루스 얼라이언스' 등의 모임을 소개하고 있다. 이튿날인 7월 20일에 『조선일보』 만물상 코너에는 「댄디 보수」라는 제목의 글도 실렸다. 『조선일보』 지면의 칼럼 「싫다, 386이 만든 세상」에서 "진보 정권과 청년의 충돌"이라는 "한국사회에 전례 없던 갈등"을 강조한 것도 2019년 2월로 이 무렵이다. 그 맥락에서 그해 하반기에 일어난 세대불평등 담론의 대폭발은 그래서 하나의 정치적 사건이었다.

그러나 어떤 세대 구성원들의 정치성향은 제도정치 행위자들과의 상호작용 속에서 형성되고 변화하는 것뿐이지 정치권의 기획과 전략에 의해 좌우되는 것은 절대 아니다. 그렇기 때문에 오늘날 20~30대 유권자들의 정치적 동요를 한국 유권자 정치의 긴 역사적 경험 속에서 해석해야 한다. 앞서 서술한 바와 같이 2000년대 들어서 젊은 유권자들은 고령층에 비해 상대적으로 진보적인 이념과 가치와 정치성향을 보여왔지만, 그것이 곧 예를 들어 민주당과 같은 특정 정당과 정치세력에 대한 지속적 충성을 뜻했던 적은 한 번도 없다. 2002년과 2004년에 민주당 쪽에 투표했던 유권자의 상당수는 2006년부터 2008년까지 완전히 등을 돌렸다.

그런 의미에서 최근 청년층, 특히 20대 유권자들이 2017년 대선, 2018년 지방선거, 2020년 총선 때 대체로 민주당과 정의당 계열에 더 많이 투표했다가 최근 보수 투표로 많이 돌아서게 된 것은 2000년대 한국 유권자 정치에서 전혀 초유의 사건이 아니다. 우리가 앞서 살펴본 민주화 이후 한국정치에서 세대균열의 중요성의 부침浮沈과 각 세대의 출렁이는 표심을 기억한다면, 최근 젊은 유권자들의 이러한 변동성은 세대균열이 선명해졌다 희미해지곤 하는 장기적인 파동의 한 국면으로 이해하는 게 타당할 것이다. 그런 관점에서 본다면 청년, 20대, 혹은 '이대남'이 보수화되었다는 단언은, 청년의 다수는 여전히 진보라는 반대편의 단언과 마찬가지로 너무 정태적인 인식이다.

그 같은 역사적 호흡 속에서 그럼 이제 돋보기를 조금 더 가까이 대서 최근 몇 년 사이에 20~30대의 변화를 복기해보자. 그 출발점은 이 세대 유권자의 다수가 몇 년 전만 하더라도 스스로 진보라고 평가하고 있었고, 문재인 정부와 민주당 혹은 정의당에 표를 주고 있었다는 사실이다. 이 점을 상기시키는 이유는 청년층이 사실은 진보적이라는 말을 하려는 것이 아니라, 이 연령대 정치성향이 최근 몇 년 사이에 얼마나 극적이고 역동적으로 변했는지를 보기 위함이다.

2017년 대선 당시 방송 3사 출구조사 결과를 보면, 30대의 56.9%가 문재인 후보에게 투표하여 가장 지지율이 높았고, 그 다음으로 40대가 52.4%였다. 20대의 문재인 후보 지지율이 47.6%로 40대의 뒤를 이었고 50대의 36.9%와는 상당한 차이가 있었다 (〈도표 43〉). 20대 내에는 13.2%의 유승민 후보 지지자, 12.7%의 심상정 후보 지지자가 포함되어 있어서 다른 어떤 연령대보다 세

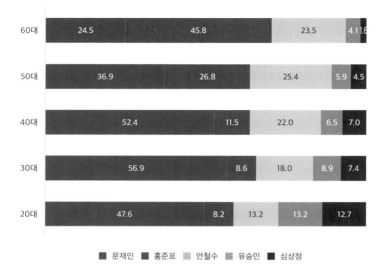

<도표 43> 2017년 대통령선거에서 연령대별 후보 투표율 (단위: %)

대 내적인 정치적 다양성이 컸다. 30대와 40대 역시 20대만큼은 아니지만 심상정 후보 지지율이 50~60대보다는 상당히 높았다. 아무튼 전반적으로 40대에서 20대까지의 유권자들이 문재인 후보나 심상정 후보에 대거 투표했다는 것이 지금으로부터 5년 전 상황이다.

2020년 4월에 실시된 제21대 국회의원 총선거에서도 2017년 대선과 유사한 연령대별 투표성향이 드러났다. 방송 3사 출구조사 결과에 따르면[149], 이번에는 40대가 더불어민주당을 선택한 투표자 비율이 64.5%로 가장 높았고 그 다음이 30대로 61.1%, 세번째가 18~29세로 56.4%였다. 반대로 미래통합당을 선택한 투표자 비율은 40대가 26.9%, 30대가 29.7%, 18~29세가 32.0% 순서였다. 20~40대 유권자들이 뚜렷하게 민주당 선호가 더 컸던 상황이 2017년부터 2020년까지 대체로 지속되었다.

그러나 총선이 치러진 2020년의 하반기부터 정치여론 조사 결과가 동요하기 시작하여, 다음해 4월 서울·부산시장 보궐선거에서 보수 제1야당인 국민의힘이 압승했는데 이 선거에서 '20대' 혹은 '이대남' 등 세대별·성별에 따른 투표성향의 차이가 어느 정도 두드러졌는지가 중요한 쟁점이다. 서울시장선거의 경우 20대, 30대, 40대 유권자의 민주당 후보 투표율이 총선과 비교하여 각각 22%p, 22%p, 16%p 하락했고, 보수 제1야당 지지율은 각각 23%p, 27%p, 21%p 상승했다.

여기서 우리는 보수 투표로의 전환이 20대에 국한된 것이 아니라는 사실과 더불어, 그럼에도 불구하고 20~30대 유권자층에서 민주당 지지율의 하락폭이 가장 크다는 사실을 확인할 수 있다. 말하자면 2021년 보궐선거에서 탈脫민주당이 20대 혹은 20~30대에만 국한된 현상이었다는 식으로 이 세대를 전체적인 표심 변동에서 고립시켜 규정하는 것은 잘못되었지만, 이 젊은 연령대에서의 이반이 상대적으로 더 컸던 것은 사실이다.

그런데 이러한 변화는 2021년에 갑자기 생긴 게 아니라 2020년 총선에서 이미 어느 정도 조짐을 보이고 있었다. 2021년 보궐선거는 한편으로 한 해 전의 총선 때에 이미 분명히 나타난 젊은 유권자 세대 내 성별 차이가 2021년 보궐선거에서 더 벌어지면서, 다른 한편으로 또한 남녀 모두 보수 투표가 증가하면서 그 효과가 중첩된 결과다. 2020년 총선 투표 선택을 연령별로 남녀 구분해서 보면, 20대 남성은 민주당 지지율이 47.7%였고 20대 여성은 63.6%로 큰 차이가 났는데, 30대의 경우 남녀가 각각 57.8%와 64.3%, 40대의 경우 남녀가 각각 65.0%와 64.2%로 연령대가 올라갈수록 남녀 간 투표 선택의 차이가 좁아졌다.

2021년 보궐선거의 경우 방송 3사 출구조사 결과를 기준으로 박영선 후보를 택한 유권자 비율을 보면, 18~29세에서 남녀 각각 22.2%와 44.0%, 30대는 남녀 32.6%와 43.7%, 40대는 남녀 51.3%와 47.8%였다. 20대 내에서 남녀 차이가 총선의 때 15.9%p가 보궐선거에서는 21.8%p로 커졌고, 30대의 경우 6.5%p에서 11.1%p로 벌어졌다. 대선을 한 해 앞둔 2021년에 와서 20~30대 유권자 세대의 정치성향이 큰 변동을 보인 동시에, 세대 내의 성별 정치균열이 조금 더 굵은 선으로 나타나게 된 것이다.

그런데 이러한 표심의 변동을 장기적인 관점에서 해석해야 한다고 여러 차례 강조했거니와, 단기적으로 보더라도 최근의 변화를 '보수화'라고 정의하기엔 조심스러운 면이 있다. 앞에서 2007년 대선에서 투표한 청년층의 투표성향 못지않게 젊은 유권자들의 낮은 투표율이 주목할 만한 측면이었음을 언급한 바 있다. 이와 어느 정도 비슷한 구도가 2021년 보궐선거에서도 나타났다. 한국리서치 정한울 박사는 2021년 보궐선거에서 20대 남성 투표자 중 73%가 오세훈 후보에 투표했지만, 20대 남성의 투표율이

40%대에 그쳤기 때문에 실제 20대 남성 중 오세훈 후보에 투표한 사람의 비율은 30% 내외에 불과하며, 이는 심지어 40대 남성 중 오세훈 후보 투표자 비율보다 낮을 수 있다는 의견을 제시한 바 있다.[150]

이처럼 2020년 총선 이후 젊은 유권자층의 다수가 보인 태도의 핵심은 '이제는 보수다'도 아니고, '아직도 진보다'도 아니다. 여당과 야당, 진보와 보수 양쪽 중에 어느 한 쪽에 지속적인 충성을 보내지 않고 단기적인 정치상황 변화에 따라서 지지정당을 결정한다는 것이 지금 청년층 정치성향의 가장 두드러진 측면이다. 그러나 이것은 정치혐오나 무관심과는 구별되어야 하는데, 앞에 언급한 바와 같이 지금 청년층은 정치효능감이 클 뿐 아니라 2017년 탄핵, 2021년 보궐선거 등 여러 방향으로 '승리의 경험'을 갖고 있기 때문에 매 선거에서 어떤 식으로든 캐스팅보트를 행사할 가능성이 많다.

이상과 같은 청년세대 유권자의 변동성과 더불어, 한국 정치와 사회 전반에 중요한 함의를 갖는 또 하나의 측면은 바로 최근 조금씩 모습을 나타내고 있는 계급균열class cleavage이다. 여기서 계급이라 함은 엄밀하게 마르크스주의적 의미에서 생산수단과의 관계를 뜻한다기보다는, 보다 느슨한 의미에서 소득·학력·주거·자산 등의 불평등 구조 내의 위치라는 의미에서 사용한다.

한때 한국 유권자들은 가난할수록 보수 투표를 하는 이른바 '계급배반 투표'의 양상이 있는 것으로 생각되기도 했지만, 계급에 따른 투표성향이 나타나기 시작했다는 연구결과들이 2010년 대부터 계속 나오고 있다. 한신대 경제학자 전병유와 신진욱이 공동으로 2000년대 유권자들의 정치성향을 분석한 결과에 의하면, '계급배반 투표'는 보수적 사고를 가진 노인층 내에 빈곤계층 비율이 대단히 높다는 데서 생긴 세대효과였다. 그래서 연령 변수가 미치는 영향을 통제하면, 2010년대 초반부터 젊은 세대 유권자들 내에서 저소득층일수록 진보적 정치성향을 보이는 등의 계급성이 약하게나마 나타나기 시작했다. 한겨레경제사회연구원 한귀영 박사도 1960년대생보다 더 젊은 연령층은 학력·소득 하위계층에서 진보적 투표가 더 많은 반면, 1950년대생 이상 노인층은 하위계층에서 오히려 보수 투표가 더 많다는 분석 결과를 얻은 바 있다.[151]

최근 여러 연구결과에서 소득이나 학력보다 더 뚜렷하고 일관되게 계급성향을 보이고 있는 균열축은 자가소유 여부와 보유자산 규모다. 사회학자 김도균과 최종호는 2007년부터 2017년까지 대선 투표성향을 분석했는데, 2007년에는 자기 집을 갖고 있다는 사실이 보수 후보에 투표하는 데에 직접적인 영향을 미쳤고, 보유자산 규모는 2007년부터 2017년 대선까지 지속적으로 직접적인 영향을 미친 것으로 나타났다. 서울대 강원택 교수도 동산과 부동산을 포함한 보유자산의 규모가 2017년 대선에서 후보 선택에 분명한 영향을 미쳤다는 연구 결과를 발표했다.[152]

주택보유 여부와 보유자산 규모는 투표성향만이 아니라 투표율에도 영향을 미쳤다. 경북대 정치외교학과 강우진 교수의 연구는 주택소유자의 투표율이 임대생활자보다 통계적으로 유의미하게 높다는 결과를 얻었다. 나아가 서울대 박원호 교수는 주택소유자들이 부동산 가격 상승에 대해 정부여당을 적극적으로 보상하는 데 반해, 임대생활자들은 가격 상승을 정부여당에 대한 처벌로 연결시키는 데에 소극적임을 발견했다. 자가보유자와 임대생활자가 자신의 경제적 이익을 지키기 위해 정치적 권리를 적극적으로 행사하는 정도가 다르다는 것이다. 고령층의 경우 안보 이슈에서 진보냐 보수냐가 갈라졌지만, 젊은 유권자 세대에서는 특히 이런 여러 면의 경제적 이슈에서 진보와 보수 간의 정치적 균열이 생겨난다는 것이 최근 연구결과다.[153] 그러므로 이 같은 최근 계급투표 추이의 맥락에서 본다면, 민주당이 잠재적 지지층인 세입자·저자산·저소득 계층으로부터 적극적 지지와 높은 투표율을 끌어낼 수 있느냐 여부는 선거의 승패에 상당한 영향을 미칠 수 있다.

이와 같이 우리는 언론과 인터넷에서 20대, 2030대, MZ세대, 50대 등의 연령에 따른 분류체계로 유권자들의 정치 여론을 접하지만, 현실에서 다양한 세대의 구성원들이 보인 정치성향은 선거 때마다 출렁였을 뿐 아니라 특히 젊은 유권자들의 경우엔 세대 내 성별, 소득, 주거, 자산 등에 따른 균열도 깊어지고 있다. 이처럼 여러 균열축에서 정치성향과 정책태도의 차이들이 동시에 작용하면서 복잡한 교차균열cross-cutting cleavages의 양상을 보이고 있다. 그렇기 때문에 청년 유권자들을 하나의 고정된 정치세대로 규정하려는 사고는 언제나 생동하는 세대정치 현실에 의해 기각되는 것이다.

이러한 상황은 20대, 또는 2030세대의 청년 유권자층 내에 아직까지 다양한 정치적 방향으로의 발전 가능성이 서로 모순되게 공존하고 있음을 시사한다. 이 세대의 주류가 앞으로 어느 방향으로 형성될 것인지는 서로 경합하는 청년집단들 중에 어느 분파가 그 세대의 다수 구성원들에게 매력을 발휘하고, 그들의 삶의 문제에 대한 대답을 제공하며, 나아가 정치적 대표자들을 배출할 수 있느냐에 달려 있을 것이다. 일찍이 칼 만하임이 말한 상이한 '세대단위'의 흐름들이 현실에 대한 진단과 미래의 비전을 놓고 경쟁하는 것이다. 그런 관점에서 봤을 때 현재 한국의 청년세대는 이 사회가 어느 방향으로 나아가야 할지를 놓고 격렬한 세대 내적 경쟁 혹은 투쟁을 벌이고 있다.

'청년노동자'와 '이대남', 두 정체성의 정치

서로 다른 가치, 이념, 이해관계를 가진 세력들이 경합하고 있는 청년정치는 근본적으로 정체성의 정치politics of identity다. 학문적으로는 분배정치와 정체성 정치를 대립된 관계로 보는 관점도 있고, 물질적 가치를 지향하는 정치와 탈물질적 가치를 중시하는 정치를 구분하기도 한다. 그런 구분법이 어떤 맥락에서는 유용하고 타당하다. 하지만 현실에서 정체성의 정치는 이익정치, 분배정치, 계급정치와 상호배타적 관계에 있지 않다.

일례로 노동운동은 단지 물질적 이익만을 위한 것이 아니다. 그것은 노동자에게 가치 있는 것이 무엇이며, 무엇이 노동자의 이익이며, 노동자의 친구와 적이 누구며, 자본주의 사회에서 노동자가 어디에 위치해 있는지를 정의해가는 과정이기도 하다. 역사적으로 노동운동은 단지 돈이 아니라 인간다운 고귀함을 추구했다. 고용주, 자본가, 부자, 권력자와 똑같이 평등한 인간으로서의 정체성이 인류 역사에서 노동운동이라는 것을 탄생시킨 토양이다.[154]

특히 청년정치는 정체성의 정치 없이는 성립될 수 없다. 왜냐하면 청년이라는 세대 내에서 균열의 축은 하나가 아니라 학력, 직업, 성별, 지역, 가치, 이념 등 다차원적이기 때문이다. 그중 어느 것을 중심에 놓고 어떻게 다른 것들과 접합시킬지에 따라서 청년들의 집단적 정체성은 다른 방식으로 구성된다. 예를 들어 청년들의 페미니즘 정치는 성적 평등과 자율성이라는 가치, 그리고 그것이 훼손되는 현실에 대한 저항을 중심으로 집단정체성을 구성한다면, 안티페미니즘의 정치는 이른바 '이대남'의 여러 잠재적 발전 가능성 중에서 페미니즘에 대한 반대를 정체성의 중핵으로 삼아 '우리'와 '그들'의 적대관계를 구성하고 결집한다.[155]

이런 정체성의 정치는 청년수당을 지급하고, 주거안정 대책을 세우고, 직업훈련을 제공하고, 일자리를 창출하는 등 개별적인 필요를 충족시켜주는 정책들과는 다른 것이다. 정체성이란 그 모든 부분적 삶들로 흩어져 있는 '나'의 총체성을 정립하고 정의하는 일이다. 그래서 '우리 이대남은 …'으로 시작하는 간결한 정체성의 언어가 때론 청년들을 위한 수많은 실질적인 노동정책·복지정책들보다 더 강력한 정치적 결집력과 동원력을 발휘할 수 있다. 그런 정책들이 정체성 정치의 일환이 되기 위해서는 '이대남'

의 자리를 대신할 새로운 '우리 ○○○는 …'이 정의되어야 한다. 지금 통용되는 의미대로 '이대남'으로 불리고 싶지 않은 청년들은 그들을 지칭할 다른 정체성의 언어를 발굴하고 가꾸어야 한다는 것이다.

2010년대에 청년 관련 담론과 사회운동, 정책과 제도 영역이 급성장을 시작한 그 출발점에 '청년노동자'라는 정체성의 정치가 있었다.[156] 2010년 청년당사자 노동운동단체인 '청년유니온'의 설립이라는 역사적 사건이 바로 그것이다. 2010년대 초반에서 중반에 이르는 시기는 청년들의 삶의 불안정 해결, 노동인권 및 주거권 보장, 경제적 격차 완화 등을 위한 다양한 사회운동들이 탄생하고 성장했던 때다. 만하임의 개념으로 표현하자면, 바로 이들이 지금 한국 청년세대 내에 하나의 굵직한 세대단위의 흐름을 형성한 첫번째 주체들이라고 할 수 있다.

나아가 이러한 청년 주체 사회운동들은 청년 의제 영역에 국한되지 않고, 그보다 훨씬 더 넓은 의미에서 한국 시민사회와 사회운동의 장에서 새로운 흐름의 형성과 확대를 주도했다. 2010년대 초반 이래로 성장해온 사회운동의 새로운 흐름은, 다양한 종류의 비정규 노동운동, 노동·부채·주거 문제를 다루는 청년운동, 다양한 종류의 '세월호 운동'들, 새로운 세대의 페미니즘 운동, 청년들과 청소년들이 주축이 된 기후행동들을 포함한다. 이중 청년노동자운동들은 2010년경부터, 젊은 세대들의 페미니즘 운동은 2015년경부터, 그리고 신생 기후행동들은 세계적인 '툰베리 효과'가 일어난 2018년경부터 폭발적으로 성장했다.

이러한 변화를 가장 먼저 선도한 청년 노동운동들은 1997년 아시아 금융위기 이후 한국사회에서 경제적 불평등과 불안정이 심화되어온 데 대한 대응이었다. 이들은 2009~2010년경부터 청년당사자 운동의 성격을 강조하면서 시작되었으며, 주로 청년 노동자의 노동·주거·부채·빈곤 문제에 초점을 맞췄다. 대표적인 단체로 청년유니온과 알바노조(노동), 민달팽이 유니온(주거), 복지국가청년네트워크(복지), 청년연대은행 토닥(부채) 등을 꼽을 수 있다. 이 운동들은 2010년대 내내 서울시를 비롯한 지자체들과 긴밀한 협력관계를 맺어 혁신적 청년정책들을 도입하는 데 커다란 역할을 했으며, 그러한 협력적 거버넌스와 정책 혁신의 모범사례는 곧바로 다른 많은 지역으로 확산되었다.

2010년대 중반부터는 '영영페미' '뉴페미' '넷페미' 등으로 불리는 새로운 세대의 페미니즘 운동이 빠르게 확산되었다. 한국에서 1980~90년대의 1세대 여성운동은 민주화운동과 사회개혁운동의 일환으로 제도개혁에 중요성을 부여하는 경향이 있었고, 1990년대 초반에서 2000년대 초반까지 '영 페미니스트'로 불린 2세대 여성운동 주체들은 주로 대학을 거점으로 성정치와 반反성폭력 이슈, 그리고 진보운동 내의 가부장적 문화의 문제를 제기했다. 그 다음 제3세대 운동으로 불리는 이른바 '영영 페미니스트'들은 2015년의 '#나는 페미니스트입니다' 해시태그 운동을 시발점으로 본격화되었다. 그 후 2016년 '강남역 10번 출구 포스트잇

추모 액션', 2018년 '혜화역 시위'와 그때 시작된 '미투 캠페인' 등 여러 액션들이 커다란 정치사회적 파장을 불러일으켰다.

기후 변화와 생태적 전환에 관한 청년들의 사회운동은 비교적 최근에 빠르게 확산되기 시작했는데, 여기에는 환경운동뿐 아니라 페미니즘 운동과 노동운동, 지속가능한 발전에 관련된 시민단체들을 포함하여 다양한 집단들이 참여하고 있다. 환경연합, 녹색연합, 에너지정의행동 등 기존의 단체들도 역할을 하고 있지만, 대략 2018~19년부터 '청소년기후비상행동' '기후변화청년단체GEYK' 등 청년 및 청소년 주체 기후행동 단체들이 설립되거나 확장되었다.

이상과 같은 새로운 사회운동들의 참여자들은 하나의 이슈에서 다른 이슈로 옮겨가기도 하고, 여러 이슈의 운동단체들에 다중멤버십을 가지고 가치와 정체성을 형성하기도 한다. 예를 들어 2015년경 분출된 영영 페미니즘 운동의 참여자들 중에는 2010년대 초반부터 청년노동운동이나 여성노동자운동에 참여해온 이들이 많이 포함되어 있었다. 그래서 청년 노동운동과 청년 페미니즘운동은 인적으로 종종 중첩되었을 뿐 아니라, 평등주의적 가치와 세계관을 폭넓게 공유하고 있었다. 그래서 노동운동이냐 여성운동이냐, 경제 문제냐 문화적 문제냐, 분배정치냐 정체성 정치냐 등의 이분법적 틀로 이들 청년운동들을 분류할 수 없다.

또 다른 다중정체성의 사례는 노동과 기후 이슈다. 2010년대의 비정규직 청년노동운동들의 참여자들은 이후에 사회적 정의와 생태주의적 가치를 연결하여 '정의로운 전환just transition'을 위한 운동들에 동참하고 있다. 또한 페미니즘 그룹에 속해 있던 활동가들이 이후에 기후행동 부문으로 이동한 뒤에, 두 부문을 연결하는 다리 역할을 하기도 한다. 그런 의미에서 이들 젊은 실천가들은 단지 인적·조직적으로 연결되어 있을 뿐만 아니라, 나아가 가치들을 공유하는 '사회운동 패밀리social movement family'를 형성하고 있다고 볼 수 있다.[157]

이처럼 가치를 공유하면서 서로 연결된 청년사회운동의 많은 집단들이 하나의 큰 흐름을 형성하면서 '청년'이 한국사회에서 하나의 중요한 정치사회적 이슈이자 의제로 부상했다. 그런데 이렇게 '청년' 이슈의 중요성이 커지고 청년 의제의 판이 커지자, 다양한 정치경제 권력들이 청년담론과 청년정치에 점점 더 적극적으로 개입해 들어왔다. 2015년의 박근혜 정부 노동개혁, 2019년 '조국 사태', 2020년 '인국공' 갈등, 2021년 보궐선거, 2022년 대선 경쟁 등 일련의 정치적 격량을 거치면서 민주당과 보수정당, 언론사와 기업들이 '청년'이 누구이며 무엇을 원하는지를 정의하는 힘을 상당 부분 가져갔고, 심지어 청년 이슈의 주도권까지 갖게 되었다.

특히 '청년노동자'와 '청년여성'의 정체성을 구심점으로 하는 진보적 청년운동의 흐름들에 정면으로 맞서는 보수적 지향의 대항운동counter-movements들이 최근 몇 년 사이에 놀라운 속도로 성장하고 있다는 점은 청년세대 내의 판도에 근본적인 변화를 가져왔다. 보수적 청년정치는 한편으로 반좌파 · 반진보 · 반공 · 반북과 같은 전통적인 우익 이데올로기를, 다른 한편으로 반페미니즘 · 반이주자 · 반동성애 등의 새로운 백래시의 정체성을 강화하면서 서로 연계시키는 특성을 보인다.

이런 최근 변화는 계급과 성별이라는 두 균열축을 교차시켜 청년세대의 정체성을 주도하는 힘을 누가 발휘하느냐라는 관점에서 해석해볼 수 있다. 앞에서 나는 지난 10여 년 사이에 젊은 세대로 올수록 경제 이슈가 중요해지며 소득 · 주거 · 자산 등 계급이익에 조응하는 정치성향이 나타나고 있다는 점을 언급했다. 거기에 더하여 페미니즘 리부트 이후 젠더 이슈가 청년층 내에 크게 부상했다. 그런 가운데 정치적 평등과 성평등이라는 두 지향을 서로 연결시켜 청년세대의 큰 흐름을 형성할 수 있는 여러 조건이 존재한다. 앞서 언급했듯이 영영페미니즘 운동의 참여자들은 종종 청년 노동운동에도 참여하는 다중적 멤버십을 갖고 있고, 더 넓게는 20대 여성 다수는 젠더 · 노동 · 복지 등 여러 이슈에서 불평등 현실에 대한 비판의식을 보이고 있다. 더구나 2장에서 인용한 바 있는 이승윤 · 백승호의 연구에 의하면,[158] 최근 20대 남성 가운데 경제적 불안정 계층이 늘어나면서 하위계층의 남녀 격차가 줄어들고 계급적 연대의 물적 토대가 형성된 면도 있다.

그러나 지난 몇 년간 청년세대 내에서는 이 같은 노동-여성 연대와 반대되는 방향으로 강력한 흐름이 형성되었다. 즉 중산층 이상의 20대 남성이 주도하는 '이대남 안티페미니즘'의 정체성 정치가 노동·복지·평등주의에 대한 공격성을 여과없이 드러내는 경제적 우파 노선과 결합되고 있다. 미디어플랫폼 alookso에 최근 발표된 분석들에 의하면 페미니스트의 다수는 경제·노동·복지 이슈에서 진보적 성향이 있는 반면, 안티페미니스트의 다수는 그런 문제에서 보수적인 것으로 나타났다.[159] 그런 의미에서 지금 청년세대 내 정체성 정치의 대결에서 계급과 젠더 문제의 주도권 다툼은 서로 깊숙이 연관되어 있다.

이런 상황은 칼 만하임이 정확히 100년 전인 1920년대에 관찰한 세대정치의 다이내믹을 연상시킨다. 그는 당시 격변하는 유럽 사회에서 진보적 합리주의 청년운동과 보수적 낭만주의 청년운동이 각기 다른 시대진단과 대안을 가지고 새로운 세대의 시대정신을 누가 대표할 것인가를 두고 격렬히 대결하고 있는 상황을 주시하고 있었다. 지금 한국에서 벌어지고 있는 청년세대 내의 정체성 정치의 대결이 바로 이러한 역사적 의미를 갖는다. 그리고 이는 청년운동과 청년정치의 '당사자성'이란 과연 무엇인가라는 본질적인 질문을 제기한다.

2010년대 초반부터 청년들의 사회운동과 거버넌스 참여는 '청년 당사자성'이라는 세대적 정체성을 강조해왔고, 그 결과 시민사회와 정부, 정당정치 영역에서 '청년'이라는 세대 범주의 중요성을 높이는 데에 상당한 성공을 거두었다. 그러나 이제는 청년담론, 청년정책, 청년정치가 모두 좌파와 우파, 진보와 보수, 페미니스트와 안티페미니스트, 복지국가론자와 시장경쟁론자 간의 대결의 장이 되었다. 이러한 상황에서는 이제 개혁적 진영 내에서 청년들의 영역을 확보하는 것이 관건이 아니라, 청년세대 내에서 개혁적 청년운동 주체들이 과연 세대의 주류를 형성할 능력을 갖고 있는가가 문제가 된다. 어떤 청년운동, 어떤 청년단체, 어떤 청년 정치인가라는 문제가 전면에 대두되는 것이다.

이 문제가 2010년대 중반까지만 해도 첨예하게 대두되지 않았던 이유는 그 당시만 해도 청년 주체 사회운동들과 네트워크가 비교적 동질적인 성격을 갖고 있었기 때문이다. 노동, 복지, 주거, 부채, 페미니즘, 기후, 성소수자, 인권 등 다양한 의제 영역에서 청년 당사자성을 내세우며 독자적 영역을 개척하는 것이 중요했던 시기였다. 그러나 이제는 청년세대 내에서 반페미니스트 청년, 애국 청년, 반북 청년, 반좌파 청년, 시장경제 청년, 공정경쟁 청년 등 기존의 청년운동세력들과 대결하는 보수적 청년 주체들이 조직화되고 정치화되고 있다.

그러므로 이제 '청년은 누구인가?' '청년은 어떤 삶을 살고자 하는가?' '청년은 어떤 세상을 원하는가?' '청년은 한국사회에서 어떤 역할을 할 것인가?'에 대한 대답을 둘러싼 경합을 피할 수 없다. 페미니스트 청년은 안티페미니스트 청년과 '청년'이라는 세대적 동류의식으로 하나 될 수 없으며, 같은 청년으로서 '기성세대'에 맞서 뭉칠 수 없는 것이다. 청년노동자의 최저주거권 보장과 사회주택 확대를 위해 뛰는 청년들은 부동산 재테크 교육에 일차적 관심을 가진 청년들과 많은 것을 공유하기 어렵다. 이 격럴한 세대 내 균열과 갈등을 직시하지 않는 자들은, 치열하게 전장으로 뛰어들어 동년배의 청년들에게 말을 걸고 선전하며 규합하는 자들에게 그 세대를 이끌어갈 리더의 역할을 허락해야 할 것이다.

청년세대는 사회학적으로 동질적인 집단이 아니다. 청년은 이질적이고 종종 상충되는 사회구조적 위치성의 총체이며, 각기 다른 존재위치에 놓인 개인과 집단들이 구성하는 관계다. 그 관계는 어떤 면에서 공통분모를 갖고 있지만, 더 많은 부분에서 갈등적이고 모순적이다. 그러한 세대관계 안에서 장차 어떤 집단과 정신적 흐름이 그 세대의 주류를 형성할지는 누구도 단언할 수 없다. 다만 지금 분명해 보이는 것은, 한국의 청년세대 주체들이 그들의 미래를 놓고 치열한 경합에 이미 돌입했다는 것이다.

고학력 사무전문직 청년과 저임금 서비스직 노동자 청년, 자산상위계층 청년과 무주택 세입자 청년, 복지국가론자 청년과 시장경쟁론자 청년, 페미니스트 청년과 안티페미니스트 청년, 이들이 모두 각자의 방식으로 '청년'을 말한다. 청년들은 비록 동일한 생물학적 세대위치에 있지만 불평등한 사회구조 안에서 서로 갈등적 관계에 놓여 있고, 그 속에서 생겨난 상이한 세대단위의 흐름들이 서로 경쟁하고 투쟁하고 있다. 그들 중에 청년세대의 다수 구성원의 삶과 영혼에 접속하고 접합할 수 있는 자들, 한국사회의 미래에 대한 비전을 제시할 수 있는 자들이 일찍이 칼 만하임이 이야기한 '시대정신'의 창조자가 될 것이다.

대립의 담론이 지워버린 현실의 삶들

이 연구는 최근 몇 년 사이에 한국사회에서 세대들에 대한 편견을 확산시키고 여러 사회구조적 문제를 세대갈등의 프레임으로 치환하는 담론들이 번성하고 있는 것에 대한 사회학적 개입으로 이해될 수 있다. 마르크스의 계급론, 니체의 계보학, 만하임의 세대론의 관점에서 출발하여 나는 이 책에서 한국사회의 세대별 계층구성과 계층별 세대구성을 분석하고, '청년' 'MZ세대' '586세대' 등 세대담론들의 정치적 계보와 더불어 2010년대 이후 세대정치의 다이내믹을 추적했다.

이 책에서 우리가 본 한국사회 현실은 안정되게 자리잡은 중장년층과 불안한 청년세대라는 익숙한 온정주의적 대조와 크게 다르다. '베이비붐 세대' '586세대'로 불리는 중 · 노년층을 기득권층 · 안정계층으로 규정하거나, 'MZ세대' 청년들은 경쟁 · 서열을 당연시하고 절차적 공정만 중시한다거나, 또는 반대로 '2030' 청년세대가 모두 불평등 구조의 피해자라는 식의 만연한 세대담론들이 우리 사회 현실에 부합하지 않는다는 것을 보여주는 여러 근거가 여기에 제시되었다.

그 대신에 우리가 본 것은 2000년대 한국의 불평등 사회에서 모든 세대 내에 깊은 경제적 계층격차와 그에 따른 정신세계의 괴리가 발생했다는 사실이었다. 청년세대는 생애주기의 이른 단계에서부터 이미 고용, 소득, 사회보장, 부동산 자산 등 많은 면에서 심각하게 양극화되고 있고, 중년층과 노년층은 한국사회의 불평등이 총체적으로 심화되던 2000년대 초반부터 생애과정의 계층화가 공고해졌다. 그런 가운데 세대 구성원들의 사회인식과 가치관까지도 계층에 따라 갈라졌다.

우리는 또한 한국사회의 정치경제적 중심부가 5060세대에 의해 독점되어 있는 것이 아니라, 상당한 규모의 40대 젊은 부동산 부자들과 20~30대 고학력 신중간계급 청년들을 포함한다는 것을 확인했다. 그에 반해 하위계층의 다수는 20대와 50대 노동자, 60대 단순노무자들로 채워져 있었다. 정치경제 최상층부에 50~60대 고령층의 지배력이 지속되고 있지만, 30~40대 내 상층집단이 한국사회 중심부에 세력을 넓히고 있다. 우리는 상층의 부상하는 청·장년층과 하층의 광범위한 중·노년층을 시야에서 놓쳐선 안 된다.

그러므로 진실로 한국사회의 불평등 현실을 직시하고 변화시키려 한다면, 우리는 각 세대의 고통의 경중을 저울질하면서 청년들이 더 아픈지, 노인들이 더 아픈지를 따지며 세대와 세대를 비교하기를 멈추어야 한다. 청년들의 어려움을 말하기 위해 다른 세대의 인생이 짊어진 무게를 폄훼하거나 심지어 기득권층으로 만들 필요는 없으며, 그 역도 마찬가지다. 가해자 세대와 피해자 세대, 착취하는 세대와 착취당하는 세대, 운 좋은 세대와 불운한 세대를 나누는 일은 경험적으로 사실이 아닐뿐더러 정책적으로 무익하고, 윤리적으로도 문제적이다.

이 책의 1장 앞머리에 나온 청년 안도安道의 뒷이야기는 어떻게 되었을까? 그는 고된 노동과 가난만이 끝없이 반복되는 희망 없는 현실에 절망한 나머지 '개 같은 세상'이라는 위험한 말을 어느 날 입 밖에 낸 죄로 체포되어, 법정에서 다시는 불온한 생각과 말과 행동을 못하도록 머리와 두 다리를 절단하고 몸과 두 손과 입을 단단히 채워 독방에 가두는 형벌을 선고 받았다 한다. 거기서 안도는 밤마다 소리도 내지 못하고 피울음을 울며 몸통을 굴려 벽에다 쿵! 쿵! 부딪쳤다 하니, 그 고독한 슬픔의 깊이가 어느 정도일지 감히 헤아릴 수 없다.

이 청년 안도는 시인 김지하가 글을 썼던 1972년의 청년이면서, 반세기가 지난 2022년의 청년이기도 하며, 그 사이에 어느덧 백발의 노인이 된 그 때 그 청년이기도 하다. 21세기의 오적伍賊은 그를, 그들을 각자의 독방에 가두고 옆방의 저 자가 너의 적이라는 메모를 매일 쇠창살 사이로 밀어 넣어준다. 우리가 그 방에서 나와 서로의 따뜻한 손을 잡을 수 있는 가능성이 어디서부터 시작될까.

독일의 작가 페터 바이스는 그의 장편소설 『저항의 미학』에서 지배에 대한 저항은 연대를 통해 가능해지며, 연대는 타인에 대한 상상력을 토대로 한다고 썼다. 노년의 안도, 중년의 안도, 청년 안도가 서로의 삶과 역사를 상상할 수 있을 때 비로소 불평등으로 갈라진 시대를 함께 넘어설 세대 간 연대의 토대가 형성될 수 있을 것이다.

참고문헌

강우진. 2012. 「경제정책에 대한 인식과 주택소유 형태가 투표불참에 미치는 영향 연구」. 『한국정당학회보』, 제11권 제2호, 67-94쪽.

강욱모 · 김지훈. 2017. 「베이비붐세대의 고용지위변화, 정신건강 및 삶의 질 간의 종단적 인과관계」. 『한국가족복지학』, 제22권 제3호, 379-400쪽.

강욱모 · 김지훈. 2020. 「베이비붐 세대의 소득불평등 관련 종단 연구: 베이비붐 이전 및 이후 세대의 비교 분석」. 『사회보장연구』, 제36권 제3호, 55-77쪽.

강원택. 2003. 『한국의 선거정치: 이념, 지역, 세대와 미디어』. 푸른길.

강원택. 2017. 「2017년 대통령선거에서의 보수 정치: 몰락 혹은 분화?」. 『한국정당학회보』, 제16권 2호, 5-33쪽.

강원택 · 성예진. 2018. 「2017년 대통령 선거에서 이념과 세대: 보수 성향 유권자를 중심으로」. 『한국정치연구』, 제27권 제1호, 205-240쪽.

권현지. 2017. 「미래세대의 불안정한 노동」. 한국사회학회 심포지움 논문집, 59-74쪽.

고경호. 2009. 『4개의 통장』. 다산북스

고득성 · 정성진 · 최병희. 2006. 『돈 걱정 없는 노후 30년』. 다산북스.

김경아. 2014. 「우리나라의 세대별 노후준비 수준의 차이에 관한 연구: 베이비부머와 이전 및 이후 세대 간 비교분석을 중심으로」. 『노인복지연구』, 제64권, 7-20쪽.

김도균 · 최종호. 2018. 「주택소유와 자산기반 투표: 17대~19대 대통령 선거 분석」. 『한국정치학회보』, 제52권 제5호, 57-86쪽.

김두식. 2011. 「한국사회의 사회운동과 정치엘리트: 역대국회의원들(제헌국회-18대국회) 중 사회운동참여 경험자를 중심으로」. 『한국사회』, 제12

권 제1호, 173-210쪽.

김만흠. 1997. 『한국정치의 재인식: 민주주의, 지역주의, 지방자치』. 풀빛.

김보명. 2018. 「페미니즘의 재부상, 그 경로와 특징들」. 『경제와 사회』, 제118 권, 99-138쪽.

김석호. 2018. 「한국 사회의 세대 간 공정성」. 『지식의 지평』, 제25권, 6-23 쪽.

김선기. 2016. 「'청년세대' 구성의 문화정치학: 2010년 이후 청년세대담론에 관한 비판적 분석」. 『언론과 사회』, 제24권 제1호, 5-68쪽.

김선기. 2019. 『청년팔이 사회: 세대론이 지배하는 일상 뒤집기』. 오월의봄.

김선기 외. 2020. 『한편: 1호─세대』. 민음사.

김영미. 2016. 「계층화된 젊음: 일, 가족형성에서 나타나는 청년기 기회불평 등」. 『사회과학논집』, 제47권 제2호, 27-52쪽.

김우식 · 김경근. 2020. 「청년 조합원의 경험과 노동조합의 대응 과제: 세대 별 노조활동 인식조사 및 청년 조합원 노조 참여 활성화 방안」. 전국금 속노동조합 노동연구원.

김은경. 2010. 「한국 민주화운동의 기원으로서 4월혁명 재평가」. 한국정치연 구회 편. 『다시 보는 한국 민주화운동: 기원, 과정, 그리고 제도』. 선인, 73-98쪽.

김종진. 2020. 「2017년 청소년 및 청년 아르바이트 노동실태」. 한국노동사회 연구소. 2020년 7월 4일.

김정훈 · 심나리 · 김항기. 2019. 『386 세대유감: 386세대에게 헬조선의 미필 적고의를 묻다』. 웅진지식하우스.

김지훈 · 강욱모 · 강길선. 2019. 「베이비붐 세대의 소득불평등, 정부정책효 과 및 삶의 질 간의 종단적 인과관계」. 『한국가족복지학』, 제24권 제2호, 149-170쪽.

김창환 · 김태호. 2020. 「세대 불평등은 증가하였는가? 세대 내, 세대 간 불평 등 변화 요인 분석, 1999~2019」. 『한국사회학』 제54권 제4호, 161-205 쪽.

김태완 · 이주미 외. 2021. 「소득분배 변화 및 정책대응 방향 연구」. 한국보건사회연구원.

김태완·이주미. 2021. 「현세대 청년 격차와 대응방안」. 경제·인문사회연구회 주최 토론회, 〈청년세대 격차와 불평등 진단〉 자료집.

남상섭. 2009. 「한국 가계자산의 분배와 불평등 요인분해」. 『경제연구』 제27권 제2호, 59-86쪽.

남재욱. 2021. 「청년의 노동시장 진입 이후 이행과정의 불평등 연구」. 『한국사회정책』, 제28권 제1호, 133-160쪽.

남재욱·김영민·한기명. 2018. 「고졸 청년 노동자의 노동시장 불안정 연구」. 『사회복지연구』, 제49권 제1호, 221-262쪽.

노환희·송정민·강원택. 2013. 「한국 선거에서의 세대 효과: 1997년부터 2012년까지의 대선을 중심으로」. 『한국정당학회보』, 제12권 1호, 113-140쪽.

동그라미 재단. 2016. 『기회 불평등에 대한 국민인식 조사 최종보고서』.

문수연. 2016. 「교육 불평등 변화 양상 분석: 중간계급 및 코호트 분석을 중심으로」. 『한국사회학』, 제50권 제5호, 141-171쪽.

문정주·최율. 2019. 「배제의 법칙으로서의 입시제도: 사회적 계층 수준에 따른 대학 입시제도 인식 분석」. 『한국사회학』 제53권 제3호, 175-215쪽.

박강우. 2014. 「우리나라 학력별 임금격차의 요인분해(1974-2011)」. 『산업경제연구』, 제27권 제1호, 477-505쪽.

박미희·홍백의. 2014. 「청년층의 노동시장 이행 유형과 그 결정요인」. 『사회복지정책』, 제41권 제4호, 21-49쪽.

박선경. 2020. 「젠더 내 세대격차인가, 세대 내 젠더격차인가?: 청년 여성의 자기평가 이념과 정책태도 분석」. 『한국정당학회보』, 제19권 제2호, 5-36쪽.

박원호. 2009. 「부동산 가격 변동과 2000년대의 한국 선거: 지역주의 "이후"의 경제투표에 대한 방법론적 탐색」. 『한국정치연구』, 제18권 제3호, 1-26쪽.

박원호. 2013. 「세대론의 전환: 제18대 대통령 선거와 세대」. 박찬욱·김지윤 · 우정엽 공편. 『한국 유권자의 선택 2: 18대 대선』. 아산정책연구원. 200-246쪽.

박재완 외. 2018. 『수저계급론에 대한 진단과 정책 제언』. 한국경제연구원.

박재흥. 2001. 「세대연구의 이론적 · 방법론적 쟁점」. 『한국인구학』, 제24권 제2호, 47-78쪽.

박태순 · 김동춘. 1991. 『1960년대의 사회운동』. 까치.

박현준 · 정인관. 2021. 「20년간의 세대 간 사회이동의 변화: 30~49세 두 남성 코호트 비교 분석」. 『한국사회학』, 제55권 제3호, 159-191쪽.

방하남 · 김기헌. 2002. 「기회와 불평등: 고등교육 기회에 있어서 사회계층간 불평등의 분석」. 『한국사회학』, 제36권 제4호, 193-222쪽.

방하남 · 김기헌. 2003. 「한국사회의 교육계층화: 연령코호트간 변화와 학력 단계별 차이」. 『한국사회학』, 제37권 제4호, 31-65쪽.

변금선 · 김기헌. 2019. 「청년층의 삶의 질 격차에 관한 연구: 1988-1998년생 청년의 다중격차 실태 분석」. 『사회복지정책』, 제46권 제2호: 257-285쪽.

변수용 · 이성균. 2021. 『부모의 사회경제적 지위와 자녀의 교육 결과 - 한국에서 교육불평등은 심화되었는가?』. 박영스토리.

배진석. 2017. 「투표선택과 이념성향의 세대요인」. 한국민주시민교육학회 세미나; 오세제. 2015. 「386세대 세대효과의 특징 연구: 세대효과의 조건적 표출을 중심으로」. 『21세기정치학회보』, 제25권 제1호, 133-164쪽.

백승호. 2014. 「서비스경제와 한국사회의 계급, 그리고 불안정 노동 분석」. 『한국사회정책』, 제21권 제2호, 57-90쪽.

변희재 · 여원동. 2008. 『코리아 실크세대 혁명서』. 생각나눔.

샤츠슈나이더, E. E. 2008. 『절반의 인민주권』. 박주형 · 현재호 옮김. 후마니타스, 121쪽.

서울연구원. 2021. 「세대 간 자산 격차 분석: 가계금융복지데이터」. 『Insight』 제5호, 서울연구데이터서비스.

손낙구. 2008. 『부동산 계급사회』. 후마니타스.

손낙구. 2020. 『대한민국 정치사회지도』. 후마니타스.

손희정. 2015. 「페미니즘 리부트: 한국 영화를 통해 보는 포스트-페미니즘, 그리고 그 이후」. 『문화과학』, 제83권, 14-47쪽.

송민. 2017. 『텍스트마이닝』. 도서출판 청람.

신광영. 2009. 「세대, 계급과 불평등」. 『경제와 사회』, 제81호, 35-60쪽.

신광영. 2016. 「한국 중장년 세대 내 불평등과 격차」. 『사회과학논집』, 제47권 제2호, 53-74쪽.

신광영·이병훈 외. 2008. 『서비스사회의 구조변동』. 한울.

신동균. 2013. 「베이비붐 세대의 근로생애사 연구」. 『보건사회연구』, 제33권 제2호, 5-32호.

신진욱. 2011. 「국제 비교 관점에서 본 한국 주거자본주의의 특성」. 『동향과 전망』, 제81권, 112-155쪽.

신진욱. 2013. 「한국에서 자산 및 소득의 이중적 불평등: 국제 비교 관점에서 본 한국의 불평등 구조의 특성」. 『민주사회와 정책연구』 제23호, 41-70쪽.

신진욱. 2019. 「1987년 이후 30년, 한국 민주주의의 궤적과 시민정치의 변화」. 민주화운동기념사업회 엮음 『한국 민주주의, 100년의 혁명, 1919-2019』. 한울, 253-288쪽.

신진욱. 2020. 「세대불평등 담론의 정치적 계보와 의미론: '386' 담론의 구조와 변화에 대한 비판적 담론분석」, 1990~2019년.” 『경제와 사회』, 제126권, 407-442쪽.

신진욱·김진두·정보영. 2018. 「사회운동은 어떻게 보수정당의 복지정책을 바꾸는가? 정치매개모형을 통한 반값등록금운동 사례 분석, 2008~2011」. 『한국사회학』, 제52권 제1호, 1-37쪽.

신진욱·이민아. 2014. 「주택보유의 사회경제적 불평등 요인과 가족자원의 영향: 분가가구의 자가 취득에 대한 사건사 분석, 1999-2008」. 『경제와 사회』, 제101권, 151-182쪽.

신진욱·이은지. 2012. 「금융화 시대의 주택체제 변동의 네 가지 경로」. 『경제와사회』, 제95권 218-253쪽.

신진욱·조은혜. 2020. 「세대균열의 현실, 세대담론의 재현: 세대불평등 담론의 유래에 관한 질적 담론사 연구」. 『시민사회와 NGO』, 제18권 제1호, 49-99쪽.

양승훈. 2021. 「"제가 그래도 대학을 나왔는데": 동남권 지방대생의 일경험과 구직」. 『경제와 사회』, 제131호, 10-54쪽.

오선정. 2018. 「아르바이트 노동의 개념과 특성」. 한국노동연구원.

오세제. 2020. 「수구보수 청산이 촛불 민심이다 : 민주당의 제21대 총선전략과 지역·세대변수 평가」. 『경제와 사회』, 제126호, 174-208쪽.

우석훈·박권일. 2007. 『88만원 세대』. 레디앙.

원성훈. 2020. 「21대 총선 여론조사, 실제 표심 잘 반영했다」. 『관훈저널』, 제62권 제2호, 61-71쪽.

이갑윤. 1998. 『한국의 선거와 지역주의』. 오름.

이내영. 2002. 「세대와 정치이념」. 『사상』, 제54권, 53-79쪽.

이내영·정한울. 2013. 「세대균열의 구성 요소: 코호트 효과와 연령 효과」. 『의정연구』, 제19권 3호, 37-83쪽.

이선미. 2021. 『영 포티, X세대가 돌아왔다』. 앤의 서재.

이승윤·백승호. 2021. 「청년 세대 내 불안정성은 계층화되는가? 청년불안정노동의 유형과 세대 내 격차 결정요인」. 2021년 한국노동패널 학술대회 발표논문.

이승윤·백승호·김윤영. 2017. 『한국의 불안정 노동자』. 후마니타스.

이원재·고동현·김민진. 2021. 「한국의 부동산 부자들: '한국 부동산 계층 DB'로 본 계층별 사회경제적 특성」. 『LAB2050-09』.

이영라·이숙종. 2018. 「고령층의 자산빈곤과 소득빈곤에 미치는 영향요인 연구: 베이비붐 세대와 해방전쟁 세대를 중심으로」. 『사회과학연구』, 제57권 제2호, 111-157쪽.

이유진. 2016. 「20대 커리어 걸의 우울과 포스트페미니즘」. 『여/성이론』, 제34권, 84-99쪽.

이주환. 2021. 「2010년대 한국의 노동조합 조합원 – 누가 더 많이 가입하나, 누가 더 많이 덕을 보나」. 『KLSI Issue Paper』, 제151호 2021-10호, 2011년 6월.

이철승. 2019. 『불평등의 세대』. 문학과 지성사.

이철승·정준호. 2018. 「세대 간 자산 이전과 세대 내 불평등의 증대, 1990~2016」. 『동향과 전망』, 제104권, 316-373쪽.

이호연·양재진. 2017. 「퍼지셋 분석을 통해 본 한국 노동시장의 이중구조와 불안정 노동자」. 『한국정책학회보』 제26권 제4호, 65-104쪽.

임지영·강미선. 2015. 「연령 및 세대변화에 따른 주택소유 특성 분석」. 『대한건축학회 논문집 - 계획계』, 제31권 제2호, 37-47쪽.

전병유·신진욱. 2014. 「저소득층일수록 보수정당을 지지하는가? 한국에서 계층별 정당 지지와 정책 태도, 2003-2012」. 『동향과 전망』, 제91호, 9-50쪽.

전상진. 2018. 『세대 게임』. 문학과 지성사.

전상진. 2004. 「세대 개념의 과잉, 세대 연구의 빈곤」. 『한국사회학』, 제38권 제5호, 31-52쪽.

정보영. 2018. 「청년 불안정 노동자 운동과 담론정치: 청년유니온이 최저임금 담론과 정책에 미친 영향」. 중앙대학교 대학원 석사학위 논문.

정성조. 2019. 「'청년 세대' 담론의 비판적 재구성: 젠더와 섹슈얼리티를 중심으로」. 『경제와 사회』, 제123권, 12-39쪽.

정세정 외. 2020. 「청년층 생활실태 및 복지욕구조사」. 『한국보건사회연구원 연구보고서』, 2020-03.

조귀동. 2020. 『세습 중산층 사회: 90년대생이 경험하는 불평등은 어떻게 다른가』. 생각의힘.

조돈문. 1994. 「한국사회 계급구조의 변화, 1960-1990: 계급구조의 양극화의 고찰」. 『한국사회학』, 제28권, 17-50쪽.

조돈문. 2005. 「해방 60년 한국사회 계급구조 변화와 노동계급 계급구성 변화」. 『한국사론』, 제43권, 3-36쪽.

조선정. 2014. 「포스트페미니즘과 그 불만: 영미권 페미니즘 담론에 나타난 세대론과 역사쓰기」. 『한국여성학』, 제30권 제4호, 47-76쪽.

정재우. 2015. 「노동조합 고령화와 청년 취업자」. 『월간 노동리뷰』, 2015년 9월호, 53-63쪽.

진영재. 2008.「'부동층 집단'의 세분화를 통한 부동층의 이해」. 이현우 · 권
    혁용 엮음.『변화하는 한국유권자 2: 2007 한국대선 패널조사 연구』.
    EAI 동아시아연구원, 207~227쪽.
천승호 · 임요한 · 박민규. 2021.「출구조사를 이용한 제21대 국회의원 선거
    의석 수 예측결과 분석」.『조사연구』, 제22권 제1호, 1-23쪽.
청년유니온. 2020.「아르바이트 최저임금 & 주휴수당 실태조사 보고서」.
    2020년 6월 9일.
최샛별. 2018.『문화사회학으로 바라본 한국의 세대 연대기: 세대 간 문화 경
    험과 문화 갈등의 자화상』. 이화여자대학교출판문화원.
최성수 · 이수빈. 2018.「한국에서 교육기회는 점점 더 불평등해져 왔는가?
    부모 학력에 따른 자녀 최종학력 격차의 출생 코호트 추세」.『한국사회
    학』제52권 제4호, 77-113쪽.
최정운. 1999.『5월의 사회과학』. 서울: 풀빛.
한귀영. 2013.「2012년 대선, 가난한 이들은 왜 보수정당을 지지했는가?」.
    『동향과 전망』, 제89권, 9-40쪽.
한스-페터 뒤르. 1993.『음란과 폭력』. 최상안 옮김. 한길사.
황광훈. 2021.「청년층 저임금근로자 노동시장 특성 및 지속성」. 계간『고용
    이슈』2021년 가을호, 114-129쪽.
한국노동연구원. 2006.「학력간 임금격차 추이」.『노동리뷰』. 2006년 7월.

Appy, Christian G. 1993. Working-Class War: American Combat Soldiers
    and Vietnam. Chapel Hill and London: The University of North
    Carolina Press.
Becker, Henk A.2008. "Karl Mannheims "Problem der Generationen" - 80
    Jahre danach." in: Zeitschrift für Familienforschung 20(2): 203-221.
Bloch. Ernst. 1935. Erbschaft dieser Zeit. Frankfurt/M.: Suhrkamp.
Calhoun, Craig. 1993. "'New Social Movements' of the Early Nineteenth
    Century." in: Social Science History 17(3): 385-427.

Dalton, Russell J. 2008. Citizen Politics. Public Opinion and Political Parties in Advanced Industrial Democracies. Washington D.C.: CQ Press.

della Porta, Donnatella, and Dieter Rucht, 1995. "Left-libertarian movements in context: A comparison of Italy and West Germany 1965 – 1990." in: Craig Jenkins and Bert Klandermans (ed.). The Politics of Social Protest: Comparative Perspectives on States and Social Movements. Minneapolis: University of Minnesota Press.

DiPrete, Thomas A., and Gregory M. Eirich. 2006. "Cumulative Advantage as a Mechanism for Inequality: A Review of Theoretical and Empirical Developments". in: Annual Review of Sociology 32: 271-297.

Fietze, Beate. 2009. Historische Generationen. Über den sozialen Mechanismus kulturellen Wandels und kollektiver Kreativität. Bielefeld: transcript.

Foucault, Michel. 1966. Les mots et les choses: Une archéologie des sciences humaines. Paris: Gallimard.

Gramsci Antonio. 1975. Quaderni del carcere, volume III, Edizione critica dell'Istituto Gramsci. Torino: Einaudi.

Reinhart Koselleck. 1979. Vergangene Zukunft. Zur Semantik geschichtlicher Zeiten. Frankfurt/M.: Suhrkamp.

Koselleck, Reinhart. 2000. Zeitschichten: Studien zur Semantik. Frankfur/M.: Suhrkamp.

Mannheim, Karl. 1928. "Das Problem der Generationen." in: Karl Mannheim. Schriften zur Wirtschafts- und Kultursoziologie. edited by Llaus Lichtblau and Amalia Barboza. Wiesbaden: VS Verlag für Sozialwissenschaften, 2008.

Matthes, Joachim. 1985. "Karl Mannhei,s "Das Problem der Generationen", neu gelesen" Generationen – "Gruppen" oder "gesellschaftliche Regelung von Zeitlichkeit"?" in: Zeitschrift für Soziologie 14(5): 363-372.

Pinder Wilhelm. 1926. Das Problem der Generation in der Kunstgeschichte

Europas. Leipzig: Verlag E. A. Seemann.

Pinder, Wilhelm. 1926. Kunstgeschichte nach Generationen. Leipzig: Verlag von Eduard Pfeiffer.

Rex, John. 1971. "The Concept of Housing Class and the Sociology of Race Relations". in: Race & Class 12(3): 293-301.

Rex, John&Moore, Robert. 1967. Race, Community and Conflict. London: Oxford University Pres.

Saunders, Peter. 1981. Social Theory and the Urban Question. London: Routledge.

Schattschneider, Elmer Eric. 1960. The Semi-Sovereign People: A Realist's View of Democracy in America. New York: Holt, Rinehart and Winston.

Schwartz, Frederic J. 2001. "Ernst Bloch and Wilhelm Pinder: Out of Sync." in: Gray Room 03. The MIT. Spring 2001, pp. 54-89.

Shin, Jin-Wook. 2022. "Social Movements: Developments and Structural Changes after Democratisation." in: Cho Youngho, Han JeongHun and Ramon Pacheco Pardo (ed.). The Oxford Handbook of South Korean Politics. Oxford: Oxford University Press.

Shin, Jin-Wook 2021. "New Waves of Civic Participation and Social Movements in South Korea in the 21st Century: Organization, Configuration and Agency." in: Korea Europe Review 1(1).

주

1. 사회학자 전상진은 그의 저서 『세대 게임』에서 이처럼 자극적이고 허구적인 세대담론이 우연히 생겨나고 확산되는 것이 아니라, 그것을 통해 다양한 종류의 이득을 얻게 되는 사람들의 이해관심과 밀접한 관련이 있음을 강조했다. 전상진, 2018. 『세대 게임』. 문학과 지성사, 9-10, 110-111쪽.

2. 조돈문. 2005. 「해방 60년 한국사회 계급구조 변화와 노동계급 계급구성 변화」. 『한국사론』, 제43권, 3-36쪽; 백승호. 2014. 「서비스경제와 한국사회의 계급, 그리고 불안정 노동 분석」. 『한국사회정책』, 제21권 제2호, 57-90쪽.

3. 우석훈 · 박권일. 2007. 『88만원 세대』. 레디앙. 이 책의 세대주의 프레임에 대해 이후 박권일은 정식으로 자기비판을 했다. 그는 2009년 1월 30일자 「88세대론〈조선〉의 독우물에 빠지다」라는 글에서 『조선일보』와 변희재 등 뉴라이트 인사들이 이념적 · 정치적 목적으로 세대론을 오용하고 우석훈이 여기에 지지를 보내며 동참하고 있는 것을 비판하면서 "전선을 명확히 그어두"고 있다. 2013년 3월에 박권일은 『한겨레21』 지면에서 「'88만원 세대' 그리고 6년 후」라는 글을 통해 "〈88만원 세대〉 이후 6년 동안 청년 세대에 대한 담론은 그저 20대 혐오론과 희망론이라는 공허한 판타지의 양극을 메트로놈처럼 오갔을 뿐"이며, 그런 의미에서 "〈88만원 세대〉는 눈부시게 성공했고 참담하게 실패했다"고 자평했다.

4. 우석훈 · 박권일. 2007. 『88만원 세대』. 레디앙. 76-77쪽, 176-178쪽.

5. 김정훈 · 심나리 · 김항기. 2019. 『386 세대유감: 386세대에게 헬조선의 미필적고의를 묻다』. 웅진지식하우스, 10, 13쪽.

6. 우석훈은 『386 세대유감』의 해제에서 앞서 언급한 세대론의 위험성을 다시 한 번 언급했지만, 이번에도 이 문제를 간단히 무시했다. "초기에 386은 과거 김대중 대통령을 따라 국회에 들어간 전대협 의장 등 민주당에 수혈된 국회의원들을 의미했[지만] … 시대가 흐르면서 80년대 학번 운동권 엘리트 집단 전체를 지칭하는 말이 되었"으며, 나아가 이제는 "특정 엘리트 집단을 넘어 공통의 문화와 정체성을 공유하는 집단으로 확대"되고 있음을 그는 인지하고 있다. 그러나 곧이어 그는 충격적일 만큼 가벼운 해결책을 제시했다. "세대라는 분류 자체가 워낙 그렇게 '덤벙덤벙' 넘어가는 거라서 방법이 없다." 우석훈. 2019. 「정치 386과 운동권 도시빈민 사이에서」. 『386 세대유감』, 244, 252쪽.

7. 한국리서치. 「[세대인식지표 −2021년] 세대 갈등 인식 조사 − 세대 갈등 심각성 및 다른 세대와의 관계」. 한국리서치 『여론 속의 輿論』. 2021년 3월 2일. https://hrcopinion.co.kr/archives/17688. 접근일: 2021년 12월 7일.

8. 중앙일보 · 현대경제연구원 공동. 「세대갈등에 대한 국민여론조사」. 현대경제연구원. 2004년 4월. http://hri.co.kr/upload/publication/세대갈등국민조사.PDF. 접근일: 2021년 12월 7일.

9. E. E. 샤츠슈나이더. 2008. 『절반의 인민주권』. 박주형 · 현재호 옮김. 후마니타스, 121쪽. 원저는 Elmer Eric Schattschneider. 1960. The Semi-Sovereign People: A Realist's View of Democracy in America. New York: Holt, Rinehart and Winston.

10. 한겨레경제사회연구원. 2020. 「우리 사회의 지속가능성에 대한 국민의식」 조사. 이 조사는 한겨레경제사회연구원이 글로벌리서치에 의뢰하여 2019년 9월 25일부터 27일까지 전국 성인 남녀 1,000명을 대상으로 수행했다. 이 조사 결과에 대한 상세한 분석은 한귀영. 2020. 「시민 의식구조의 변화와 전망」. 『포스트코로나와 4차 산업혁명 시대의 새로운 사회갈등과 대응전략』. 경제인문사회연구회 협동연구총서, 20-56-01, 51-81쪽에 제시되어 있다.

11. 문화체육관광부. 「2019년 한국인의 의식 · 가치관 조사」. 이 조사는

1996년 제1차 조사 이후 5년 주기로 정기적으로 실시되었으며 2013년 이후엔 3년 간격으로 실시되고 있다. 2019년 조사는 한국갤럽이 전국 19~79세 남녀 5,000명을 대상으로 가구방문 면접조사로 2019년 8월 27일부터 9월 27일까지 95% 신뢰수준에서 ±1.4%p 허용표본오차로 수행하였다.

12. 이 조사는 SBS D-Forum팀과 공동으로 설계하여 여론조사기관 입소스(IPSOS)에 의뢰해서 2021년 10월 11일부터 14일까지 전국에 거주하는 18세 이상 남녀 1,000명을 대상으로 유무선 전화면접조사(유선 RDD 10%, 무선 RDD 90%) 방식으로 95% 신뢰수준에서 ±3.1%p 오차범위로 수행했다.

13. 최샛별. 2018. 『문화사회학으로 바라본 한국의 세대 연대기: 세대 간 문화 경험과 문화 갈등의 자화상』. 이화여자대학교출판문화원. 이 저작은 '산업화 세대'(~1949년생), '베이비붐 세대'(1950~69년생), 'X세대'(1970~79년생), '88만원 세대'(1980~92년생)로 출생코호트를 구분하여 이들의 정치참여, 정치사회 의식, 세대정체성, 다른 세대에 대한 관점 등을 포괄적으로 조사하고 분석한 결과를 제시하고 있다.

14. Michel Foucault. 1966. *Les mots et les choses: Une archéologie des sciences humaines.* Paris: Gallimard, p. 46, 229. 푸코는 『말과 사물』에서 생명·언어·노동이라는 '주체'의 범주, 즉 살아 있고, 말하고, 일하는 존재로서의 인간이라는 관념의 탄생사를 추적했는데, 여기서 그는 역사의 연속성 사이에 중대한 단절의 시점이 있으며 그 이후로 과거의 인식구조는 "마치 해변의 모래사장에 그려진 그림이 파도에 씻겨나가듯" 망각되고 사람들은 전혀 다른 방식으로 생각하고, 다른 것에 관심을 갖고 욕망하며, 다른 형태로 타인과 세계를 분류하기 시작한다는 것을 강조했다.

15. 한국언론재단이 제공하는 뉴스검색프로그램인 〈빅카인즈〉를 이용했는데, 〈빅카인즈〉는 가장 정밀한 검색식을 구현하고 있기 때문에 이 책의 대부분의 텍스트 분석에서 원자료의 추출은 빅카인즈를 이용했다. 검색기간은 1990년 1월 1일부터 2020년 12월 31일까지고 검색일은 2021년 8월 30일이다. 분석대상 매체는 10개 중앙지(전국 일간지)와 8개 경제

지, 4개 방송사(KBS, MBC, SBS, YTN)인데,『조선일보』는 2018년부터 자료를 제공하기 때문에 분석대상에서 제외했는데, 뒤에 나오는 모든 분석에서 2018년 이후에 국한된 분석에서만『조선일보』를 포함했다.『조선일보』 자체 데이터베이스는 〈빅카인즈〉와 같은 복잡한 검색식을 제공하지 않기 때문에 데이터를 통합하는 것은 기술적으로 불가능하다. 검색식은 다음과 같다. (a) '세대문제': 세대 AND 문제 NOT 아파트; (b) '세대갈등': 세대 AND 갈등 NOT 아파트; (c) '세대 불평등': 세대 AND 불평등; (d) '세대 불공정': 세대 AND (불공정 OR 공정성). '세대'가 '문제' 또는 '갈등'과 함께 등장하는 텍스트는 아파트 분양, 입주, 재건축 등에 관련될 때도 있어서 '아파트'를 포함하는 텍스트를 제외했다. 이 경우 '아파트'와 관련된 세대 문제가 거론된 텍스트가 제외되지만 수만 건의 텍스트에서 그런 경우를 일일이 가려내어 분별하는 것은 불가능하기 때문에 불가피하게 포기하였다. 또한 '세대'와 '공정'의 동시출현 텍스트는 '공정거래위원회' '4세대 실손보험으로 공정거래의 틀을' 등과 같이 다양한 맥락을 포함할 수 있어서 '불공정' 또는 '공정성'을 포함하는 텍스트로 한정해서 분석했다.

16. 정치학과 사회학 분야에서 2000~2005년에 세대에 관한 무게감 있는 저서와 논문이 집중적으로 출간되었다. 강원택. 2003.『한국의 선거정치: 이념, 지역, 세대와 미디어』. 푸른길; 박재흥. 2001.「세대연구의 이론적·방법론적 쟁점」.『한국인구학』, 제24권 제2호, 47-78쪽; 이내영. 2002.「세대와 정치이념」.『사상』, 제54권, 53-79쪽; 전상진. 2004.「세대 개념의 과잉, 세대 연구의 빈곤」.『한국사회학』, 제38권 제5호, 31-52쪽. 최근의 주목할 만한 사회학적 세대 연구로 이철승. 2019.『불평등의 세대』. 문학과 지성사.

17. 이 개념은 한국에서도 그동안 여러 학자의 주목을 받아서 '비동시성의 동시성', '동시성의 비동시성' 등으로 번역되었는데, 이 번역은 원 개념의 의미를 정확히 전달하지 못할 수 있다. 핀더, 만하임, 블로흐, 베냐민 등 독일 지식인들이 창안하고 다듬은 이 개념의 원어는 'Gleichzeitigkeit des Ungleichzeitigen', 'Ungleichzeitigkeit des Gleichzeitigen'으로서 소

유격 des 뒤에 오는 'Ungleichzeitigen'과 'Gleichzeitigen'은 '비동시성' '동시성'이라는 추상적 속성이 아니라 '비동시적인 것' '동시적인 것'이라는 구체적 대상을 뜻한다. 영어로도 'the simultaneousness (또는 simultaneity) of the non-simultaneous'로 번역된다. 그러므로 '비동시성의 동시성'이 아니라, '비동시적인 것들의 동시대성(또는 동시대적 공존)'으로 번역해야 그 의미를 명확히 전달할 수 있다.

18. Wilhelm Pinder. 1926. Kunstgeschichte nach Generationen. Leipzig: Verlag von Eduard Pfeiffer; Wilhelm Pinder. 1926. *Das Problem der Generation in der Kunstgeschichte Europas.* Leipzig: Verlag E. A. Seemann. '동시대적인 것들의 비동시대적 성격' 또는 반대로 '비동시대적인 것들의 동시대적 공존'이라는 개념을 명시하고 있는 부분은 앞의 『세대 관점에서 본 예술사』, 3쪽과 6쪽.

19. Karl Mannheim. 1928. "Das Problem der Generationen." in: Karl Mannheim. *Schriften zur Wirtschafts- und Kultursoziologie.* edited by Llaus Lichtblau and Amalia Barboza. Wiesbaden: VS Verlag für Sozialwissenschaften, 2008.

20. 영어로 이 개념은 '실제 세대(actual generation)'로 종종 번역되는데 이는 문제가 있다. 같은 연령대라는 의미의 세대위치가 '잠재적' 성격을 갖고 있다는 언급은 만하임의 저작에서 여러 차례 등장하지만, 그렇다고 그 다음 단계의 개념이 '실제 세대'가 되는 것은 아니다. 만하임의 의도는, 동일한 연령대 또는 출생코호트는 동일한 '세대위치'에 있는 개개인들을 개념적으로 묶은 구성물인 데 반해 이들 세대구성원들이 공동의 관심사를 갖고 서로 의미 있게 연결되는 경우를 '세대연관'이라고 불러 구분한 것이다. 그러므로 세대위치와 세대연관은 각기 다른 의미에서 실제적이지, 어느 하나가 허구인 것은 아니다.

21. 요아힘 마테스는 만하임의 '세대단위'의 핵심 행위자 집단이 그 세대를 대표하는 어떤 새로운 문화적 범례를 인식할 수 있는 하나의 지표라고 보았다. Joachim Matthes. 1985. "Karl Mannhei,s "Das Problem der Generationen", neu gelesen" Generationen - "Gruppen" oder

"gesellschaftliche Regelung von Zeitlichkeit"?" in: *Zeitschrift für Soziologie* 14(5): 363-372. 그와 달리 베아테 피체는 세대단위의 행위자들이 새로운 시대정신을 정식화, 집단화, 정치화함으로써 역사적 세대를 구성한다고 보았다. Beate Fietze. 2009. *Historische Generationen. Über den sozialen Mechanismus kulturellen Wandels und kollektiver Kreativität.* Bielefeld: transcript.

22. "그동안의 세대 연구에서 밝혀진 것은 한 세대의 탄생에서 기폭제 기능을 한다고 하는 집단적 행위자들은 실제로는 단지 작은 역할 밖에 하지 않는다는 것이다. 오히려 세대들의 형성에 근본적으로 더 중요한 것은 새로운 세대를 포착하고 명명하는 미디어의 역할이었다." Henk A. Becker. 2008. "Karl Mannheims "Problem der Generationen" – 80 Jahre danach." in: *Zeitschrift für Familienforschung* 20(2): 203-221. 인용은 p. 206.

23. Ernst Bloch. 1935. *Erbschaft dieser Zeit.*Frankfurt/M.: Suhrkamp. 특히 "Ungleichzeitigkeit und Pflicht zu ihrer Dialektik." pp. 104-159. '비동시대적인 것의 동시대적 공존' 또는 '동시대적인 것들의 비동시대적 성격'에 관한 블로흐의 이론을 핀더, 만하임, 루카치와의 관계 속에서 해석한 연구 논문으로 추천할 만한 것은 Frederic J. Schwartz. 2001. "Ernst Bloch and Wilhelm Pinder: Out of Sync." in: *Gray Room 03*. The MIT. Spring 2001, pp. 54-89.

24. 「현장연결 – 이재명 "기성세대가 자리 차지해 청년 진입 어려워"」. 『연합뉴스』. 2022년 1월 2일자 기사; 「이재명 "청년세대 문제 기성세대 책임 … 끝까지 겸손하게」. 『머니투데이』 2022년 1월 5일자; 「윤석열, 충청 순회 마지막 '2030 챙기기'…"청년 앞 기성세대는 죄인"」. 『더 팩트』. 2021년 12월 1일자 기사; 「윤석열 "머리도 안좋은 기성세대"…청년층 국정참여 강조」. 『이데일리』 2022년 1월 15일자 기사.

25. 1960년 4월 혁명 참여자에 대해서는 박태순·김동춘. 1991. 『1960년대의 사회운동』. 까치; 김은경. 2010. 「한국 민주화운동의 기원으로서 4월 혁명 재평가」. 한국정치연구회 편『다시 보는 한국 민주화운동: 기원, 과

정, 그리고 제도』. 선인, 73-98쪽; 1980년 5 · 18 민주화 항쟁 참여자 연
구는 최정운. 1999. 『5월의 사회과학』. 서울: 풀빛.

26. 미국의 베트남전 개입을 계급의 관점에서 분석한 저서로 Christian G.
Appy. 1993. Working-Class War: *American Combat Soldiers and Vietnam*.
Chapel Hill and London: The University of North Carolina Press. 역사
적으로 전쟁 중에 남녀 사망과 상해 원인의 차이에 관한 인류학적 연구
로 한스-페터 뒤르. 1993. 『음란과 폭력』. 최상안 옮김. 한길사.

27. 이른바 '수저계급' 이야기는 2015년에 '헬조선' 담론과 더불어 온라인
공간에서 유행하기 시작하여 언론매체를 통해 더욱 확산되었는데, 이후
에 한국사회의 계층 이동성 또는 유동성의 정도와 추이를 분석하는 여
러 학문적 연구와 논쟁이 있었다. 박재완 외. 2018. 『수저계급론에 대한
진단과 정책 제언』. 한국경제연구원. 한편 조귀동은 『세습 중산층 사회』
에서 청년세대 내의 불평등, 세대 간 계층재생산, 그리고 청년층 불평등
의 세대적 특수성이라는 세 차원을 다각도로 조명했다. 조귀동. 2020.
『세습 중산층 사회: 90년대생이 경험하는 불평등은 어떻게 다른가』. 생
각의힘.

28. 「홍준표 공동선거대책위원장, 서울 노원 롯데백화점 앞 합동 유세 주요
내용[보도자료]」. 『네이버뉴스』 2018년 6월 2일자 기사. 출처: 자유한국
당 공보실; 「"서울대 나와도 백수" … 연봉 100억대 1타 강사 '말말말'」.
『서울경제』 2021년 9월 14일자 기사; 「SKY 출신도 입사하면 코딩 과외
… 기업들 "뽑을 사람이 없다"」. 『조선일보』 2021년 9월 7일자 기사.

29. 연령 · 성별 · 직군별로 분절노동시장 내 위치를 분석한 사례로 이호
연 · 양재진. 2017. 「퍼지셋 분석을 통해 본 한국 노동시장의 이중구조
와 불안정 노동자」. 『한국정책학회보』, 제26권 제4호, 65-104쪽. 연령
대별, 그리고 각 연령대 내에서 고용, 소득, 사회보장의 현황 분포와 시
계열적 변화를 분석한 훌륭한 연구문헌으로 이승윤 · 백승호 · 김윤영.
2017. 『한국의 불안정 노동자』. 후마니타스.

30. 한국고용정보원. 2021. 「청년고용정책 사각지대 추정 및 시사점」. 〈2021
년 청년정책포럼〉 자료. 2021년 12월 8일.

31. 3장에서 더 자세히 다루겠지만, 종종 '대학진학률'을 기준으로 지금은 70%, 80년대엔 30%였다고 말하곤 하는데 그런 비교는 오해를 초래할 수 있다. '대학진학률'은 고교 졸업자 중 대학 진학자 비율을 뜻하는 것이고, '대학취학률'은 해당 적령인구 중 대학 등록자 비율을 뜻한다. 2020년에는 고교취학률이 91%에 달하기 때문에 대학진학률과 대학취학률의 차이가 별로 없다. 그에 반해 1980년에는 고교취학률이 적령인구의 49%에 불과하기 때문에 대학진학률과 대학취학률의 차이가 거의 2배다. 그래서 1980년대에 적령인구 중 대학에 들어간 사람의 비율은 일반적으로 알려진 30%대보다 훨씬 낮은 10%대에 불과하다.

32. 남재욱 · 김영민 · 한기명. 2018. 「고졸 청년 노동자의 노동시장 불안정 연구」. 『사회복지연구』, 제49권 제1호, 221-262쪽; 박미희 · 홍백의. 2014. 「청년층의 노동시장 이행 유형과 그 결정요인」. 『사회복지정책』, 제41권 제4호, 21-49쪽; 변금선 · 김기헌. 2019. 「청년층의 삶의 질 격차에 관한 연구: 1988-1998년생 청년의 다중격차 실태 분석」. 『사회복지정책』, 제46권 제2호, 257-285쪽.

33. 2002년~2014년 분석결과에 관한 상세한 서술은 이승윤 · 백승호 · 김윤영. 2017. 『한국의 불안정 노동자』. 후마니타스, 106-109쪽. 2020년까지 확대한 분석 결과에 관해서는 이승윤 · 백승호. 2021. 「청년세대 내 불안정성은 계층화되는가? 청년불안정노동의 유형과 세대 내 격차 결정요인」. 2021년 한국노동패널 학술대회 발표논문.

34. 김종진. 2020. 「2017년 청소년 및 청년 아르바이트 노동실태」. 한국노동사회연구소. 2020년 7월 4일.

35. 오선정. 2018. 「아르바이트 노동의 개념과 특성」. 한국노동연구원, 특히 35-41, 47-55쪽. 오선정 박사는 '아르바이트'가 학생, 청소년, 주부 등 특정 사회집단의 부업만이 아니라 상당히 장기간 동안, 또는 상당히 긴 주당 노동시간을 일하는 경우를 포함한다는 점을 지적하고, '아르바이트'를 단시간(시간제) 근로 및 한시적 근로를 함께 포함하는 개념으로 제안했다. 이때 한시적 근로에는 근로계약이 단시간인 경우와 근로계약 기간이 특정되지 않은 경우를 포함한다(ii-iii쪽).

36. 청년유니온. 2020.「아르바이트 최저임금 & 주휴수당 실태조사 보고서」. 2020년 6월 9일.

37. 황광훈. 2021.「청년층 저임금근로자 노동시장 특성 및 지속성」. 계간 『고용이슈』 2021년 가을호, 114-129쪽. 한국고용정보원 청년패널조사 (YP2007)의 2015년부터 2019년까지 5년간 자료를 이용했으며, 20~34세 전체 청년취업자를 대상으로 중위임금(median wage)의 2/3 이하를 '저임금근로자'로 정의했다.

38. 정세정 외. 2020.「청년층 생활실태 및 복지욕구조사」. 『한국보건사회연구원 연구보고서』, 2020-03, 본문의 고용 및 소득 관련 조사결과는 69~73쪽.

39. 남재욱. 2021.「청년의 노동시장 진입 이후 이행과정의 불평등 연구」. 『한국사회정책』, 제28권 제1호, 133-160쪽. 본문의 통계 자료는 147쪽.

40. 이 이론의 다양한 이해방식과 경험적 연구들에 관한 좋은 리뷰 글로 Thomas A. DiPrete and Gregory M. Eirich. 2006. "Cumulative Advantage as a Mechanism for Inequality: A Review of Theoretical and Empirical Developments." in: *Annual Review of Sociology 32*: 271-297. 이 이론의 출발점은 세계적인 사회학자인 로버트 머튼이 학문공동체 내에서 학문적 성취의 인정을 주제로 하여 정식화한 이른바 '마태 효과 (Matthew effect)'의 이론이다. 이는 성경의 마태복음 13장 12절에서 "무릇 있는 자는 받아 넉넉하게 되되 없는 자는 그 있는 것도 빼앗기리라"라는 표현이 나온 데서 착안한 것이다.

41. 방하남·김기헌. 2002.「기회와 불평등: 고등교육 기회에 있어서 사회계층간 불평등의 분석」. 『한국사회학』, 제36권 제4호, 193-222쪽; 방하남·김기헌. 2003.「한국사회의 교육계층화: 연령코호트간 변화와 학력단계별 차이」. 『한국사회학』, 제37권 제4호, 31-65쪽.

42. 변수용·이성균. 2021.『부모의 사회경제적 지위와 자녀의 교육 결과 - 한국에서 교육불평등은 심화되었는가?』. 박영스토리; 최성수·이수빈. 2018.「한국에서 교육기회는 점점 더 불평등해져 왔는가? 부모 학력에 따른 자녀 최종학력 격차의 출생 코호트 추세」. 『한국사회학』, 제52권

제4호, 77-113쪽; 문수연. 2016. 「교육 불평등 변화 양상 분석: 중간계급 및 코호트 분석을 중심으로」. 『한국사회학』, 제50권 제5호, 141-171쪽, 특히 153~156쪽. 2천 년대 대학 입시제도 인식의 계층 간 차이에 관한 우수한 연구로, 문정주·최율. 2019. 「배제의 법칙으로서의 입시제도: 사회적 계층 수준에 따른 대학 입시제도 인식 분석」. 『한국사회학』 제53권 제3호, 175-215쪽.

43. 계봉오·황선재. 2016. 「한국의 세대간 사회이동: 출생 코호트 및 성별 비교」. 『한국인구학』, 제39권 제3호, 1-28쪽; 정인관·최성수·황선재·최율. 2020. 「한국의 세대 간 사회이동과 교육 불평등: 2000년대 이후 경험적 연구에 대한 종합적 검토」. 『경제와사회』, 제127권, 12-59쪽; 박현준·정인관. 2021. 「20년간의 세대 간 사회이동의 변화: 30~49세 두 남성 코호트 비교 분석」. 『한국사회학』, 제55권 제3호, 159-191쪽.

44. 언론 프레임으로는 예를 들어 「MZ세대 이준석, 한국 정치 태풍이 되다」. 『한국경제』. 2021년 6월 11일자 기사; 「[빅데이터로 본 청년] '이준석 현상' "공정 경쟁·안티 전체주의" 상징」. 『아시아경제』. 2021년 6월 15일자 기사; 「이준석 돌풍에 MZ세대 "30대 리더 늦은감"」. 『매일경제』. 2021년 6월 25일자 기사; 송재윤. 「'공정과 경쟁' 깃발 올린 2030, 미래 이끌 시대 담론도 주도해야」. 『조선일보』. 2021년 6월 29일자 칼럼.

45. 「문화일보 창간 30주년 특집 세대인식 비교 조사」. 여론조사기관 엠브레인퍼블릭이 2021년 10월 21~25일에 엠브레인 패널 가운데 20~59세 전국 남녀 총 2,000명을 대상으로 구조화된 설문지를 이용한 웹 조사를 실시했다. 동그라미 재단. 2016. 「기회 불평등에 대한 국민인식 조사 최종보고서」, 25쪽.

46. 동그라미재단. 2016. 「기회 불평등에 대한 국민인식 조사 최종보고서」, 25쪽.

47. 김영미. 2016. 「계층화된 젊음: 일, 가족형성에서 나타나는 청년기 기회 불평등」. 『사회과학논집』, 제47권 제2호, 27-52쪽. 본문에 언급된 내용은 43쪽.

48. 조정진. 2020. 『임계장 이야기: 63세 계약직 노인장의 노동일지』. 후마

니타스; 김세현 · 오수빈 · 용락. 2012. 『빗자루는 알고 있다: 연세대 청소노동자들과 함께 한 2000일간의 기록』. 실천문학사.

49. 석정연. 2019. 『저는 비정규직 초단시간 근로자입니다』. 산지니. 인용은 234쪽.

50. '586세대'라고 불리는 1960년대 출생 세대와 '베이비붐 세대'는 많은 부분 중첩되지만 동일한 인구집단은 아니다. 간단히 베이비붐 세대라고 불리기도 하는 1차 베이비붐 세대는 보통 한국전쟁(1950~53)이 끝난 직후인 1955년부터 정부의 산아제한 정책이 실시되기 전인 1963년까지의 시기에 출생한 인구 집단을 가리킨다. 1 · 2차 또는 전 · 후기 베이비붐 세대를 나눌 경우에, 2차 베이비붐 세대는 한국경제의 고도성장이 개시된 1968~1976년에 출생한 세대를 가리킨다. 한편 1차 베이비붐 세대가 성인이 되어 자녀를 낳으면서 베이비붐의 결과가 인구 구조에 메아리(echo)처럼 돌아왔다는 의미의 '에코붐 세대'는 대략 1977~97년에 출생한 세대를 가리키고, 2차 베이비붐 세대의 메아리가 돌아오는 2차 에코붐 세대를 1991~96년 출생 세대를 가리킨다.

51. 「KBS 세대인식 집중조사 ① - 586, 그들은 누구인가」. 《KBS NEWS》. 2021년 6월 22일자 기사.

52. 여기서 명칭사(Bezeichnungsgeschichte)는 동일한 대상을 지시하는 명칭의 변화, 의미사(Bedeutungsgeschichte)는 동일한 단어가 뜻하는 의미의 변화, 사실사(Sachgeschichte)는 정치, 경제, 사회 실제의 변화를 의미한다. 이 틀에 따른 개념사 연구의 기본적인 방법론은 기표의 기의들을 분석하는 어의론(Semasiologie)과 기의의 기표들을 분석하는 명칭론(Onomasiologie)을 교차하며 사실사의 전개를 해석하는 것이다. Reinhart Koselleck. 2000. *Zeitschichten: Studien zur Semantik. Frankfur/M.: Suhrkamp; Reinhart Koselleck. 1979. Vergangene Zukunft. Zur Semantik geschichtlicher Zeiten.* Frankfurt/M.: Suhrkamp.

53. 자료 출처: 한국교육개발원 교육통계분석자료집. 여기서 고교졸업자의 상급교육기관 진학률은 대학합격자(2010년까지) 또는 대학등록자(2011년부터) 기준이며, 고등교육기관 취학률은 교육기본통계조사의

학생 수와 통계청의 추계인구를 이용하여 산출한 것이다.

54. 박강우. 2014. 「우리나라 학력별 임금격차의 요인분해(1974-2011)」. 『산업경제연구』, 제27권 제1호, 477-505쪽. 대졸자 임금프리미엄 추이 그래프는 481~482쪽. 한국노동연구원의 분석으로는 1980년에 대졸자의 임금은 고졸자에 비해 개인 또는 기업 특성을 모두 통제한 후에 42.5% 높았으나 1994년에는 20.2% 수준까지 낮아졌고, 이후 2000년대 이래로 다소 증가했으나 20%대를 넘어서진 않은 것으로 나타났다. 한국노동연구원. 2006. 「학력간 임금격차 추이」. 『노동리뷰』, 2006년 7월, 103쪽.

55. 신동균. 2013. 「베이비붐 세대의 근로생애사 연구」. 『보건사회연구』, 제33권 제2호, 5-32호.

56. 김지훈 · 강욱모 · 강길선. 2019. 「베이비붐 세대의 소득불평등, 정부정책효과 및 삶의 질 간의 종단적 인과관계」. 『한국가족복지학』, 제24권 제2호, 149-170쪽; 강욱모 · 김지훈. 2020. 「베이비붐 세대의 소득불평등 관련 종단 연구: 베이비붐 이전 및 이후 세대의 비교 분석」. 『사회보장연구』, 제36권 제3호, 55-77쪽.

57. 신진욱. 2011. 「국제 비교 관점에서 본 한국 주거자본주의의 특성」. 『동향과 전망』, 제81권, 112-155쪽; 신진욱 · 이은지. 2012. 「금융화 시대의 주택체제 변동의 네 가지 경로」. 『경제와사회』, 제95권, 218-253쪽. 한국의 주택금융체제는 미국 · 영국처럼 자가보유율이 높은 대신에 부동산 시장의 불확실성에 다수가 노출된 사회와 다르면서, 또한 독일 · 프랑스처럼 자가보유율이 낮은 대신 공공복지가 강한 사회와도 구분되는 독특성을 갖고 있다.

58. 자료 출처: OECD, *Economic Outlook 2010*, source data. 한국에서 2000년대 주택가격 상승 과정에서 생겨난 자산 및 소득 불평등의 제도적 관계 구조가 국제비교 관점에서 어떤 특성을 갖는지에 대한 논의로, 신진욱. 2013. 「한국에서 자산 및 소득의 이중적 불평등: 국제 비교 관점에서 본 한국의 불평등 구조의 특성」. 『민주사회와 정책연구』 제23호, 41-70쪽.

59. 남상섭. 2009. 「한국 가계자산의 분배와 불평등 요인분해」. 『경제연구』,

제27권 제2호 59-86쪽. 특히 자산 지니계수 통계는 67쪽, 자산 집중도에 관한 분석 결과는 71-74쪽.

60. 민주노총 정책국장을 지낸 손낙구씨가 '부동산 계급사회'라는 개념을 대중화한 시점이 바로 이때다. 손낙구. 2008.『부동산 계급사회』. 후마니타스. 그는 얼마 뒤에 자가 보유 여부와 자산 규모가 투표·성향을 설명할 수 있다는 가설을 제기했는데, 실제로 2010년대 중후반에 가서 여러 학문적 연구가 실제로 강한 상관성을 발견했다. 이에 관해서는 뒤에 상세히 다룰 것이다. 손낙구. 2020.『대한민국 정치사회지도』. 후마니타스.

61. '주거계급' 또는 '주택계급'이라는 개념은 영국의 사회학자인 존 렉스와 로버트 무어가 비판적 지역사회학과 하위문화 연구의 맥락에서 제안했고, 마찬가지로 영국의 사회학자인 피터 손더스가 주거불평등 연구의 차원으로 확대하여 이론적으로 체계화했다. 주거의 차원에 계급 개념을 적용하는 것이 타당한지에 관해 논쟁이 계속 있었는데, 이후 주택금융자본주의 연구의 맥락에서 주거계급론이 재조명되고 재정의되었다. John Rex and Robert Moore. 1967. *Race, Community and Conflict*. London: Oxford University Pres; John Rex. 1971. "The Concept of Housing Class and the Sociology of Race Relations". *Race & Class*, 12(3), pp293-301; Peter Saunders. 1981. *Social Theory and the Urban Question*. London: Routledge.

62. 고득성·정성진·최병희. 2006.『돈 걱정 없는 노후 30년』. 다산북스, 19쪽, 41쪽.

63. 고경호. 2009.『4개의 통장』. 다산북스, 7쪽, 17쪽.

64. 김경아. 2014.「우리나라의 세대별 노후준비 수준의 차이에 관한 연구: 베이비부머와 이전 및 이후 세대 간 비교분석을 중심으로」.『노인복지연구』, 제64권 7-20쪽, 해당 내용은 21-24쪽.

65. 이영라·이숙종. 2018.「고령층의 자산빈곤과 소득빈곤에 미치는 영향 요인 연구: 베이비붐 세대와 해방전쟁 세대를 중심으로」.『사회과학연구』, 제57권 제2호, 111-157쪽.

66. 신광영. 2016.「한국 중장년 세대 내 불평등과 격차」.『사회과학논집』,

제47권 제2호, 53-74쪽. 인용은 58쪽.

67. 신진욱 · 이민아. 2014. 「주택보유의 사회경제적 불평등 요인과 가족자원의 영향: 분가가구의 자가 취득에 대한 사건사 분석, 1999-2008」. 『경제와 사회』, 제101권 151-182쪽.

68. 김석호. 2018. 「한국 사회의 세대 간 공정성」. 『지식의 지평』, 제25권, 6-23쪽.

69. 같은 연구에서 법집행 공정성에 대한 평가에서는 세대에 따른 차이가 상당히 나타나서 연령이 높을수록 긍정 평가, 젊을수록 부정 평가가 많았는데 이는 이명박 · 박근혜 정부 시기 동안에 정치성향의 세대균열 양상과 일치한다. 그러나 세대들의 정치성향 역시 고정된 것이 아니라서 보다 장기적으로 보면 유동적이다. 이에 대해서는 7장에서 자세히 다루기로 한다.

70. 강욱모 · 김지훈. 2017. 「베이비붐세대의 고용지위변화, 정신건강 및 삶의 질 간의 종단적 인과관계」. 『한국가족복지학』, 제22권 제3호, 379-400쪽.

71. 이순자. 2021. 「2021 매일 시니어문학상 수상작 논픽션 부문 '실버 취준생 분투기'」. 『매일신문』 2021년 7월 21일자 수록.

72. 이선미. 2021. 『영 포티, X세대가 돌아온다』. 앤의 서재; 「X세대는 정말 꼰대가 돼버렸나?」. 『한겨레』. 2021년 4월 30일자 기사. 「꼰대도 한때는 X세대였다」. 『한국일보』. 2021년 9월 9일.

73. 본문에 인용된 두 문헌은 조돈문. 2005. 「해방 60년 한국사회 계급구조 변화와 노동계급 계급구성 변화」. 『한국사론』, 제43권, 3-36쪽; 백승호. 2014. 「서비스경제와 한국사회의 계급, 그리고 불안정 노동 분석」. 『한국사회정책』, 제21권 제2호, 57-90쪽. 이와 더불어 필독을 권하는 두 논문은 신광영. 2008. 「서비스 사회의 계급과 계층구조」. 신광영 · 이병훈 외. 『서비스사회의 구조변동』. 한울; 조돈문. 1994. 「한국사회 계급구조의 변화, 1960-1990: 계급구조의 양극화의 고찰」. 『한국사회학』, 제28권, 17-50쪽.

74. 김우식 · 김경근. 2020. 「청년 조합원의 경험과 노동조합의 대응 과제:

세대별 노조활동 인식조사 및 청년 조합원 노조 참여 활성화 방안」. 전국금속노동조합 노동연구원, 6, 9쪽.

75. 일례로 양승훈. 2021. 「"제가 그래도 대학을 나왔는데": 동남권 지방대생의 일경험과 구직」.『경제와 사회』, 제131권, 10-54쪽. 특히 16-17쪽.

76. 정재우. 2015. 「노동조합 고령화와 청년 취업자」.『월간 노동리뷰』2015년 9월호, 53-63쪽, 관련 내용은 58쪽.

77. 이주환. 2021. 「2010년대 한국의 노동조합 조합원 ─ 누가 더 많이 가입하나, 누가 더 많이 덕을 보나」.『KLSI Issue Paper』, 제151호 2021-10호, 2011년 6월. 인용은 12-13쪽.

78. 신광영. 2009. 「세대, 계급과 불평등」.『경제와 사회』, 제81호, 35-60쪽; 김창환·김태호. 2020. 「세대 불평등은 증가하였는가? 세대 내, 세대 간 불평등 변화 요인 분석, 1999~2019」.『한국사회학』 제54권 4호, 161-205쪽.

79. 1980년대부터 2010년까지 연령별, 코호트별 주택점유형태(자가, 전세, 월세)의 변동에 관한 상세한 기술통계 자료는 임지영·강미선. 2015. 「연령 및 세대변화에 따른 주택소유 특성 분석」.『대한건축학회 논문집 ─ 계획계』, 제31권 제2호, 37-47쪽.

80. 2015년에 60세 이상인 고령층이 30대였을 때 자가보유율이 낮고 40대가 되어서 급증한 이유는, 이 세대가 30대에 자가 취득을 시도하기 시작한 1990년을 전후한 시기에 주택공급이 부족했다가 이들이 40대가 되었을 때 대량공급되면서 많은 가구가 자가 취득을 했기 때문이다. 이들이 50대가 되었을 때 자가보유율이 1차 베이비붐 세대 수준으로 떨어지는 이유는 저소득층이 생계 목적으로 자가를 처분하는 경우가 생겨나기 때문으로 추정된다.

81. 이원재·고동현·김민진. 2021. 「한국의 부동산 부자들: '한국 부동산 계층 DB'로 본 계층별 사회경제적 특성」.『LAB2050-09』, 13쪽.

82. 이철승·정준호. 2018. 「세대 간 자산 이전과 세대 내 불평등의 증대, 1990~2016」.『동향과 전망』, 제104권, 316-373쪽. 이 연구는 또한 세대 간의 자산 격차가 소득 상위계층 내부의 문제임을 밝혀냈다. 분석 결과

에 의하면, 가처분소득 상위 10% 계층 내에서는 1940~50년대에 출생한 고령층의 자산 규모가 압도적으로 높고 1960년대 출생 세대부터 감소하는 데 반해, 그 이하의 소득계층에서는 연령에 따른 자산 규모 차이가 그렇게 크게 나타나지 않았다.

83. 김태완·이주미 외. 2021. 「소득분배 변화 및 정책대응 방향 연구」. 한국보건사회연구원. 〈표 4-10〉; 김태완·이주미. 2021. 「현세대 청년 격차와 대응방안」. 경제·인문사회연구회 주최 토론회, 〈청년세대 격차와 불평등 진단〉 자료집, 13쪽에서 재인용.

84. 서울연구원. 2021. 「세대 간 자산 격차 분석: 가계금융복지데이터」, 『Insight-05호』. 서울연구데이터서비스. (https://data.si.re.kr/data-insight-report/65165). 접근일: 2021년 11월 2일. 이 보고서에는 'Y세대가 자산형성이 가장 느리다'는 결론이 포함되어 있고 일부 언론이 이 점을 집중적으로 보도했는데 조금 더 신중한 접근이 요구된다. 여기서 'Y세대'로 불린 1985~96년생은 2022년 현재 26~37세 연령으로, 이들이 윗세대에 비해 자산형성에 더 성공적인지 여부를 따지기엔 너무 이른 연령대가 다수 포함되어 있다. 더구나 이 연구가 이용한 자료는 가구주의 자산 현황을 조사한 것이기 때문에, 아직 독립 가구가 많지 않은 20대는 인구 구성비에 비해 훨씬 적은 응답자가 이 자료에 포함되어 있어서 이 '세대'의 자산형성 여부를 직접적으로 추론하기엔 적절치 않은 표본이다.

85. 「386의 몰락 … 평균연령 53세로 상향」. 『문화일보』. 2008년 4월. 10일자 기사.

86. 김두식, 2011. 「한국사회의 사회운동과 정치엘리트: 역대국회의원들(제헌국회-18대국회) 중 사회운동참여 경험자를 중심으로」. 『한국사회』, 제12권 제1호, 173-210쪽.

87. 자료 출처는 중앙선거관리위원회의 역대 국회의원 정보 및 네이버인물 정보에 근거하여 『한국대학신문』(18대), 『경향신문』(19대), 시민단체 '사교육 걱정 없는 세상'(20대, 21대)이 분석한 결과다. 2000년대 초반까지 경향에 관해서는 한국교육개발원 이정규 연구위원의 『한국사회의

학력·학벌주의: 근원과 발달』이 있다. 이정규. 2003.『한국사회의 학력·학벌주의: 근원과 발달』. 서울: 집문당.

88. 김민하. 2022.『저쪽이 싫어서 투표하는 민주주의』. 이데아.

89. 사회학자 전상진은 세대 간 불평등이라는 프레임으로 청년세대를 희생자화하는 담론들은 청년세대와 다른 모든 세대에 대해 왜곡된 상을 확산시킨다고 비판했다. "세대 전쟁론은 이기적인 기성세대가 청년의 현재를 '착취'"하고 있다는 것이 문제의 본질이라는 식으로 해석함으로써 "청년세대는 나약하고 비참하고, 기성세대는 청년을 착취하고 사회의 미래를 좌지우지하는 전지전능한 존재가 되었다"는 것이다. 전상진. 2018.『세대게임』. 문학과지성사, 31-32쪽.

90. 이에 관해 다음 두 문헌이 특히 권할 만하다. 김선기. 2016.「'청년세대' 구성의 문화정치학: 2010년 이후 청년세대담론에 관한 비판적 분석」. 『언론과 사회』, 제24권제1호, 5-68쪽; 정성조. 2019.「'청년세대' 담론의 비판적 재구성: 젠더와 섹슈얼리티를 중심으로」.『경제와 사회』, 제123권, 12-39쪽.

91. 청년 불안정 노동자 운동의 탄생과 발전이 청년담론의 확산과 의미 변화에 미친 영향에 관한 연구로는 정보영. 2018.「청년 불안정 노동자 운동과 담론정치: 청년유니온이 최저임금 담론과 정책에 미친 영향」. 중앙대학교 대학원 석사학위 논문.

92. 『청년팔이 사회』의 저자인 김선기는 또 다른 논문에서 청년담론이 이제 막 확산되기 시작한 시기인 2010~2014년에 주요 일간지의 청년 관련 기사 557건을 분석해서 청년담론의 생산주체의 90% 이상이 정치가, 저널리스트, 대중적 지식인 등 비(非)청년층이며, 이들이 청년들에 대한 '계도(啓導)의 말 걸기', '사과의 말 걸기' 등 다양한 방식으로 청년을 객체화시켰다고 비판했다. 이러한 현실에 대항하는 실천전략으로서 그는 "'탈청년'의 문화정치 전략"을 했지만, 최근 '청년' 담론을 전략적으로 활용할 것을 제안하기도 했다. 그러한 청년담론의 전략적 활용에 내재하는 위험과 딜레마에 대해서 나는 이 책의 7장에서 상세히 논할 것이다. 김선기. 2019.『청년팔이 사회: 세대론이 지배하는 일상 뒤집기』. 오월의

봄; 김선기. 2016. 「'청년세대' 구성의 문화정치학: 2010년 이후 청년세대담론에 관한 비판적 분석」. 『언론과 사회』, 제24권 제1호, 5-68쪽; 김선기. 2020. 「청년팔이의 시대」. 『한편: 1호 – 세대』. 민음사.

93. 분석의 대상시기는 2020년 10월 1일부터 2021년 9월 30일까지 1년이다. 대상매체에는 11개의 중앙지, 8개의 경제지, 28개 지역신문, 5개 방송사를 포함시켰다. 『조선일보』 뉴스는 2018년 기사부터 〈빅카인즈〉에 제공되어 있기 때문에 이후의 모든 분석에서 대상 시기가 2018년 이전 연도를 포함하는 경우에는 중앙지에서 『조선일보』를 제외한 10개 언론사만 대상으로 한다.

94. 상위빈도 분석은 단순 출현빈도가 아니라 일상 언어에서 일반적으로 늘 등장하는 단어들을 제외하고 비교적 의미 있는 단어를 중심으로 빈도를 배열하는 TF-IDF(Term Frequency – Inverse Document Frequency) 기준을 따랐다. 한편 단어들이 같은 기사에서 함께 등장하는 동시출현(co-occurrence)의 매트릭스에서 상위빈도 단어들과 가장 많이 연관되는 연결중심성 순위를 보아도 상위 20위 단어는 대선, 대통령, 선거, 후보, 민주당, 정치, 이재명, 윤석열, 공약, 의원, 대표, 경선, 주자, 출마, 선언, 정책, 이낙연, 지사, 투표 순으로 단어빈도보다도 더 뚜렷하게 정치적 성격이 드러났다.

95. 이 그래프에서 청년 기사는 '청년'으로 검색했고, '20대'는 총선이나 대선 등 다양한 맥락에서 등장할 수 있기 때문에 '20대'와 '세대'가 함께 등장하는 기사에 국한했다. 〈빅카인즈〉는 빈도 추이를 연간, 월간, 주간, 일간 단위로 손쉽게 분석하여 그중 특정 시점의 원문을 즉각 확인할 수 있으며, 간단한 수준의 연관어 분석과 시각화까지 가능하다는 점 등 여러 장점을 갖고 있다. 〈빅카인즈〉의 최대의 장점이라면 AND, OR, NOT과 괄호 묶음을 다양하게 결합하여 상당히 정교한 검색식을 허용한다는 점이다.

96. 분석대상 기간은 (a) 2011년 8월 1일 ~ 8월 31일, (b) 2015년 8월 1일 ~ 9월 30일, (c) 2019년 8월 20일 ~ 11월 10일로 했다. (c)의 경우 일간 단위로 보더라도 텍스트 빈도가 급등하고 급락하는 시점이 있었기 때문에

보다 정밀하게 대상 기간을 했다. 이 외에도 2013년 7월에 '청년'이 언급된 기사량이 매우 많았는데 이는 드라마 '굿닥터'와 교황이 참가한 세계청년축제 보도량이 일시적으로 많았기 때문이었다. 또한 2018년 3~4월에도 기사량이 많은데 이는 6월 지방선거를 앞두고 당내 후보경선 과정의 청년 공약의 단순 보도가 다수였다. 이처럼 담론 생산의 맥락을 정확히 파악하려면 통계적 빈도분석 결과만 봐서는 안 되고, 중요한 시점의 실제 텍스트를 모두 들여다봐야 한다. 〈빅카인즈〉에서는 빈도 트렌드 분석 결과 창에서 특정 연, 월, 주, 일의 기사 원문을 모두 불러내어 볼 수 있고 원문 다운로드도 가능하다.

97. 이 목적을 위해서 가용한 여러 분석도구의 장점만을 결합하기 위해 세 단계에 걸친 분석전략을 설계했다. 첫째 단계에서는 〈빅카인즈〉로 위의 세 시기에 모든 중앙지와 경제지에 청년에 관한 기사 텍스트 원문을 확보했다. 둘째 단계에서는 빅데이터 분석도구인 텍스톰(Textom)으로 원문 텍스트의 상위빈도 단어 목록을 추출한 뒤에, 같은 기사에 동시에 출현하는 빈도의 매트릭스 데이터를 생성시켰다. 셋째 단계에서는 연결망 분석 도구인 유사이네트(UCINET)에서 상위빈도 단어들 간의 연결망을 시각화하였다.

98. 이러한 여론 변화에 대한 반응으로 집권 한나라당은 2011년 6월에 '내년 대학등록금 예산 2조 투입'을 당론으로 결정했고, 9월에 국가장학금 정책을 발표했으며, 11월에 국회 교문위에서 1.9조 원 규모의 국가장학금 제도를 의결했다. 2008년부터 시작되어 2011년에 절정에 달한 반값등록금 운동의 전개 과정과 정치적 역학에 대한 연구로 신진욱 · 김진두 · 정보영. 2018. 「사회운동은 어떻게 보수정당의 복지정책을 바꾸는가? 정치매개모형을 통한 반값등록금운동 사례 분석, 2008~2011」. 『한국사회학』, 제52권 제1호, 1-37쪽.

99. 정세정 외. 2020. 「청년층 생활실태 및 복지욕구조사」. 『한국보건사회연구원 연구보고서』, 2020-03, 342-368쪽.

100. '공정'은 공정위, 공정거래위원회, 작업공정 등 다양한 맥락에서 사용될 수 있는 형태소인데 그 다양성의 폭이 넓어서 특정 맥락을 제거하는 방

식으로 처리하기 어렵다. 그래서 오늘날 공정 담론의 핵심어라 할 수 있는 '공정성' 또는 '불공정'이 언급되는 텍스트를 추출해서 분석했다.

101. 여기서 워드 클라우드는 〈빅카인즈〉로 추출한 뉴스 텍스트 원문 데이터를 텍스톰 프로그램으로 분석한 결과다. 각 시기에 '청년'이라는 용어가 '공정성' 또는 '불공정'과 함께 등장하는 모든 텍스트에서 최상위빈도 용어 30개 중에서 청년과 공정 담론의 성격에 관해 특별한 정보를 전달하지 않는 단어를 제외한 핵심 단어들로 워드 클라우드를 구성했다. 예를 들어 '한국' '국민' 최근' '이날' '참석'과 같은 종류의 단어를 제외했다.

102. LDA 토픽모델링(Topic Modeling)은 구조화되어 있지 않은 대량의 문헌에서 중요한 주제(토픽)들을 찾아내는 방법으로서, 개별 문헌에 포함되어 있는 복수의 주제를 추출한 정보를 토대로 하여 전체 문헌집단에서 가장 중요한 주제들을 추출하고 분류하는 것이다. LDA는 잠재적 디리클레 할당(Latent Dirichlet Allocation)의 약자로, 이때 잠재적이라는 것은 문헌에서 직접 관찰 가능한 용어들 간의 관계를 분석하여 토픽이라는 보다 추상적인 분류체계를 찾아낸다는 것을 의미하며 디리클레는 여기에 동원되는 확률분포를 발견한 19세기 독일의 수학자 이름이다. 송민. 2017. 『텍스트마이닝』. 도서출판 청람, 제7장.

103. 여기에 제시된 주관식 응답은 설문조사 결과 원자료에 포함되어 있으며, 통계적 결과는 다음 기사에 나와 있다. 「가장 불쌍하고 힘든 건 누구? 기성세대 예상 뒤엎은 MZ 답변」. 『중앙일보』. 2021년 9월 20일자 기사. 기사는 "MZ세대는 자신들에 대해 쏟아지는 일반화를 경계해 달라고 했다"는 점을 전하고 있다.

104. 분석대상 매체는 11개 중앙지, 8개 경제지, 28개 지역종합지, 5개 방송사이고 대상 시기는 2021년 1월 1일부터 9월 30일까지다. 검색식의 체계는 다음과 같다. 먼저 MZ세대 노조 담론을 보기 위한 검색식은 ("MZ세대" OR "MZ 세대") AND (노조 OR 노동조합), 다음으로 MZ세대 알바, 실업 등에 관한 기사 검색식은 ("MZ세대" OR "MZ 세대") AND (알바 OR 실업 OR 비정규직), 끝으로 MZ세대 노조와 별개로 MZ세대 알바, 실업 등을 다룬 기사 건수는 ("MZ세대" OR "MZ 세대")

AND (알바 OR 실업 OR 비정규직) NOT (노조 OR 노동조합)이다.

105. 손희정. 2015. 「페미니즘 리부트: 한국 영화를 통해 보는 포스트-페미니즘, 그리고 그 이후」. 『문화과학』, 제83권, 14-47쪽, 인용은 15, 27쪽; 김보명. 2018. 「페미니즘의 재부상, 그 경로와 특징들」. 『경제와 사회』, 제118권, 99-138쪽. 포스트페미니즘적 '커리어 걸'의 진취적 삶과 사회적 성공의 스토리는 상대적으로 높은 교육자본을 보유한 여성들에게조차 불가능한 판타지, 반사실적 표상에 지나지 않음을 말하고 있는 글로, 이유진. 2016. 「20대 커리어 걸의 우울과 포스트페미니즘」. 『여/성이론』, 제34권, 84-99쪽.

106. 조선정. 2014. 「포스트페미니즘과 그 불만: 영미권 페미니즘 담론에 나타난 세대론과 역사쓰기」. 『한국여성학』, 제30권 제4호, 47-76쪽.

107. "자생적인 방식으로 강력한 매력"(potente attrazione in modo 'spontaneo')이란 그람시가 기업, 부농, 고용주 등 지배집단이 그들의 부와 명예와 화려함을 통해 노동자, 농민 등 피지배계층에게 행사할 수 있는 자연스런 위광(威光)을 가리켜 사용한 표현이다. Antonio Gramsci. 1975. *Quaderni del carcere*, volume III, Edizione critica dell'Istituto Gramsci. Torino: Einaudi, Q19, §24.

108. 이 장에 제시된 내용 중 많은 부분은 2020년에 출간한 필자의 두 논문에 기초하고 있다. 신진욱. 2020. 「세대불평등 담론의 정치적 계보와 의미론: '386' 담론의 구조와 변화에 대한 비판적 담론분석, 1990~2019년」. 『경제와 사회』, 제126권, 407-442쪽; 신진욱·조은혜. 2020. 「세대균열의 현실, 세대담론의 재현: 세대불평등 담론의 유래에 관한 질적 담론사 연구」. 『시민사회와 NGO』, 제18권 제1호, 49-99쪽.

109. 분석도구로는 〈빅카인즈〉, Eyesurfer, Textom, UNICNET 등 여러 소프트웨어의 장단점을 결합해서 사용했다. 이중 〈빅카인즈〉와 Textom, UCINET가 이 분석에서 어떤 용도로 이용되었는지에 관해서는 앞 장에서 설명했고, Eyesurfer는 신문기사와 웹상의 빅데이터를 수집, 분석할 수 있는 프로그램으로서 〈빅카인즈〉에 등록되지 않은 『조선일보』의 과거 기사를 포함한 분석을 수행할 목적으로 이 연구에서 활용되었다.

110. 검색 기간은 1990년 1월 1일부터 2020년 12월 31일까지다. 검색대상 매체는 10개 전국일간지와 8개 경제지, 4개 방송사(KBS, MBC, SBS, YTN)이다. 조선일보는 2018년 자료부터 제공되어 있기 때문에 제외했다. 검색일은 2021년 8월 25일이다. 검색식은 '(386 OR 486 OR 586) AND 세대 NOT 아파트, IT과학 분야 기사 제외'다. 방송사를 제외하고 신문사만 대상으로 해서 분석해본 결과도 거의 유사해서 신문·방송 간의 차이는 크지 않았다.

111. 검색 기간은 2000년 1월 1일부터 2020년 12월 31일까지다. 검색대상 매체는 10개 전국일간지와 8개 경제지, 4개 방송사(KBS, MBC, SBS, YTN)이다. 검색일은 2021년 8월 25일이다. 검색식은 '(386 OR 486 OR 586) AND 세대 AND 좌파'다.

112. 검색 기간은 2000년 1월 1일부터 2020년 12월 31일까지다. 검색대상 매체는 10개 전국일간지와 8개 경제지, 4개 방송사(KBS, MBC, SBS, YTN)이다. 검색일은 2021년 8월 25일이다. 검색식은 '(386 OR 486 OR 586) AND 세대 AND 청년 AND (평등 OR 공정)'이다.

113. 여기서 출현 빈도의 최상위 단어는 TF-IDF 지수로 측정했다. 이것은 각 단어가 빈번히 등장한 정도를 측정하는 지수(TF: term frequency)에다, 어느 텍스트에서든 자주 등장하는 '흔한' 단어(DF)를 배제하기 위한 역(逆)문서빈도(IDF: inverse document frequency) 지수를 반영한 것이다.

114. 「80년대 민주화운동 1422명 '정권교체 열망 청년선언' 발표」. 『한겨레신문』. 1997년 11월 13일자 기사.

115. 성유보. 「386세대」. 『서울신문』. 1999년 5월 3일자 칼럼.

116. 「여야 386세대 연대 추진」. 『서울신문』. 2000년 4월 20일자 기사; 「여야 386세대 연대 본격화」. 『서울신문』. 2000년 4월 21일자 기사; 「'새정치' 여야 386 '망월동 결의'」. 『한겨레』. 2000년 5월 18일자 기사.

117. 「16대 총선 후보 분석」. 『매일경제』 2000년 3월 29일자 기사.

118. 이한우. 「'정치하는 386'의 굴욕」. 『조선일보』. 2007년 8월 3일자 기사.

119. 「386 운동권 강사들의 '대치동 잔혹史'」. 『조선일보』. 2013년 4월 27일

자 기사.

120. 「祝福 받은 386. IMF 구조조정도 피하더니 '60세 정년 연장'도 수혜」. 『조선일보』. 2013년 5월 11일자 기사. 11.

121. 변희재. 「'포스트 386세대'가 움직인다」. 『조선일보』. 2007년 9월 29일 자 칼럼.

122. 이처럼 '386'에 대항하는 청년그룹을 조직화하는 시도가 바로 다음 해에 실행됐다. 2008년 5월 16일에 20~30대 기업인 단체인 '실크로드 CEO포럼'이 변희재씨를 초대 회장으로 하여 창립되었다. 곧이어 2008년 7월에 변희재·여원동가 출간되었는데, 여기서 저자들은 '권력형 386세대'과 우석훈·박권일의 '88만원 세대론'을 함께 비판하며 IT, 대중문화로 무장한 20대 대안론을 주장했다. '실크로드CEO포럼'의 이사 중 한 명이자 당시 동국대 재학생이었던 정모아씨는 「나는 88만원 세대라 불리기 싫다」(『민족일보』. 2008년 9월 11일자 칼럼), 「낡은 386은 가라! 실크세대가 나간다」(『조선일보』. 2009년 2월 17일자 칼럼) 등의 글을 기고하는 등 이 그룹의 청년들이 담론 형성 과정에 참여하기도 했다.

123. 권대열. 「사회 말석 '386'이 주요 간부 '486' 되니」. 『조선일보』. 2010년 1월 29일자 칼럼.

124. 강경희. 「프랑스 68세대와 한국 386세대」. 『조선일보』. 2008년 5월 19일자 칼럼.

125. 송희영. 「'88만원 세대'에 떠넘겨질 惡性 부채」. 『조선일보』. 2008년 6월 14일자 칼럼.

126. 원희룡. 「"386 정치, 뼈를 깎는 반성이 선행돼야."」 『중앙일보』. 2009년 4월 28일자 칼럼. 원희룡 의원의 기고문 제목은 「386과 함께 386을 넘어서야」.

127. 정용욱. 「한국 정치의 세대교체법, 그리고 386」. 『한겨레』. 2007년 1월 8일자 칼럼.

128. 「386부모 '뜨거운 피' 물려받았나」. 『한겨레』. 2008년 5월 14일자 기사.

129. 김호기. 「쌍방향 소통 '2.0세대'」. 『한겨레』. 2008년 5월 15일자 칼럼.

130. 김신영. 「싫다, 386이 만든 세상」. 『조선일보』. 2019년 2월 23일자 칼럼.

131. 한국갤럽조사연구소. 「한국갤럽 데일리 오피니언 2018년 1~12월 월간 통합 자료」. 2018. 12.

132. 이한수. 「편집자 레터, 386 세대유감」. 『조선일보』. 2019년 7월 20일자 칼럼.

133. 어수웅. 「'386 꼰대' 對 '밀레니얼 꼰대'」. 『조선일보』. 2019년 8월 17일자 칼럼.

134. 「권력 독점한 386 핵심세력, 프랑스 68세대보다 더 위험」. 『조선일보』. 2019년 8월 22일자 기사.

135. 김윤덕. 「하여 친구여, 우리가 오를 봉우리는」. 『조선일보』. 2019년 10월 1일자 칼럼.

136. 「'헬조선은 386세대가 만들었다'는 논쟁적 주장」. 『한겨레신문』. 2019년 7월 18일자 기사; 「권력 장악 '막강 386세대' 양보해야 자녀 세대가 산다」. 『한겨레』. 2019년 8월 11일자 기사.

137. 성한용. 「조국 사태, 세대가 아니라 계급이 문제다」. 『한겨레』. 2019년 9월 16일자 칼럼.

138. 양의모. 「다시 고개 드는 세대갈등론에 관하여」. 『한겨레』. 2019년 8월 28일자 칼럼.

139. 서울대 정치외교학과 박원호 교수가 한국에서 민주화 이후 유권자의 인구학적 구성과 선거 지형 간의 관계를 명료히 정리한 바 있다. 박원호. 2013. 「세대론의 전환: 제18대 대통령 선거와 세대」. 박찬욱·김지윤·우정엽 공편. 『한국 유권자의 선택 2: 18대 대선』. 아산정책연구원. 200-246쪽.

140. 미국의 정치학자 러셀 돌턴(Russel Dalton)은 정치무관심 유권자(apolitical voters)와 비당파적 유권자(nonpartisan voters)를 구분했는데, 두 집단 모두 특정 시점의 여론조사에서 '지지정당 없음'에 속할 수 있지만 양자의 성격은 근본적으로 다르다. 정치무관심자는 앞으로도 계속 투표 의향이 없겠지만, 비당파적 유권자는 때로는 특정 정당에 계속해서 투표하는 당파적 유권자보다 정치에 관한 지식과 관심이 더

많을 수 있고 선거 때마다 이들의 기대를 충족시키는 정당이나 후보가 있느냐에 따라 투표 여부와 성향이 달라진다. Russell J. Dalton. 2008. *Citizen Politics. Public Opinion and Political Parties in Advanced Industrial Democracies*. Washington D.C.: CQ Press.

141. 민주화 이후 역대 대선에서 전체 유권자 중 당선자 득표율과 유효 투표 수 중 득표율을 비교한 결과는 신진욱. 2019. 「1987년 이후 30년, 한국 민주주의의 궤적과 시민정치의 변화」. 민주화운동기념사업회 엮음 『한국 민주주의, 100년의 혁명, 1919-2019』. 한울, 253-288쪽. 2007년의 제17대 대선을 앞둔 부동층 유권자 구성과 추이를 분석한 연구로는 진영재. 2008. 「'부동층 집단'의 세분화를 통한 부동층의 이해」. 이현우·권혁용 엮음. 『변화하는 한국유권자 2: 2007 한국대선 패널조사 연구』. EAI 동아시아연구원, 207-227쪽.

142. 자료는 중앙선거관리위원회, 「대통령선거 투표율 분석」 각 연도 자료, 「국회의원선거 투표율 분석」 각 연도 자료, 「전국동시지방선거 투표율 분석」 각 연도 자료다. 여기서 20대와 30대의 통계는 각각 20대 전반과 후반, 30대 전반과 후반 투표율의 평균값이다. 60대의 경우 대선은 2017년 통계, 총선은 2016년과 2020년 통계, 지선은 2018년 통계는 60대와 70대의 평균값이다.

143. 오세제. 2020. 「수구보수 청산이 촛불 민심이다: 민주당의 제21대 총선 전략과 지역·세대변수 평가」. 『경제와 사회』, 제126호, 174-208쪽. 본문의 그래프는 오세제 논문의 189쪽에 제시된 조사결과 통계를 재구성한 것이다.

144. 강원택. 2003. 『한국의 선거정치: 이념, 지역, 세대와 미디어』. 푸른길; 김만흠. 1997. 『한국정치의 재인식: 민주주의, 지역주의, 지방자치』. 풀빛; 이갑윤. 1998. 『한국의 선거와 지역주의』. 오름.

145. 세대 변수와 가치 변수가 2002년 대선과 그 이후 여러 선거에서 유권자들의 투표 선택과 선거 결과에 어느 정도 영향을 미쳤는지를 분석한 많은 연구가 있다. 앞서 언급한 강원택의 『한국의 선거정치: 이념, 지역, 세대와 미디어』와 더불어, 어수영 편저. 2007. 『한국의 선거(V)』. 오름;

이갑윤 · 이현우 엮음. 2014, 『한국의 정치균열 구조: 지역, 계층, 세대 및 이념』, 오름.

146. 노환희 · 송정민 · 강원택. 2013. 「한국 선거에서의 세대 효과: 1997년 부터 2012년까지의 대선을 중심으로」, 『한국정당학회보』, 제12권 1호, 113-140쪽.

147. 이내영 · 정한울. 2013. 「세대균열의 구성 요소: 코호트 효과와 연령 효과」, 『의정연구』, 제19권 3호, 37-83쪽.

148. 배진석. 2017. 「투표선택과 이념성향의 세대요인」, 한국민주시민교육학회 세미나; 오세제. 2015. 「386세대 세대효과의 특징 연구: 세대효과의 조건적 표출을 중심으로」, 『21세기정치학회보』. 제25권 제1호, 133-164쪽.

149. 출구조사는 대통령 선거의 경우 비교적 당선자 예측이 정확하게 되는 편이지만 수많은 지역구에서 실시되는 국회의원 총선거의 경우 각 지역구의 당선자 예측이나 정당별 국회 의석 분포 예측에서 오류가 발생한다. 21대 총선 출구조사의 예측 오류와 그 원인에 관한 토론으로 천승호 · 임요한 · 박민규. 2021. 「출구조사를 이용한 제21대 국회의원 선거 의석 수 예측결과 분석」, 『조사연구』, 제22권 제1호, 1-23쪽. 비교적 긍정적인 평가로는 원성훈. 2020. 「21대 총선 여론조사, 실제 표심 잘 반영했다」, 『관훈저널』, 제62권 제2호, 61-71쪽.

150. 정한울. 2021. 「보궐선거와 유권자 정치연합 변화 − 탄핵정치연합의 해체와 전망」, 2021년 4월 13일. 이에 관해 읽을 만한 언론 기사로 「'20대男 효과' 과장됐는데 … 윤석열 '젠더 갈라치기' 끝까지 통할까」, 김지현 · 박재연 기자. 2022년 1월 13일자 기사.

151. 전병유 · 신진욱. 2014. 「저소득층일수록 보수정당을 지지하는가? 한국에서 계층별 정당 지지와 정책 태도, 2003-2012」, 『동향과 전망』, 제91호, 9-50쪽; 한귀영. 2013. 「2012년 대선, 가난한 이들은 왜 보수정당을 지지했는가?」, 『동향과 전망』, 제89호, 9-40쪽.

152. 김도균 · 최종호. 2018. 「주택소유와 자산기반 투표: 17대~19대 대통령 선거 분석」, 『한국정치학회보』, 제52권 제5호, 57-86쪽; 강원택. 2017.

「2017년 대통령선거에서의 보수 정치: 몰락 혹은 분화?」.『한국정당학회보』, 제16권 2호, 5-33쪽.

153. 강우진. 2012.「경제정책에 대한 인식과 주택소유 형태가 투표불참에 미치는 영향 연구」.『한국정당학회보』, 제11권 제2호, 67-94쪽; 박원호. 2009.「부동산 가격 변동과 2000년대의 한국 선거: 지역주의 "이후"의 경제투표에 대한 방법론적 탐색」.『한국정치연구』, 제18권 제3호, 1-26쪽; 강원택·성예진. 2018.「2017년 대통령 선거에서 이념과 세대: 보수 성향 유권자를 중심으로」.『한국정치연구』, 제27권 제1호, 205-240쪽.

154. 미국의 사회학자 크레이그 칼훈은 그래서「19세기 초의 새로운 사회운동」이라는 흥미로운 제목의 논문에서 20세기 후반의 이른바 '새로운 사회운동(new social movements)'이 추구한다는 정체성의 정치를 이미 19세기부터 다양한 사회운동들이 항상 수행해왔음을 보여주었다. Craig Calhoun. 1993. "'New Social Movements' of the Early Nineteenth Century." in: *Social Science History* 17(3): 385-427.

155. 인천대 정치외교학과 박선경 교수는 20~30대 남성이 전통적 성역할과 가부장적 관념에 대한 동의 정도가 그들보다 윗세대의 남성뿐 아니라 여성보다도 낮다는 연구결과를 보고한 바 있다. 청년 남성들의 '페미니즘'에 대한 반대를 어떻게 해석할 것인지를 놓고 섬세한 토론이 필요하다. 박선경. 2020.「젠더 내 세대격차인가, 세대 내 젠더격차인가?: 청년 여성의 자기평가 이념과 정책태도 분석」.『한국정당학회보』, 제19권 제2호, 5-36쪽.

156. 아래에 서술하는 내용은 나의 다음 논문에 기초하고 있다. Shin Jin-Wook. 2022. "Social Movements: Developments and Structural Changes after Democratisation." in: Cho Youngho, Han JeongHun and Ramon Pacheco Pardo (ed.). *The Oxford Handbook of South Korean Politics*. Oxford: Oxford University Press; Shin Jin-Wook 2021. "New Waves of Civic Participation and Social Movements in South Korea in the 21st Century: Organization, Configuration and Agency." in: *Korea Europe Review 1(1)*.

157. 여기서 '사회운동 패밀리'라는 개념은 이탈리아 정치학자인 도나텔라 델라 포르타와 독일의 사회학자 디이터 루흐트가 정치학의 '정당 패밀리' 개념을 사회운동 영역에 적용한 것이다. 이 개념은 자원동원론이 강조한 '사회운동 조직'이나 스티븐 뷔칠러가 개념화한 '사회운동 공동체'보다 훨씬 더 넓은 의미를 갖는다. 예를 들어 노동해방, 성평등, 생태주의, 인권 등 상호친화적인 일련의 가치들을 공유하는 모든 개인, 집단, 조직이 하나의 사회운동 패밀리를 형성한다고 말할 수 있다. Donnatella della Porta and Dieter Rucht, 1995. "Left-libertarian movements in context: A comparison of Italy and West Germany 1965 – 1990." in: Craig Jenkins and Bert Klandermans (ed.). *The Politics of Social Protest: Comparative Perspectives on States and Social Movements*. Minneapolis: University of Minnesota Press.

158. 이승윤 · 백승호. 2021. 「청년 세대 내 불안정성은 계층화되는가? 청년 불안정노동의 유형과 세대 내 격차 결정요인」. 2021년 한국노동패널 학술대회 발표논문. 최근 들어 청년 남성의 불안정계층이 증가하면서 남녀 간에 불안정계층 비율의 차이가 감소하는 경향이 이 논문의 결론 부분에 언급되고 있는데, 고용정보원 황광훈 박사의 청년층 저임금근로자 연구 등 여러 다른 연구에서도 유사한 수렴 경향이 보고되었다. 그러나 이와 동시에 30대 연령대로 넘어가면 남녀 정규직 비율이 벌어지는 등 함께 고려해야 할 여러 측면들이 있다. 권현지. 2017. 「미래세대의 불안정한 노동」. 한국사회학회 심포지움 논문집, 59-74.

159. 천관율. 「누가 페미니스트인가」. alookso. 2021년 11월 10일(https://alook.so/posts/njtKjL). 한편 천관율의 데이터를 이용하여 청년층 응답자들의 청소년기 학업환경 계층과 페미니즘에 대한 현재 태도를 교차분석한 결과에 의하면, 여성 중에서는 상 · 중산층의 페미니즘 의식이 하층보다 강하며 남성 중에서는 상 · 중산층의 안티페미니즘 의식이 하층보다 강한 것으로 나타났다. 학력, 소득, 직업, 고용형태 등의 측면에서 체계적으로 유사한 연관성이 확인될지는 확인이 필요하지만 주목할 만한 사실이다. 김대중. 「누가 페미니스트인가 – AS 자료에 대한 추가 분

석」. alookso. 2021년 11월 13일 (https://alook.so/posts/xlt8BZ) 최종
접속일 2022년 1월 4일.

찾아보기

그런 세대는 없다
불평등 시대의 세대와 정치 이야기

2022년 2월 28일 초판 1쇄
2022년 11월 24일 초판 3쇄

지은이 신진욱
펴낸이 장의덕
펴낸곳 도서출판 개마고원
등 록 1989년 9월 4일 제2-877호
주 소 강원도 원주시 로아노크로 15, 105동 604호
전 화 (033) 747-1012
팩 스 (0303) 3445-1044
이메일 webmaster@kaema.co.kr

ISBN 978-89-5769-494-7 (03300)

* 책값은 뒤표지에 표기되어 있습니다.
* 파본은 구입하신 서점에서 교환해 드립니다.